JN176434

叢書・ウニベルシタス　898

水と夢

物質的想像力試論

ガストン・バシュラール
及川 馥 訳

法政大学出版局

目次

序　想像力と物質　1

第1章　明るい水、春の水と流れる水
ナルシシスムの客観的条件、恋する水　31

第2章　深い水——眠る水——死んだ水
エドガー・ポーの夢想における〈重い水〉　73

第3章　カロン・コンプレックス
オフィーリア・コンプレックス　113

第4章　複合的な水　147

第5章　母性的水と女性的水　177
第6章　純粋と浄化、水の倫理　205
第7章　淡水の優位　229
第8章　荒れる水　239
むすび　水のことば　279

原註・訳注　293
訳者あとがき　350
人名索引　巻末(1)

凡例

一、本書は Gaston Bachelard, *L'Eau et les Rêves: Essai sur l'imagination de la matière*, José Corti, 1942の翻訳である。

一、各章のエピグラフの原文は巻末訳注に置いた。本文中、改行して置かれた引用詩句には、訳文のあとにフランス語の原文を付した。また英語、ドイツ語の引用などフランス語以外の引用の場合は、原文をまず掲げそのあとに訳文を置いた。なお『ファウスト』、『ハムレット』のように長文の場合は除く。

一、引用文に邦訳のある場合はできるだけ参照し、多くの場合仮名遣いもふくめ表記もそのままに利用させていただいた。訳者諸氏に感謝申し上げる。

一、註は各章の原註・訳註それぞれに通し番号をつけ巻末に置いた。

一、原註に記されている引用文の原テクストの表題については、必要に応じ英訳本 *Water and Dreams* から補足した。

一、原文のイタリック体部分には、ルビをつけた場合を除き、傍点を付した。ただし書名は『　』で示した。

一、原文で固有名詞以外の大文字で始まる単語および引用文中の引用文・会話文は〈　〉で示した。

一、原文の《　》は〈　〉で示したが、ただし長い引用箇所には「　」を用いた。

一、(　)、[　]は原文どおりである。

一、訳者の補足・説明は〔　〕を用いた。

序　想像力と物質

百頭蛇《ヒドラ》がその霧を吐きつくすのに手を貸そう。
マラルメ『ディヴァガシオン』[*1]

I

われわれの精神《エスプリ》がもつ想像する能力《フォルス》は大いに異なった二本の軸に沿って展開する。

一方の能力群は新しさからその飛翔力をとりだす。つまり絵画的なもの、多様な変化、思いがけない出来事から楽しみをとりだすのだ。この能力が刺激する想像力はいつでもひとつの春を描きだす。自然の中で、この能力はわれわれから遠く離れて、しかもすでに活発になっており、さまざまな花を生みだすのである。

他方の想像する能力群は、存在の根底を掘り進む。それは存在の中に原始的なるものと永遠なるものを同時に見いだそうとするのだ。こちらの能力群は季節と歴史を支配している。それは自然の中に、われわれの中でも、またわれわれの外でも、さまざまの萌芽を作りだしている。その萌芽の形体はひとつの実体の中に埋め込まれており、その形体は内在的である。

これをまず初めに哲学的にいうとすると、ひとは二種類の想像力を区別できるということになろう。ひとつは形相因《コーズ・フォルメル》を活気づかせる想像力であり、他のひとつは質料因《コーズ・マテリエル》を活発化する想像力である。あるいはもっと手短にいってしまえば、形体的想像力と物質的〔質料的〕想像力である。簡約したかたちで表現されたこの新しい概念は、詩的創造の完全な哲学的研究のためには、実際に不可欠であるとわれわれには思われるのだ。作品が多彩なことばと光の変幻する生命をもつためには、感情の動機、心情の動機が形相因にならなければならない。しかし、想像力の心理学者がじつに頻繁にもちだす形体のイマージュのほかに——われわれがこれから示すように——物質のイマージュ、物質の直接のイマージュが存在するのである。イマージュに名前をつけるのは視覚だとしても、イマージュを認識するのは手なのである。それらのイマージュにダイナミックな喜びが触れ、捏ね、軽くする。こうした物質のイマージュを、人々は実体的に、こころの底で夢想する、しかも形体、滅びやすい形式、むなしいイマージュ、表面での生成を遠ざけながら。物質のイマージュたちはひとつの重さをもっており、それらはひとつの芯《しん》をなしているのだ。[*2]

もちろんこの二種類の想像力がともにはたらいている作品がある。両者を完全に分離することはできないかもしれない。だが夢想がどんなに変幻極まりなく、変貌を重ね、徹底的に形体を追うとしても、夢想にはひとつの底荷、ある種の密度、緩慢さ、芽生えが宿されているのである。そうはいっても、物質の頑丈な不変性と美しい単調さを発見するために存在の胚芽の中に深く下っていくような詩的作品であろうと、あるいは実体の動機の抜かりない作用の中にその力を求める詩的作品であろうと、みな万難を排して花を開き、身を飾らねばならないのだ。まず最初に読者を魅惑するために、仰々しい形体の美を受け入れなければならないのである。

このように読者を魅惑するための必要から、想像力は、もっとも一般的にいえば、喜びが向かうところで——あるいはともかくひとつの喜びが勇んで向かうところで——はたらく。つまり、形体や色彩のとる方向、多様性と変貌の方向、表面の未来の方向にそってはたらく。想像力は深さや、実体的な密かな襞や、立体的な空間を見捨ててしまうのである。

しかしながら本書においてわれわれがなによりも注目したいのは、あの植物のように成長する物質的な力のもつ内密な想像力なのである。ひとり偶像破壊的な哲学者だけが、この困難な仕事、つまり美からあらゆる接尾辞を引き剝がし、目の前に姿を現しているイマージュの背後に、姿を隠しているイマージュを見いだすようにつとめ、想像する力の根源に到るという仕事を企てることができるのである。

物質の根底には謎の植物が生育しており、物質の夜には黒い花が咲きみだれている。その花々はすでにビロードの感触と芳香の秘法をそなえているのだ。

Ⅱ

われわれが物質のもつ美の概念について考察を始めたとき、すぐさま驚いたことは、美の哲学の中に物質〔質料〕因が欠如していることだった。なかでも物質の個別化する能力が低く評価されているように思われた。なぜ人々はつねに個体の概念を形式の概念と結びつけるのであろうか。物質を、その最小の分割部分においても、つねにひとつのまとまりとしておくような深い個別性は存在しないのであろうか。物質をその深さの遠近法に立って考察するならば、物質はまさしく形体から分離しうる成分となりうるのである。物質は形相活動のたんなる欠如態ではない。物質はあらゆる変形、あらゆる細分化にもかかわらず、それ自体としてあり続けるのだ。それどころか物質は二つの方向で価値定立化される。[*3] ひとつは深化の方向、そしてもうひとつは飛躍上昇の方向である。深化の方向をとると物質は、測りえないものとして、ひとつの神秘的なものとして現れる。飛躍の方向をとればひとつの奇跡のように、汲み尽くしえない力として現れる。いずれの場合も、ひとつの物質についての深い考察は、開かれた想像力を鍛えるのである。

だから、さまざまな形体をそれぞれ適切な物質に割り当てながら研究することによって、はじめて人間の想像力の完全な理論を考察できるのである。そこでイマージュというものが、大地と大空、実体と形式を必要とする一本の植物であることに人々は気づくであろう。人間たちに見つけられたイマージュは遅々として進まず、四苦八苦しながら進化するものであり、だから「人類にとってひとつのイマージュは、植物にひとつの新しい形質がそなわるのと同じような労苦を必要とする」というジャック・ブスケ[*4]の考察の深さが分かってくるであろう。多くのイマージュが新しく試みられても生き延びられないのは、それが形体の単なる遊びに過ぎず、それが飾るべき物質に本当の意味で適合していないからである。

それゆえ、想像力の哲学的な理論は、なによりもまず物質因と形相因との関係を研究すべきだと、われわれは信じている。この問題は彫刻家と同じく詩人にも課されている。詩のイマージュもまたひとつの物質をもつのである。

III

われわれはこの問題についてすでに仕事を始めている。『火の精神分析』において、伝統的哲学と古代宇宙論に着想をあたえた物質の諸元素の記号を用いて、想像力の種々の類型を分類するようにわれわれは提案した。実際、われわれは想像力の支配する領域において、物質的想像力が、火か、大気か、水か、土の、いずれかに結びつくことによって、多様な物質的想像力を分類する四大元素の法則を定めることが可能だと思っているのである。[*5] そしてもし、われわれの主張するように、詩的なるものはすべて物質の本質から――たとえどんなに弱くとも――成分を受け入れなければならないということが正しいとすれば、詩的な魂たちを繋ぐもっとも強力な血縁関係を表すべきなのも、また基本的物質の元素によるこの分類なのである。あるひとつの夢想が、束の間の単なる暇つぶしに終わらないように、作品に書かれるに足る安定したかたちで追求されるためには、夢想はそれみずからの物質〔材料・素材〕を見つけねばならない。つまりひとつの物質的元素が固有の実体や、それ独自の規則や、それにふさわしいぴったりした詩学を、夢想にあたえねばならないのである。原初の哲学がこうした方向でしばしば決定的な選択をしていたことにはしかるべき理由がある。この哲学はみずからの明白な原理に四大根本元素のひとつを組み合わせ、こうしてこの元素は哲学の体質を示す特徴となったのである。これらの哲学体系においては哲学者の思想が原初の物質的夢想と結合され、澄明で恒久的な英知が実体の安定した基盤に根をおろしている。そしてこういう単純で強力な哲学が今なお確信というものの源泉を宿していることが分かるのは、その哲学を研究することによって、まったく自然な想像する力をそこに再発見できるからである。事情はいつの世でも同じである。つまり、哲学の次元でも、ひとが相手をよく納得させるのは、根源的夢想を暗示する場合、つまり思考を夢の大通りに返してやる場合、に限るからである。

明快な思考や意識的なイマージュ以上に、夢も四つの根本元素の支配下にある。四つの物質元素の教義を四つの体質に結びつけた試みは無数にある。たとえば昔の著述家レッシウスは『長命術』においてこう書いている（p.54）。「胆汁質の人間の夢は、火、火災、戦争、殺戮である。憂鬱質の人間の夢は、埋葬、墳墓、幽霊、逃亡、墓穴、あらゆる悲しいものである。粘液質の人間の夢は、〔雨〕、湖水、大河、洪水、〔水死〕、難破である。多血質の人間の夢は、鳥の飛翔、競馬、酒宴、合奏、ここに名前をだすことをはばかるようなことである」[*6]。したがって、胆汁質、憂鬱質、粘液質、多血質は、それぞれ火、土、水、空気によって特徴づけられるであろう。その体質の夢はそれらの特徴となる物質元素に好んではたらきかけるのだ。これは、生物学的にはもちろん明白な間違いだが、しかしそれには深い夢が本当に対応しているということが、ごく一般的にはありうるのを認めるなら、夢を物質的に解釈する準備はもうととのっているのだ。したがって、夢の精神分析と並んで、夢の精神物理学と精神化学がなければならないであろう。きわめて物質主義的なこの精神分析は、元素にかかわる病気なら元素にかかわる医学によって治療されることをのぞむ、という古い規則に合致するであろう。物質的元素は治癒にとっても病気にとっても決定的なものなのだ。人々は夢によって苦しみ、そして夢によって治癒する。夢のコスモロジーにおいては、物質的元素はいぜんとして根本元素なのである。

一般的にいえば、熟視《コンタンプラシオン》に入る前の物質的夢想の段階を研究すれば、美的感動の心理学は得るところがあるだろうとわれわれは思う。だれでもじっくり見る前に夢想するのである。いかなる風景も、意識された景観である以前に、夢幻的な経験なのである。ひとはまず夢でみた風景しか美的情熱をこめて眺めないのだ。だからティークが、人間の夢の中に自然の美しさの前兆を認めたのはもっともなのである。風景の統一性は「しばしば夢みられた夢の達成としてあたえられる」〈wie die Erfüllung eines oft getraumten Traums〉(L. Tieck, *Werke*, t.V. p.10)[*7]。しかし夢の風景は、いくつかの印象で充たされた額縁なのではなく、ひとつの物質が一面に群がっているのだ。

だから火のような物質的元素に、信念や情熱や、理想や、哲学を一生涯支配しつづける夢想のひとつのタイプが結合しうるということをひとは理解するのだ。火の美学、火の心理学、さらには火の倫理学について語ることにひとつの意味があるのである。火の詩学と哲学はこういった情報をすべて凝縮する。この二つの学問は、現実からうける知識によってこころの信念を支え、また逆に人間のこころの生命によって世界の生命を理解させるという、驚くべき両面感情の教育をおこなうのである。

ほかのすべての元素もそれにおとらぬ両面感情的な確実性をふんだんに提供している。それらは秘密の内面を暗示し、派手なイマージュを見せる。その四元素ともそれぞれ忠実な支持者をもっている、あるいはもっと正確にいえば、その元素のどれもがすでに深い意味で、物質的に、詩的な忠実さのひとつのシステムなのである。人々はそれらの元素を歌えば、お好みのイマージュに忠実であると思うし、実際に、人間の原初的感情、最初の生命体の現実、根源的な夢の気質に間違いなく従っているのである。

Ⅳ

本書においてわれわれはこのような命題を立証するつもりであるが、水の実体のイマージュを研究することで、水の〈物質的想像力〉の心理学を作れるだろうとわれわれは思っている。水は火とくらべて、女性的で一様な元素であり、火よりさらに隠されて、もっと単純で、しかもずっと単一化する人間的な力をもって象徴作用をおこなう、抜群の安定した元素である。この単純さと単一化のせいで、われわれの作業はここではずっと難しくなり、単調さをおびるであろう。詩の資料のほうもだんだん少なくなり、より貧弱なものになるからである。詩人や夢想家は、水の表面的な戯れに誘われるというより、むしろ楽しんでいる方が多い。そのとき水は彼らの風景の飾りとなっているのであり、彼らの夢想の本物の〈実体〉ではないのである。[*8] 哲学者の立場からいうならば、水の詩人たちは、火や土の呼びかけに耳を傾ける詩人たちよりも、自然の水の現実に〈没入して《パルティシペ》〉いないのである。

したがって水の思考、水の心的深層の本質そのものであるこのような〈没入《パルティシパシオン》〈全面的参加〉〉をしっかり解明するためには、ごく稀な事例をとりだして詳しく調べるべきであろう。しかし、水の表面的なイマージュの下にだんだん深くなるイマージュ、ますますねばりつくイマージュの連なりが存在することを読者に納得してもらえるなら、読者はみずから熟視する場合に、この深まりへの共感をすぐにも経験するであろうし、形の想像力の下に実体の想像力が始動していることにも気づくであろう。読者は水の中に、水の実体の中に、内密さの一タイプ、火とか石の〈深さ〉が暗示するものとはまったく別の内密さを認めるであろう。読者は水の物質的な想像力が想像力の独特のタイプであることを認めざるをえないはずだ。物質のひとつの元素にひとつの深さをこうして認識すると、それに力を得て、読者は水がまた運命のひとつのタイプであることを究極において理解するにちがいない。水は、もはや流れ去るイマージュのはかない運命ではなく、成就することのない夢の空しい運命でもなく、存在の実体をたえまなく変貌させる本質にかかわる運命なのである。すると読者は、ヘラクレイトス思想の特色のひとつをさらなる共感といっそうの痛みをこめて理解するであろう。ヘラクレイトスの万物流転という思想は、具体的な哲学であり、総合的な哲学であることが分かるはずだ。[*9] ひとは同じ流れに二度浸ることはない。なぜなら、すでに人間存在はみずからの深みにおいて、流れる水の運命に従っているからである。水は本当の意味で過渡的な元素である。この元素は、火と大地との中間にあって、本質的に、存在論的に、変幻するものなのだ。水に運命づけられた存在は眩暈にとりつかれた存在だ。かれは瞬間ごとに死に、かれの実体の何かはたえまなく崩れ落ちている。日々の死は、大空を火矢で貫く火の華麗な死ではない。日々の死は水の死である。水はつねに流れ、つねに流れ落ち、つねに水平線の涯てで死に絶える。物質化する想像力にとっては、多くの例においてこれから見るように、水の死は大地の死よりも夢想的であり、水の苦しみは終りがないのである。

V

われわれの研究の全体の計画を示す前に、本書の表題について説明しておきたい。この説明がわれわれの目標も明らかにすることになるからである。

『火の精神分析』のあとを受けた本書は、詩の四元素の基準をのべる新しい例証であるにもかかわらず、前著と一対になりえたはずの『水の精神分析』という表題を取らなかった。われわれはもっと漠然とした『水と夢』という題を選んだのである。真実を率直にいうためにはそうせざるをえなかったのだ。精神分析を名乗るためには、原初的イマージュを分類し、どのイマージュにも最初の特権の痕跡を残さないようにし、欲求と夢を永いあいだ結合してきたコンプレックスを指摘し、ついでそれを分解しておかねばならない。『火の精神分析』ではそれが実行できたという自覚をわれわれはもっている。ひとりの合理論的哲学者が、幻覚や誤謬にこんなに長いあいだ関心をいだき、しかも誤謬の資料を修正するものとして、合理的な価値と明快なイマージュをたえず提示する必要があったことに、人々は驚きを禁じえなかったであろう。実のところわれわれは、自然の、直接的な、初歩的な合理性というものにはいかなる確実性も認めないのである。ひとは合理的認識の中に一足飛びに入り込むことはない。根本的なイマージュの正しい見通しにしても、ぱっと即座にあたえられるものではないのである。合理主義者《ラショナリスト》とはどんなひとだろうか。われわれは合理主義者になろうと努力している。それもわれわれの知の総体の中だけではなく、思考の細部や、日常的イマージュのこまごました次元においても〔そうありたいと〕努力しているのである。火にかんしては、客観的認識とイマージュの認識の精神分析により、われわれは合理主義者になったのである。水については同様の結果を得るにはいたらなかったと、残念ながら正直に認めざるをえない。水のイマージュは、われわれが今もそれを生きており、しばしば非合理的な執着をそれにあたえながら、最初のコンプレックスをもったまま非分析的《サンテティック》に生きているからである。

私は眠る水を前にするといつも同じわびしさ《メランコリー》を感じる。それは雨に濡れた森の中にある沼の色をしたきわめて特別なメランコリーで、息苦しくはなく、夢心地の、ゆったりした、穏やかなメランコリーである。さまざまな水のいのち、その取るにたらぬつまらぬ部分が、私にとっては本質的な心理的象徴となることが多い。たとえば薄荷水の香りが、私の中に存在論的照応のようなものを呼び起こし、そしてそれがいのちはひとつのただの芳香にすぎず、あたかも実体がひとつの匂いを発散するように、いのちは存在から発散されるのだ、そして小川の水草がきっと水のたましいを発散するに違いない……と思わせるのである。最初の世界と最初の意識を、もろもろの匂いの中に発見するコンディヤックの彫像の哲学的神話[*10]を、私なりにやり直すべきだということがおこるとすれば、彫像のように「私はバラの香りだ」という代わりに「私はまず薄荷の香りだ、薄荷水の香りだ」といわねばなるまい。なぜなら人間存在はまず何よりも目覚めだからであり、しかも普通とは違ったひとつの印象を意識して目覚めるからである。個々の人間は一般的な印象の総和ではなく、個々別々の特異な印象の総和なのである。このようにして日常的な神秘がわれわれの中に生まれるが、それこそ珍しい象徴にほかならない。ほかならぬ水辺とそこに咲く花々が、夢想とは発散をつづけるひとつの世界であり、夢想家を媒介として事物から発する芳しい息吹であることについて、最上の理解を私にもたらしたのだ。だから私が水のイマージュの生き方を調べたいと願うのであれば、私の故郷の川と泉に、ぜひとも主役となってもらわなければならないのである。

私が生まれたのは、川と小川の地方、小さな谷《ヴァロン》が多いせいでヴァラージュといわれる、谷の豊かなシャンパーニュの一隅である。私のもっとも美しい隠れ場所といえば、谷間のくぼみ、滾々《こんこん》と湧き出る泉水のほとり、柳や水柳の低い木陰であろうか。そして十月ともなれば川面には狭霧《さぎり》が立ち込める……。

今でも私の楽しみは小川の流れに沿って行くことである。土手に沿い、正しい方向、ということは流れて行く水の方向、人生を他所へ、隣の村へみちびく水の方向に従って歩むことだ。私の〈他所〉はそれ以上遠くにはいかない。私が初めて大西洋を見たときはかれこれ三十歳にならんとしていた。だから本書では、海についてそんなに話すことはないし、詩人たちの本が述べているのを聞いて間接的に語るだけであろう。海の無限についても教科書的な月並みの範囲を出ることなく語るはずである。私の夢想にかかわる限り、水の中に私が見るのは無限ではなく、深さである。それに、ボードレールは、海を前にして夢想する人間にとって、無限の距離を表すのはせいぜい六里か七里だといっていたではないか[*11]（『内面の日記』、p.79）。ヴァラージュは長さ一八里、幅一二里である。だからそこはひとつの世界である。私にしても隅々まで知っているわけではないし、そこを流れるいくつかの川をもれなく辿ったわけでもないのだ。

しかし故郷とは広がりであるよりもひとつの物質である。つまりそれは花崗岩とか土塊《つちくれ》であり、風とか乾いた空気とか、水とか光なのである。故郷の中でこそ人々は夢想を物質化するのであり、故郷によって人々の夢はそれにふさわしい実体を捉えるのである。人々が根源的な色彩を要求するのは故郷に対してである。私は川のほとりで夢想にふけり、私の想像を水に、青く澄んだ水に、牧場を緑に染める水にゆだねたのである。私は小川のそばに座れば決まって深い夢想におち、私の幸せと再会する……それがわが故郷の小川、私の故郷の水であることは必要ではない。無名の水が私のすべての秘密を知っている。あらゆる泉から同じ思い出が湧き出すのである。

この研究に『水の精神分析』のような表題をつけなかったのは、これほど感情的でも、個人的でもない別の理由からである。実際、本書の中でわれわれは、深い精神分析には必要だと思われているような、物質化されたイマージュの有機的《オルガニック》〔生体的〕な特性を全面的に展開させることはしていない。人々の夢に消すことのできない痕を残す最初の心的な関心《アンテレ》〔同情〕は、生命体としての関心である。暖かいということを最初にしっかり感じるのは身体的な心地よさである。一番最初の物質的イマージュが生まれてくるのは、肉体の中、身体の器官の中である。このような最初の物質的イマージュはダイナミックであり、活発である。それは単純な意志、驚くほど原始的な意志と結ばれている。精神分析は幼児のリビドーを論じることにより、おびただしい反論を巻き起こした。もしこのリビドーに漠然とした一般的なもとのかたちを戻してやり、それを生体のすべての機能に結びつけるなら、このリビドーの作用はおそらくもっとよく理解されたはずだ。そうすればリビドーはあらゆる欲求、あらゆる生理的欲求と連帯するものとして現れてくるであろう。それは生理的な欲望《アペチ》のひとつの活力とみなされ、そしてそれは居心地のよさのあたえるあらゆる印象のなかで鎮静化するのである。いずれにせよ、ひとつ確実なことは、幼児における夢想は物質主義的夢想である、ということである。子供は生まれたときは物質主義者なのである。子供の最初の夢は有機的実体の夢である。[*12]

創作している詩人のふける夢想はじつに深く、きわめて自然なために、思ってもいないうちに、自分の子供時代の肉体のイマージュを再発見しているときがある。根をとても深く張っている詩篇はしばしば独特の力を含んでいる。ひとつの力が詩篇にみなぎっていて、読者は知らず知らずこの根源的な力に取り込まれている。読者はもはやそれがどこからでてくるか起原を知らない。次の二編の詩では原初的イマージュがもつ生命体の本当の姿が現れている。

自分自身の量を知っているのは、
それはわたし、わたしは自分のありとあらゆる根の上で、
呼び起こすのだ　ガンジス川を、ミシシッピー川を、
オレノコ川〔ベネズエラ〕の生い茂った草叢を、ライン川の長い筋を、
一対の膀胱をもつナイル川を……(1)〔クローデル『五大讃歌』〕

Connaissant ma propre quantité,
C'est moi, je tire, j'appelle sur toutes mes racines, le Gange, le Mississipi,
L'épaisse touffe de l'Orénoque, le long fil du Rhin, le Nil avec sa double vessie...

こんなふうに、なみなみと豊かに進んでいく……民間伝説のなかでは、巨人の排尿に由来する川は算えきれない。ガルガンチュアも散策するたびにフランスの田舎で気まぐれな洪水をおこしていた[*13]。もしも水が貴重なものになると、それは精液となる。その場合には水はもっと多くの神秘さをまとって歌われる。ただ生体にもとづいた精神分析だけが次のような混沌としたイマージュを明らかにできるのである。

そして精液の滴りが数学の図形を受胎させるのは
その定理の要素たちの群れなす餌を分かち与えながらであるように
そのように栄光の肉体は泥土の肉体の下で欲情し、そして夜は
分解されて目に見えるものになることを望む(2)〔同前〕

Et comme la goutte séminale féconde la figure mathématique, départissant
L'amorce foisonnante des éléments de son théorème,
Ainsi le corps de gloire désire sous le corps de boue, et la nuit
D'être dissoute dans la visibilité.

ひとつの世界を創造しそして夜を分解するためには、強力な水の一滴があれば十分なのである。この強力さを夢想するために必要なものは、深く想像されたわずか一滴である。このように活性化された水が胚芽であり、それは生命に尽きることのない飛翔力をあたえるのである。

同様に、マリー・ボナパルト女史は、エドガー・ポーの作品のような理念化された作品の中に、多くの主題の生体的意味作用を発見した。女史はいくつかの詩的イマージュの生理学的特色について多数の証拠を提出している。

生体的想像力の根元に向かってこのように深く探り、水の心理学の下で、夢の水の生理学を書くために、われわれは十分に準備を重ねたとは思えない。そのためには医学的訓練と、なによりも神経症につ

いて多大の経験を必要とするであろう。われわれにかんする限り、人間を知るためには読書あるのみである。人間の書くものによって人間を判断するという素晴らしい読書である。人間についてわれわれがなによりも愛するのは、人間についてひとが書き表すことができるものである。書き表されえないものは生きられるに値するだろうか。それゆえわれわれは接木された greffé 物質的想像力の研究にとどめねばならなかったのである。つまり文化が自然の上にそのしるしをつけたとき、接木の上の方で物質化する想像力のさまざまの小枝の研究ということに、われわれはほとんどつねに限定したのである。[*14]

しかもこれはわれわれにとっては単なる比喩ではない。それどころか、接木は人間の心理を理解するための本質的概念のようにわれわれには思われる。われわれにいわせれば、それは人間のしるしなのだ。人間の想像力を特定するために欠くべからざるしるしなのである。われわれの考えでは、想像する人類は能産的自然のずっと上方に位置している。物質的想像力にさまざまな形体の枝葉を本当に繁茂させることができるのは接木なのである。形体の想像力に物質のもつ豊かさと濃密さを伝達することができるのも接木である。それは自生の若木に花を開かせるようにしむけ、花に素材をあたえるのだ。いかなる比喩ともかかわりなくいうのだが、ひとつの詩作品を作り出すためには、夢想の活動とイデア形成の活動が結合しなければならないのだ。芸術とは接木された自然である。

もちろん、イマージュについてのわれわれの研究において、より遠くの樹液を認めたときは、そのことを途中で指摘しておいた。きわめて理念化されたイマージュについても、有機的な起原を見分けなかったことはめったにない。しかしそんなことではまだまだこの研究が徹底的な精神分析の間に置かれる価値はない。ゆえに本書は文芸美学の一試論の域を出ないのである。本書には詩的イマージュの実体の決定と、そしてまた形体が根本的物質に適合するか否かの決定という、二つの目的があるのである。[*15]

VI

さてここで本書の研究の全般的なプランを述べよう。

物質化する想像力の軸がどんなものかをはっきり示すために、あまり物質化をしないイマージュ群から始めることにしたい。ここで引き合いに出すのは、表面的イマージュ、つまり元素の表面と戯れていて、物質にはたらきかける時間を想像力に残さないイマージュである。本書の第1章は、束の間の容易にみられるイマージュをあたえる明るく澄んだ水、きらきら輝く水にあてられる。しかしながら、こういうイマージュでも、元素のもつ統一性のおかげで、秩序づけられ、組織立てられることを、読者に感じとってもらえるようにしたい。そのとき、さまざまな水のポエジーから水のメタポエティックへの移行、複数から単数への移行を前もって述べることになるだろう。こうしたメタポエティックにとって、水は、もはや移り気な熟視とか、断続的、瞬間的夢想の連続において知られるイマージュの単なる一グループではなく、イマージュを支えるものであり、やがてはイマージュの供給源となり、イマージュを基礎づける成分なのである。こうして水は深まり行く熟視の中で、徐々に物質的想像力の元素となる。いいかえるならば、水が春から冬へと移り、あらゆる季節をやすやすと、受動的に、軽快に反映するように、この一年周期の水さながら、楽しげに生きる詩人たちがいる。だがしかし、もっと深い詩人が見つけるのは、多年生の水、自ら再生する水、変化しない水、消せないしるしをそのイマージュに押す水、世界のひとつの器官である水、流動する現象の糧、植物のように成長する元素、涙の本体の水……である。

だが、繰り返していうが、われわれが深さの価値を理解するようになるのは、虹色の表面に十分時間をかけて止まるからである。それゆえ表面のイマージュを統一するいくつかの凝集成分を確定してみよう。とりわけ、個人的な存在のナルシスムが、どのようにして真の宇宙的ナルシスムに少しずつ取り込まれていくかを見るであろう。この章の終わりではまた白さと優美さの分かりやすい理想を研究し、白鳥コンプレックスの名称の下に特色を述べることにする。軽快な愛する水はここに精神分析のじつにやりやすい象徴を見いだしているのである。

やっと第2章で——ここでエドガー・ポーのメタポエティックの太い枝を研究するのだが——水の元素、つまり実体としての水、自らの実体のなかで夢想された水に到達したという確信をわれわれはもつのである。

この確信にはひとつの理由がある。物質的想像力は原初的な物質から学ぶのだが、その物質には深く永続的な両面感情が結びつけられているからだ。しかもこの心理的特性はきわめて一定しているので、反対命題というものを想像力の最重要な法則だと表明できるほどである。つまり、想像力が二重に生かすことのできない物質は、原初的物質の心理的な役割を果たすことはできないのだ。心理的な両面感情の契機とならない物質は、果てしない転位を可能にする自らの詩的分身を見つけることができない。したがって物質的元素がたましいをまるごと引きつけるためには、二重の加担《パルティシパシオン》〔没入〕——欲求と怖れの加担、善と悪の加担、白と黒の静かな加担が必要なのである。*16 エドガー・ポーが川辺や湖畔で思いにふけるとき、今まで以上にはっきりとした夢想の二元論をわれわれは見るであろう。水によって初めて、理想を追う人ポー、知性の人ポー、論理の人ポーが、非合理的な物質、〈いらだった〉物質、不思議なほど生き生きとした物質との接触をふたたび見いだすのである。

したがってエドガー・ポーの作品を研究することで、言語の弁証法の絶好の実例が得られるであろう。言語の活発な生命のためにこの弁証法が必要なことをクロード゠ルイ・エステーヴはよく承知していた。「論理と科学とから、もしできるかぎり、脱主観化 désubjectiver〔主観性の排除〕しなければならないとするなら、その代償として、語彙と統辞から脱客観化 désobjectiver〔客観性の排除〕することも、まったく同じように不可欠である(3)」。もろもろの対象にこの脱客観化 désobjectivation をしなければ、また形体の歪曲――対象の下に物質を見ることをわれわれに許しているもの――のこの脱形体化〔変貌・歪曲 déformation〕がなければ、世界はばらばらの事物に、動かない無力の固体に、われわれ自身とは無縁の物体に分散してしまうのである。そうなると、たましいは物質的想像力の不足に苦しむのだ。水が、イマージュを集合し、実体を溶解しながら、想像力を助けて脱客観化の仕事をおこなわせ、また想像力の同化の作用を助けるのである。水はまた一種の統辞法、つまりイマージュ群の持続的連鎖関係をもたらし、イマージュ群をゆるやかに運動させ、対象に密着していた夢想の錨を引き上げる。こうしてエドガー・ポーのメタポエティックにおける元素的な水はひとつの世界に特異な運動をあたえるのである。それは油のようにゆるやかで、滑らかで、静かなヘラクレイトス的思想をもって象徴化を実現する。そのとき水は速度の喪失のようなもの、まさに生命の喪失を経験する。水は生と死のあいだの造形的な媒介物のようなものとなる。ポーを読みながら、人々は死んだ水の奇妙な生命をより親しく内側から理解し、言語は統辞法のうちでももっとも激烈なものを学び、死に瀕した事物の統辞法、死につつある生命の統辞法を学ぶのである。

ひとつの生成と事物のこの統辞法、生命と死と水の三重の統辞法の特徴を明瞭にするために、われわれがカロン・コンプレックスとオフィーリア・コンプレックスと命名した二つのコンプレックスを取り上げるように提案する。この二つを同じ章に集めたのは、いずれも人間の最後の旅、最終的な解体の考え方を象徴しているからである。深い水の中に姿を消すこと、あるいは遥か彼方の水平線の下に消えること、深さあるいは無限と合体すること、これが水の運命にみずからのイマージュを見る人間の運命なのである。

このように想像された水の表面的な特性と深い特性をそれぞれ明瞭に決定したあと、この元素と物質的想像力のほかの元素との複合を研究してみよう。詩的形式のあるものは、二つの実体を用いるからである。二重の物質利用はしばしば物質的想像力をかき立てる。ある種の夢想においては、各元素が結婚かあるいは闘争を求める、つまりそれを鎮めるかそれとも駆り立てるかするさまざまな冒険を求めるのだ。他の夢想においては、想像された水が和解の元素として、混合の基本的な図式として現れる。それゆえ、水と土との組み合わせ、つまり捏粉《パート》〔練り土〕の中にその現実的な機会をおく組み合わせに、われわれは大きな注意をはらうのである。物質というものの概念自体に捏粉の概念が緊密に結合していると思われるのだ。形相因と質料因の、実際的、経験的な関係をはっきり設定するためには、捏ねる仕事と肉付けする仕事について、長い研究から始めることが必要なのかもしれない。暇にまかせ愛撫する手は、見事に仕上げられた輪郭をなでまわし、完成した仕事を綿密に調べ、安易な幾何学に魅了されるかもしれないではないか。そのような幾何学は仕事中の職人を見る哲学者の哲学に導く。美学の領域では、完成した仕事のこうした視覚化は、当然のように形体的想像力を優位に導くのである。それとは反対に、仕事熱心で強引な手は、愛しながらも逆らうひとりの肉体のような、抵抗すると同時に譲歩するひとつの物質に働きかけながら、現実的なものの本質である筋力発生《ディナモジェニー》を学ぶのである。この手があらゆる両面感情をこうして蓄積するのだ。このように、仕事中の手が土と水の適切な混合物を必要とするのは、ひとつのかたちにふさわしい物質がなんであるか、ひとつの生命にふさわしい実体がなんであるか、をよく学ぶためである。練り上げている人間の無意識にとって、下ごしらえは作品の胚胎であり、粘土は銅像の母なのだ。創造する無意識の心理を理解するには、流動性、展性についての経験をどんなに強調してもし過ぎることはない。捏粉の経験において、水は明らかに支配的な物質として現れるだろう。ひとは水を夢想しているから粘土の柔らかな従順さという恩恵を水から受け取るのであろう。

　水が他の元素と合成される適性を示すために、別の合成物を研究することになるが、物質的想像力にとって合成物の真のタイプとは水と土の合成物であることを記憶しておくべきである。

　物質元素のいかなる組み合わせも無意識にとっては結婚である、ということを理解すれば、素朴な想像力や詩的な想像力が、水に対しほとんどつねに女性的な性格を割り当てることが納得されるであろう。

また水の深い母性もわれわれは見ることになる。水は胚芽をふくらませ、泉水を噴出させる。いたるところで水が誕生し生長するのをひとは目撃する、水はそういう物質である。泉水とはなにものも抗しがたい誕生であり、連続的誕生である。このじつに大きなイマージュを愛する無意識は、いつまでもそのしるしを留めている。それが終わりのない夢想をかきたてるのである。特別の一章をもうけ、われわれは神話に浸ったこのイマージュが、どのようにして今もなお自然に詩作品を活性化するかを示そうと試みた。

ひとつの個別的な物質に完全に結合している想像力は、やすやすと価値定立化〔価値付加作用〕をおこなう。水は人間の思考がもっとも大きな価値定立化をおこなう対象である。それが純粋さという価値定立である。澄み切った明るい水のイマージュがなければ、つまりわれわれに語りかける純粋な水というこの美しい同義語反復がなければ、純粋さの観念はどうなるであろうか。水は純粋さのあらゆるイマージュを受け入れる。したがってわれわれはこの象徴体系の強力さの根底にあるすべての理由を秩序づけてみた。基本的な実体についての深い思索によって教えられる、いわば自然のモラルの一例がここにある。

神話学者がこぞって認めた、海水に対する淡水の優位は、存在論的純粋性というこの問題に結びつけることで理解できる。この価値定立について短い一章をあてた。精神をさまざまの実体の考察にみちびくためには、この章が必要だと思われたのである。物質的想像力の理論は、経験と情景とのあいだに均衡を回復したとき、初めてよく理解されるだろう。具体的な美、実体の美を取り上げた数少ない美学の著書でも、たいてい物質的想像力の有効な問題には軽く触れられているに過ぎない。ひとつだけ例をあげよう。マックス・シャスラーはその『美学』のなかで「具体的自然美」〈die konkrete Naturschönheit〉を研究するように提案している。かれは諸元素に十ページを当てているにすぎないが、そのうち三ページを水に、しかもその中心部分を海の無限性に割いているのだ。[*17] したがってもっと普通の自然な水、夢想家を引きつけるために無限を必要としない水にまつわる夢想を、ここで強調しておくことが当然望まれたのである。

本書の最終章では、水の心理学の問題にきわめて異なった方法を用いて迫ることにした。この章は本来の意味での物質的想像力の研究ではなく、力動的想像力の研究となるであろう。これについてはいずれ別の著書で扱うことをわれわれは望んでいる。この章の題は「荒れる水」である。

まず水は、荒れた状態で独自の怒りを示す。あるいは換言すれば、怒りのひとつのタイプが示す心理のすべての特性を水は容易に受け入れるのである。この怒りは、人間がそれを抑制することをすぐさま自慢するものなのだ。それゆえ、荒れた水はひとが暴力をふるう対象としての水にたちまちなってしまう。人間と波浪のあいだにとげとげしい悪意の対決が開始する。水は恨みを抱き、性を変える。意地悪くなると女性〔名詞〕の水は男性〔名詞、波浪 flot〕になる。これが元素の中に刻まれた二元性克服の新しい方式であり、物質的想像力の一元素のもつ原初的価値の新しいしるしなのである。

したがって、まず攻撃的意志が泳いでいる人間を鼓舞するさまを示し、ついで波浪《フロ》の反撃を、唸り、叫び、反響をこだまさせる怒りの潮の干満を示すことにする。荒れ狂う水にしげしげと付き合ううちに、人間存在が獲得した特別な筋力発生についての説明もおこなおう。それは想像力の基本的な生体論的特質の新しい例となるであろう。こうしてまた筋肉的想像力を見いだすことになる。それはわれわれがかつて、ロートレアモンのエネルギーあふれるメタポエティックの中で活動を指摘したものである。しかしこの物質的想像力はロートレアモンの動物化された想像力よりも、水との接触、物質的元素との接触によって、ずっと自然なようであり同時に人間的であるように見える。したがってこれは、諸元素を眺めているあいだに物質的想像力によって形成された象徴の直接的な性格のさらなる証拠となるであろう。

本書の全体にわたってわれわれはおそらく読者がうんざりするほど執拗に、物質的想像力という主題の強調を一貫しておこなったので、結びにおいてまでそれを要約することはないであろう。そこでこの結びのほとんどすべてを、われわれのパラドックスのうちでもっとも極端なものに割り当てたい。それはつぎのことを証明することである。すなわち、水の声はほとんど隠喩などではなく、水の言語は直接の詩的な現実であり、小川や川は無音の風景を不思議なほど忠実に音声化《ソノリゼ》するのだ、ということである。つまり音を立てて流れる水は、小鳥や人間にたいし、歌い、話し、繰り返し話すことを教えるのだ。要するに水のことばと人間のことばに連続性があるということの証明である。逆にいうと、あまりにも無視されてきた事実、人間の言語活動に有機的にいってひとつの流動性《リキディテ》があるということ、言語の総体の中に一定の流量があり、子音群の中にひとつの水があるということを主張したいのである。この流動性が特別の心的興奮、つまり水のさまざまなイマージュをすでに喚起しているひとつの興奮をあたえる、ということを証明したいのである。

このように水はひとつの完璧な存在としてわれわれの前に現れるであろう。それはひとつの身体、ひとつのたましい、ひとつの声をもつ。おそらく他のどの元素よりも、水は完全な詩的現実なのである。外観の多彩さにもかかわらず、水の詩学は統一性を保証されている。水は詩人に対して、元素の統一という新しい責務を暗示するはずだ。この元素の統一性を欠くならば、物質的想像力は満たされず、また形体の想像力にしてもばらばらな特徴を結合するのに力不足である。作品にいのちが欠けているのは、実体が欠けているからである。

Ⅶ

最後に、この全般的序論を閉じるにあたり、われわれの主張を裏付けるために選ばれた例証の性格にいくつか注意をしておきたい。[*18]
これらの例証の大半は詩からの借用である。われわれの考えでは、想像力の心理学はすべて、想像力がインスピレーションをあたえる詩篇によってのみ具体的に解明されうるからである。(4) 想像力とは、語源が暗示するような、現実のイマージュを形成する能力ではなく、現実を超え、現実を歌うイマージュを形成する能力である。それは超人間性の能力である。[*19] ひとりの人間はかれが超人間である度合に応じて一人前の人間であるのだ。人間に課された条件 *l'humaine condition* を超えるように人間を押しやるいくつもの傾向をたばねた総体として、ひとりの人間を定義しなければならない。活動中の精神の心理学は、自動的に例外的な精神の心理学である。例外に誘われている精神の心理学である。例外とはつまり古いイマージュの上に接木された新しいイマージュである。想像力は、ものやドラマ以上のものを発明するのであり、なんらかの新しい生命を発明し、なんらかの新しい精神を発明する。想像力は目を開かせ、目は影像《ヴィジョン》の新しいタイプをいくつも見る。想像力はそれが〈いくつものヴィジョン〉をもつ場合にのみ見るであろう。もし経験で教育される前に、夢想で教育されるならば、そしてもし経験が夢想の証拠として後からくるならば、想像力はヴィジョンをもつであろう。ダンヌンツィオがこういっているように。

> もっとも内容豊富な事件《エヴェヌマン》〔経験《エクスペリアンス》〕は、たましいがそれに気づくはるか以前にわれわれの中に到着している。そして、われわれが目に見えるものの上に眼を開き始めるときには、すでにわれわれわれはだいぶ以前から、目に見えないものの支持者だったのである。[5]

この不可視なものの支持、これこそ最初のポエジーであり、自己の内面の密かな運命に対する好みをいだくことをゆるすポエジーである。ポエジーは青春とか若返りの印象をあたえる。それはたえずわれわれに驚嘆する能力を取りもどさせるからである。本物のポエジーとは目覚めさせる機能である。

ポエジーは人々を目覚めさせる、しかしポエジーは前ぶれの夢の記憶を保存しているはずである。そのためにわれわれは、ときにはポエジーが表現の敷居をこえる瞬間を遅らせるように試みたこともある。その兆候を見つけるたびに、詩篇にみちびく夢の通路をたどりなおしてみたのである。シャルル・ノディエはその『夢想』(ランデュエル版、p.162)において述べた。「想像しうる世界地図は夢想の中でのみ描かれる。感覚される世界は無限に小さい」[20]。ある人々にとって夢想や夢は美の材料となるものなのである。アダムは夢から覚めるときイヴを発見した。だから女性はかくも美しいのである。

こういった証拠のすべてに力を得てわれわれは、使い古しの知識や、活気も力もない教育のなかに生き延びている形式的で寓意的な神話体系を除外することができた。それにまた、真心のこもらない無数の詩篇も排除できた。凡庸な詩人がとほうもなく支離滅裂な木霊をふやそうと躍起となっていたからである。神話的な事実を援用した場合は、そこに現代の人々に対して今も変わりなく及ぼす作用、つまり無意識の作用を認めたからである。さまざまな水の神話は全体としてひとつの物語に過ぎないのかもしれない。われわれが書きたかったのはひとつの心理学であり、文学的なイマージュと夢想を結びなおすことであった。まずしばしば指摘したことは、絵画的《ピトレスク》なものが神話的な力と詩的な力をともに停止させるということである。絵画的なものは夢想の力を分散させるのだ。ひとつの幻想が活発であるためには雑多な色彩を受けるべきではない。うぬぼれて描かれた幻想ははたらきかけることを止める。さまざまの物質的元素に対応する幻想は、それぞれの物質に忠実である限り、力を宿している、あるいは、ほとんど同じことになるが、原初の夢に忠実である限り幻想は力を保持するのである。

本書における文学作品の例証の選択にもひとつの野心がからんでいる。終わりにあたって心おだやかに告白しておきたい。もし万が一、われわれのこの探索がもしも注意を引くことがありうるとすれば、文学研究を革新するいくつかの方法、いくつかの手段をもたらし得るのではあるまいか、ということである。文学の心理学に文化コンプレックスという概念を導入したねらいもここにある。熟慮反省の作業そのものを支配する非反省的態度をわれわれはこう呼んだのである。たとえばそれは想像力の領域における偏愛されたイマージュである。ひとはそれを外界で見られた情景の中から取り出されたと思いこんでいるが、それは隠されていたたましいからの投影に過ぎないのだ。ひとは客観的に自己を文化的に高めていると思いながら、文化コンプレックスを育てている。だから現実主義者などといいながら彼は現実の中で自分の現実を選んでいるのだ。歴史家は歴史の中から彼の歴史を選んだ。詩人のほうはその印象をひとつの伝統に一体化させながら調整する。文化コンプレックスはその良い形のもとで、ひとつの伝統を再生し若返らせる。形が悪ければ、文化コンプレックスは想像力のない作家の教科書的習慣の域を出ないのである。

　文化コンプレックスは、精神分析によって明らかにされたより深いコンプレックスの上に自然に接木されている。シャルル・ボードゥアンが強調したように、コンプレックスというものは本質的に心的エネルギーの変圧器なのである。文化コンプレックスもこの変圧を継承する。文化的昇華作用は自然の昇華作用の延長である。教養ある人間には、昇華されたイマージュは十分に美しいとは決して見えないようである。かれは昇華作用を更新しようとする。もし昇華作用が概念の単なる仕事であるならば、イマージュはその概念的な枠組みの中に閉じ込められて終わるであろう。しかし色彩は溢れ出し、物質は膨張し、イマージュは自らをやしなう。夢は詩篇によって表現されるにもかかわらず、その生長を止めないのである。このような情況にあって、文学研究がイマージュの静止した概括にとどまることを望まないのであれば、本来のコンプレックスと文化コンプレックスの関連をたどりながら、想像力のダイナミックな性格をふたたび体験する心理的な批評を兼ね備えなければならない。文学作品のなかで活動している詩化する力を測定するには他に方法がないというのが、われわれの見方である。心理的な記述では不十分なのだ。形体を記述するよりも、物質を吟味することが大事なのである。[*21]
ほかの著書と同様、本書においてもいささか無謀かもしれないが、文化的なしるしによって新しいコンプレックスを命名することにわれわれは躊躇しなかった。それは教養ある人士なら誰でも認めるしるしだが、書物から遠ざかって生きているひとにとっては隠されたままなんの反響も起こさないしるしである。小川の流れるままに、オフィーリアのように流れ去る、花で飾られて死せる女性の悲痛な魅力について語るならば、本を読まない人々を大いに驚かすかもしれない。ここには文芸批評がその生長を生きてこなかったひとつのイマージュがある。このようなイマージュ——ほとんど自然ではない——が、いかにしてレトリックの形象となったのか、レトリックのこのような形象が詩的教養の中でいかにして活発さを保ちえたかを示すのは興味深いことである。(6)

もしわれわれの分析が正確であるなら、普通の夢想の心理学から、文学的夢想の心理学への移行を助けるはずではあるまいか。文学的夢想とは、みずからを記述する奇妙な夢想、記述しながらみずからを秩序立て、当初の夢を徹底的に超えて行きながらも、なおかつ元素的な夢の現実には忠実であり続けるものなのである。一篇の詩をあたえる夢のこの恒常性をもつには、目の前の現実的なイマージュ以上のものをもたねばならない。われわれのなかで生まれ、われわれの夢の中で生きているこのイマージュ、物質的想像力にとって尽きることのない糧である豊かで密度の高い夢の物質を積んだこのイマージュを追求しなければならないのである。

第1章　明るい水、春の水と流れる水　ナルシシスムの客観的条件、恋する水

悲しき花よ、ただひとり生《うま》れて生きて、力萎《な》え
水に映せるわが影の他に心を動かさず。
マラルメ「エロディヤード」

……鏡の中に溺れて死んだ人さえ大勢いた……
ラモン・ゴメス・デ・ラ・セルナ『とっぴな男ギュスターヴ』[*1]

I

水をきっかけとするか素材としている〈イマージュ〉には、土や結晶、金属、宝石によって供給されるイマージュのもつ恒常性とか堅固さはない。それには火のイマージュの強烈ないのちもない。水は

〈本物そっくりの嘘〉をつくこともない。だから小川のかもしだす蜃気楼に本当にだまされるには、こころがひどく動揺していなければならないのである。水のやさしい幻影は、楽しげな想像力、楽しもうとする想像力による人為的な錯覚といつもは結ばれている。春の光に照らされた水の現象は、月並みな、手軽なイマージュをやたらともたらし、それが安っぽいポエジーを刺激する。二流どころの詩人が図に乗ってこれを弄ぶ。うら若い水の精が古色蒼然たるイマージュと果てしなく戯れている詩句など、なんの苦もなく山のように集めることができるであろう。

このようなイマージュは、たとえ自然であっても、われわれのこころをぐいと惹きつけたりはしない。火や土なら同じようにありふれたイマージュでさえいくつかはわれわれのこころに深い感動を呼ぶものだが、そういうことはないのである。水のイマージュは、はかなく消えやすいので、過ぎ去っていく印象しかあたえない。日の照る空を見上げただけで、われわれはたちまち安定した光に包まれる、そして内心の決断や、突然の意向がわれわれを大地の意志へと向かわせ、深く掘り下げたり建築したりする積極的な責務へと差し向けるのである。ほとんど自動的に大地の生命は、水の反映に対してなら休息か夢のきっかけしか見ない夢想家のこころを、原材料のもつ有無をいわせぬ力によってまた摑むのである。水の物質的想像力のほうはいつでも危機にさらされていて、大地とか火の物質的想像力が介入するときには、消散してしまう恐れがあるのだ。水のイマージュはまるで自分から進んでそうするかのように四散してしまうので、水のイマージュの精神分析はごくまれにしか必要ではない。このイマージュは誰でも手当たりしだい魔法にかけるのではないのである。そうはいっても——他の章で考察するが——水から生まれたある種の形体には、もっと大きな魅力があり、粘り強く、濃密であるが、そうなるのはさらに物質的ないっそう深い夢想が参加するからである。つまりわれわれの内奥に隠されていたものが根源において参加し、われわれの想像力がもっと踏み込んで創作の行為を夢想するからである。それまで反映のポエジーにあっては感じられなかった詩的な力が、そのとき突如として出現するのだ。水は重くなり、黒ずんで、深みを増してくる、それは物質化するのである。そしてまた、いまや物質化しつつある夢想は、水の夢をもっと動きのない、より官能的な夢想に結合する。いまや夢想は水の上に構築し、水をさらに強烈に、いっそう深々と感じ取っているのである。

しかしある種の水のイマージュの〈物質性〉、ある種の幻影の〈濃密さ〉は、まず表面において虹色の形体を研究しておかなければ、うまく測ることはできない。この濃密さは表面的なポエジーから深いポエジーを区別するものだが、知覚的《サンシブル》〔感覚的〕な価値から官能的《サンシュエル》〔感覚的・感動的〕価値に移るときに感じられるであろう。想像力の理論は、官能的なもろもろの価値を知覚的な価値と対比させて、立派に分類できる場合にのみ解明されるであろう。ただ官能的価値のみが〈万物照応《コレスポンダンス》〉をおこなうのである。知覚的価値は逐語訳しかあたえない。人々が詩的感動を本当の意味でダイナミックに研究することから手を引いたのは、知覚的なものと官能的なものをまぜこぜにしたまま、強い印象《サンサシオン》〔興奮〕（きわめて知的な要素）のコレスポンダンスを問題にしたからである。したがって、印象のうちの、もっとも官能的ではないもの、つまり視覚から始めて、それがどのようにして官能的になるのかを見てみよう。まず初めに、水を単なる飾りとして研究してみよう。それから次にやることは、きわめて微弱な徴候から、水の出現の意志を捉えること、あるいはせめてそれが、水を眺めている夢想家の出現の意志を、いかにして象徴するのかを捉えよう。精神分析理論が、ナルシシスムについて弁証法の二つの用語、見るということと、出現する〈自己を提示する〉ということを、平等に力説したとはわれわれには思われない。水の詩学はこの二つの研究に寄与することができるであろう。

Ⅱ

自分自身のイマージュ、静かな水に反映するその顔に対する人間の愛に、精神分析がナルシスという記号をつけるように決定したことは、安易な神話がただ欲しかっただけではなく、自然な経験の心理的役割について、文字どおり先見の明があったからであった。実際、人間の顔は魅惑するのになによりも役立つ道具なのだ。人間は自己を映してみることによって、その顔、その眼差し、つまり誘惑のすべての道具を準備し、研ぎ澄まし、磨きたてる。鏡は攻撃的な愛の戦争ゲーム《クリークシュピール》の道具である。この積極的ナルシシスムは古典的精神分析ではきれいさっぱりと忘れられていたので、手早く特色を示しておくことにしたい。〈鏡の心理学〉を展開するには優に一冊の書物が必要であろう。われわれは研究を開始したばかりだから、ナルシシスムのもつ根深い両面感情を指摘するだけにとどめよう。それはマゾヒスト的特性からサディスト的特性にまで移行し、見つめながら後悔しそして見つめながら希望をいだくのであり、見つめながら慰めそして見つめながら攻撃するのである。鏡を前にした人に向かって、二つの質問をいつだって発することができる。きみは誰のために自分を映すのか、きみは誰に対抗して自分を映すのか。あるいは、きみは自分の美しさを意識するのかそれともきみの力を意識するのか、と。このような短い指摘でもナルシシスムの当初の複雑な性格を示すのに十分であろう。本章の中ではこれからナルシシスムが複雑になっていくさまを徐々に見ていくことにしたい。

まず最初に水の鏡の心理的有効性を理解しなければならない。というのも、水は人々のイマージュを自然にもどすのに役立つのだ。水は人々の内密な見つめる行為のもつ自尊心に、いくぶんかの無垢な無邪気さと自然さをとりもどしてやるのに有効なのである。鏡というものはあまりにも文明化されており、あまりにも扱い易く、あまりにも幾何学的な物体なのである。だから夢の道具として夢の生活にそれ自体をすんなり適用させるためには、あまりにもどぎつすぎる存在なのである。ルイ・ラヴェルは倫理的な意味で感動をよぶその著書の比喩的な序文で、水の反映の自然な深さと、この反映が暗示する夢の無限性を指摘した。「もしひとがナルシスを鏡の前にいると想像するなら、ガラスと金属の抵抗がナルシスの企ての障害となるであろう。かれの額やこぶしがそれに突き当たるし、鏡を裏返して見てもなにものも見いださない。鏡はその中に背後世界を閉じ込めているので、かれの手から逃れるのだ。かれは鏡の中に自分を見ながら自分を捕まえることができず、また偽の距離によって隔てられているから、その距離を縮めることはできても乗り越えることはできない。一方、泉はかれにとって開かれた道である……」[1]。泉の鏡はそれゆえ想像力が開かれる契機となるのである。ややぼかされ、やや青みがかった反映は理想化を暗示する。ナルシスは自分のイマージュを反映する水の前で、自分の美しさが連続しており、それが完結しないままであり、それを完成させねばならないと感じているのだ。ガラスの鏡は部屋の強い光のもとでは、安定しびくともしないイマージュをあたえる。鏡を自然の生きた水に比較しうるときは、つまり再自然化された想像力が泉や小川の情景への加担〔合体〕を受け入れることができるときは、鏡はふたたび生命をもち自然のものとなるのであろう。

ここでわれわれは自然な夢の要素のひとつ、自然の中に深くみずからを刻みつけたいという夢のもつ欲求を捉えるのだ。ひとは物体 objets とともに深く夢想することはない。深く夢想するためには物質《マチエール》〔素材〕とともに夢想しなければならない。鏡をもって始めた詩人は、その詩的経験を完全にしたければ、泉の水に到達しなければならないのだ。われわれの見るところでは、詩的経験は夢の経験との依存関係におかれるべきなのである。マラルメの詩のように彫琢をかさねた詩でさえもこの法則にそむくことはめったにない。それは鏡のイマージュ群の中へ水のイマージュ群が挿入生長 intussuception するさまを示すであろう。

　おお　鏡よ、
倦怠により　その縁《ふち》の中に氷《こほ》れる冷かなる水、
幾たびか、またいく時か、数々の夢に悶《もだ》えて、
底知れぬ鏡の淵の水の下に沈みたる
木の葉にも似し　わが思い出を　探し覓《もと》めて
汝の中に杳《はる》かなる影のごとくに　われは現れぬ。
しかも　恐《おそろ》し、夕されば　その厳《いかめ》しき泉の中に
乱れ散るわが夢の裸《はだか》の姿を　われは識りぬ。(2)
〔「エロディアード」鈴木信太郎訳〕

O miroir !
Eau froide par l'ennui dans ton cadre gelée
Que de fois et pendant des heures, désolée
Des songes et cherchant mes souvenirs qui sont
Comme des feuilles sous ta glace au trou profond,
Je m'apparus en toi comme une ombre lointaine,
Mais, horreur ! des soirs, dans ta sévère fontaine,
J'ai de mon rêve épars connu la nudité !

ジョルジュ・ローデンバックの作品中の鏡を網羅的に研究すれば同じ結論にいたるであろう。つねに澄みきって、つねに攻撃的な目である窓鏡《エスピオン》〔隠し鏡〕を除外すれば、ローデンバックのあらゆる鏡は曇っており、ブリュージュを取り囲む運河の水と同じねずみ色のいのちをもっている。ブリュージュではどの鏡も眠る水である。*2

III

だからナルシスは秘密の泉へ、森の奥へと進んでいく。そこにいるときだけかれは自然に自分に分身がいると感じるのだ。かれは腕を伸ばし、自分そのもののイマージュに向かって手を浸し、みずからの声に語りかける。木霊《エコ》は遠くにいる水波女《ナンフ》ではない。エコは泉のくぼみに住んでいる。エコはたえまなくナルシスとともにいる。エコはナルシスの声をもつ。エコはナルシスの顔をもつ。ナルシスは大きな叫びの中にエコを聞きはしない。もうすでにかれは囁《ささや》きのなかにエコを聞いている、誘惑するかれの声の囁きとして、誘惑者のかれの声の囁きとして。水の前のナルシスは、自己自身ともう一人の自己の出現を見る。つまり男性的な能力と女性的な能力という二重の能力の出現を見、とりわけ自己の現実と理想の出現を見るのである。

　このように泉のほとりで、理想化するナルシシスムが誕生する。想像力の心理学のためにその重要性を手短に指摘しておきたい。古典的精神分析がこの理想化の役割を過小評価しているように思われるので、なおさらその必要がある。実際、ナルシシスムは必ずしも神経症を引き起こすわけではない。それは美的作品において、それも素早い転位によって、文学作品において、積極的な役割を果たすのである。昇華作用はかならずしも欲求の否定ではないし、さまざまの本能に対する昇華作用としてかならず現れるわけでもない。それはひとつの理想にむかう昇華作用となる場合もありうる。そのときナルシスはもはや「わたしはあるがままのわたしを愛する」とはいわず、「わたしはわたしを愛するがままに存在する」というのだ。わたしは激しく自分を愛するがゆえに沸き立っているのだ。わたしは人の前に現れたい、したがってわたしを飾るものを増やさねばならない。こうしていのちはわが名を声高に名乗り、イマージュで身を蔽うのである。いのちは伸びて、存在の形を変え、いのちはさまざまの白さを身につけ、いのちは花開く。想像力はもっとも遠くの隠喩に向かって開放され、あらゆる花のいのちを分かちもつ。この花のダイナミックな力をもって現実の人生は新しく飛躍する。実際の生活も、非現実というヴァカンスが適切にあたえられるならば、はるかに元気になるであろう。

こういう理想化するナルシシスムはこのとき愛撫の昇華をおこなうのだ。水の中で見つめられていたイマージュはすっかり視覚化された愛撫をなぞった線として現れる。それは手の愛撫をまったく必要としない。ナルシスは線型の、潜在的な、形式化された愛撫に満悦なのである。このデリケートで壊れやすいイマージュには物質的なものは何も残っていない。ナルシスは息をころす。

われの吐く
かそかなる吐息も
来たり奪はむ
青くまた黄金なす水のうえに
われの讃へてありしものを、
空を、森を、
また水の薔薇を……

〔ポール・ヴァレリー「ナルシス（校声曲）」『メランジュ』伊吹武彦訳[*3]〕

Le moindre soupir
Que j'exhalerais
Me viendrait ravir

Ce que j'adorais
Sur l'eau bleue et blonde
Et cieux et forêts
Et rose de l'onde.

(«Narcisse», Paul Valéry, *Mélanges*)

こんなに脆く、あまりにも繊細で、非現実的すぎるため、ナルシスは現在の外に追いやられてしまう。ナルシスの凝視はほとんど宿命的に希望と結ばれている。自分の美しさに思いを凝らしながら、ナルシスは自分の将来について想いを馳せているのだ。するとナルシシスムは一種の自然の鏡占いを引き起こす。だいたい水占いと鏡占いの組み合わせは珍しくない。ドラットは水の反映と泉の上にかざされた鏡の反映を組み合わせるやり方を示している[3]。時には、占いの鏡を水に浸して反映の力を本当に強めることもある。したがって水占いの構成要素のひとつはナルシシスムに由来することは否定できないように思われる。占いの心理的特性の全面的研究がなされるときには、物質的想像力にとくに大きな役割を与えねばなるまい。水占いをする場合、ひとが静かな水に二重の視像を割り当てているように確かに思われるのは、水がわれわれ自身の分身を示すからである。

IV

しかし泉でのナルシスはひたすら自己自身を見つめているわけではない。かれ自身のイマージュはひとつの世界の中心になっているのだ。ナルシスとともに、ナルシスのために、今度は森全体が姿を映し、大空がその広大なイマージュを意識するにいたるのである。ジョアサン・ガスケは『ナルシス』というそれだけで長い考察の価値がある著書の中で、想像力の形而上学を素晴らしい含蓄のある公式にまとめてくれた（p.45）。「世界とはみずからを考えつつある壮大なナルシスである」[*4]。みずからのイマージュの中以上によく自分を考える場所がほかにあるだろうか。泉の澄んだ水の中では、ひとつの動作が反映のイマージュを掻き乱し、その動作が停止すればイマージュは元に戻る。反映された世界は静かさの勝利なのだ。この素晴らしい創造活動は無為しか要求しないし、夢想に誘う態度しか求めない。じっとして長い夢想にふければふけるほど、世界は美しく描かれることが分かるであろう。これから宇宙的ナルシシスムのさまざまな形を少し時間をかけて調べてみるが、これは結局エゴイストたるナルシスのごく自然な延長上にある。「ぼくは美しい、自然が美しいから。自然は美しい、ぼくが美しいから」。これが独創的想像力とその自然なモデルとの果てしない対話なのである。一般化されたナルシシスムはあらゆる存在を花に変貌させ、そしてあらゆる花にその美しさを意識させる。あらゆる花はナルシス化し、そして水は花にとってナルシシスムの驚異的な道具なのだ。この回り道をたどってのみ、ひとはシェリーの「黄色い花たちは水晶の静けさに反映する自分の物憂い目を永遠に眺めている」というような考えに、十分な力と哲学的な魅力をあたえうるのである。(4) 実際的な見方をすれば、これはおかしなイマージュである。花たちの目などは実在しないからである。しかし詩人の夢にとって、澄み切った水に姿を映す花たちは見ることが必要なのだ。キーツもまたえもいわれぬさわやかなページに、ナルシスが人間となり、ついで宇宙となり、ついで花となる伝説を集めている。かれの詩の中でナルシスはまずエコに話しかける。そのときナルシスは森の中の小さな空き地にある池の、真ん中に映じている青い空の何もない空虚さとうららかさを見た。ついに池の岸辺に、美があった、くっきり画かれている美、色彩の幾何学的芸術である。*5

……ふとかれはひともとの孤独な花を目にした
誰からも見捨てられ、高慢さのかけらもない、慎ましい花、
波の鏡の上にその美を傾けている
われとわが身の悲しい姿に恋い慕いながら近づこうとして
軽やかな西風にも耳をかさず、花は身じろぎもしない。
だが飽かず身を傾け、恋焦がれ、愛し続けているように見えた。

...il surprit une fleur solitaire;
Une modeste fleur abandonnée, sans aucune fierté,
Penchant sa beauté sur le miroir de l'onde

Pour s'approcher amoureusement de sa propre image attristée.
Sourde au léger zéphyr, elle restait immobile;
Mais semblait insatiable de se pencher, languir, aimer.

高慢さのないナルシシスムの繊細な色合い、これが美しいものそれぞれに、もっとも素朴な花に、自分の美しさの意識をあたえるのである。ひともとの花が水辺に生まれることは、まさしく自然のナルシシスム、濡れた、慎ましい、静かなナルシシスムに身を捧げることなのだ。

人々がわれわれの試みどおり、個別的な現実を前にした個別的夢想をひとつずつ取り上げるならば、ある種の夢想がとても規則的な美的運命をもつことを発見するであろう。これがまさに水の反映を前にした夢想の例なのである。小川のほとり、その反映の中で、世界は美に傾く。美を最初に意識するナルシシスムはしたがって汎美主義《パンカリスム》の萌芽である。この汎美主義の力を作り出すものは、それが前進的であること、それが細部にわたるということである。われわれは別の機会にこれを研究することにしたい。[*6]

まず宇宙的ナルシシスムのさまざまな種類を示すことにする。明るい光にみちた反映の明瞭で分析的なナルシシスムとは反対に、秋の水の眺めには、曇った霧のかかったナルシシスムが生じるのが分かる。物体はみずからを反映させる意思を欠いているようである。そのとき残っているのが空であり雲なのだ。そういったドラマを描き出すためには湖全体が必要なのである。怒り狂う湖が風の巻き起こした嵐に呼応するとき、怒りのナルシシスムが詩人に襲いかかるのを見るであろう。シェリーはこの怒り狂うナルシシスムを素晴らしいイマージュに表した。そのとき水は「天国のイマージュが刻み込まれたひとつの宝石」のようだとかれはいったのである（p.248）。

もしナルシシスムを縮小された形だけに限定してしまい、その一般化の力から引き離すならば、ナルシシスムのもつ重要性を十分に理解したことにはならないだろう。自己の美しさに自信をもつ人は汎美主義に傾く。ルートヴィヒ・クラーゲスが延々と発展させた原理、「世界の中にひとつの極がなければ、たましいの極性は確立できない」を適用すれば、個人的ナルシシスムと宇宙的ナルシシスムの間の弁証法的な活動を示すことができる。(5) 個人的ナルシシスムはいう。湖はもしわたしの肖像をまず描かないのであれば良い画家ではないだろう。すると、泉の真ん中に反映された顔は突然水の流れをせき止めて、宇宙の鏡というその機能を水にもどすのである。エリュアールは『開かれた本』（p.30）で次のように歌っている。*7

ここでは　人は　道に迷うことはできない
そして私の顔は清らかな水の中にあり　私にはそれが
ただ一本の樹を歌い
石ころを　やわらげ
地平線を映すのが見える
〔「メディユーズたち」VI、佐藤巌訳〕

Ici on ne peut se perdre

Et mon visage est dans l'eau pure je vois
Chanter un seul arbre
Adoucir des cailloux
Refléter l'horizon.

美はじわじわと取り込まれる。美はナルシスから世界へと拡散する、そしてひとはフリードリヒ・シュレーゲルのことば「われわれは世界のうちでもっとも美しい世界に暮らしていることを確実に知っている」(『ルツィンデ』一九〇七年版、p.16) が確かだと分かるのだ。汎美主義は心の密かな確信となるのである[*8]。

ときにはこの宇宙的蜃気楼に詩人が抵抗するのを感じることがある。エウヘニオ・ドルスの場合がそうではあるまいか。ドルスは確実に〈大地の〉詩人である。ドルスによれば、風景はまず第一に〈地質学的〉であるべきなのだ。水のポエジーへの抵抗が宣言されている一ページを写しておこう。それはわれわれの視点を逆に明らかにしてくれるはずだ。エウヘニオ・ドルスの証明したいことは、大気や光という条件が、風景の本当の実体を人々に知らせることのできない形容詞なのだ、ということである。たとえば「海洋画」というものは〈建築のような堅固さ〉をもつべきだとかれは望んでいる。かれの結論はこうである。「海洋画は、たとえば、逆さまにしてもかまわないようなものは下手な絵である。ターナーその人さえ――光まばゆい夢幻的風景ではあれほど大胆極まりないのに――けっして、逆さまにしうる、つまり空と水とが取り違えられそうな、海の景色を描くというような、そんな危ない橋は渡らなかった。またもし印象派のモネが『睡蓮』の曖昧模糊たる連作においてそんなことをしたとすれば、かれは罪の中に贖罪を見つけたのだといえる。なぜならモネの『睡蓮』は、芸術史において正常な成果とはみなされなかったし、今後もみなされないであろうからだ。それはむしろひとつの奇想画と見なされる。人々の感受性を一瞬愛撫するとしても、人々の記憶の高貴な古文書館に収められるいかなる資格もそなえていないのだ。十五分ばかりの気晴らしに過ぎない。大量生産美術の産物のあいだで、純然たる装飾品と隣り合って今後そこに並べられる代替可能な物品であり、アラベスク模様やつづれ織やファエンツァ産食器の兄弟分である。要するに、ひとがじっくり見ることなく眺め、なにげなく手にとり、惜しげもなく忘れ去るものである」[6]。〈代替可能な物品〉に対するすさまじい軽蔑。不動の美へのなんという欲求ぶりだろう。エウヘニオ・ドルスとは反対に、われわれのほうは、動いている幻想をあたえる芸術作品があれば、それがたとえわれわれを欺くものであろうとも、その間違いが夢想への道を切り開いてくれるのであれば、どんなに喜んで迎えることだろう。『睡蓮』を前にしてわれわれが感じるのはまさにこのことなのである。水の景観と共感をもつとき、ひとはつねにそのナルシス的な作用を楽しむ心構えができているのだ。この作用を暗示する作品は水の物質的想像力によってただちに理解されるのである。

V

おそらく自我中心的ナルシシスムと宇宙的ナルシシスムの関係についてこのような指摘は、もしわれわれがその形而上学的特性を浮き立たせるなら、もっとよく根拠づけられるであろう。

ショーペンハウアーの哲学は、美的なものをじっくり眺めること《コンタンプラシオン》〔熟視〕が、人間を意志のドラマから引き離すので、人間の不幸を束の間だが鎮めることを示した。[*9] 熟視と意志のこのような分離は、われわれが強調したいと思っていたじっくり見る意志という特性を消去してしまう。熟視もまたひとつの意志を確定するのだ。人間は見ることを意欲する。見ることはひとつの直接要求である。好奇心は人間の精神をダイナミックに動かす。だが自然そのものの中では見る作用の力が活発であるようだ。熟視された自然と熟視する自然の間の関係は密接でしかも相互的である。想像的自然は能産的自然と所産的自然の統一を実現する。ひとりの詩人が自分の夢とその詩的反応を生きるとき、かれはこの統一を実現するのである。そのとき熟視された自然は熟視を助けるし、またすでに自然は熟視の手段をいくつか含んでいるように思われる。詩人〔クローデル〕は「実際に存在するもの［と絶妙に集約された自然と］を熟視するためにわれわれが代わりに置いていたこうした水に、われわれができるだけ接近すること」をわれわれに要求する。(7) しかしもっともよく熟視するのは泉であろうか、それとも目であろうか。湖、池、眠る水はその岸に人を立ち止まらせる。それは意志に対していう。きみはこれ以上向こうへ行ってはいけない、きみには遠くのものたち、かなたのものたちを眺める義務が課されているのだ。きみが走っていたとき、何かがここですでにきみを見ていたのだ。池は静かな大きな目だ。池はすべての光を奪い、そしてそれでもってひとつの世界を作る。池によってすでに世界は熟視され、世界は再現されている。池もまた言うことができる、世界はわたしの再現であると。池のかたわらに立つと、能動的視覚という古い生理学理論が理解できる。能動的視覚からすると、目が光を投射するのであり、目がみずからそのイマージュを照らすのだと思われる。そうであれば、目がその影像《ヴィジョン》を見る意志をもち、熟視もまた意志であることが理解されるのである。

したがって宇宙はいってみればナルシシスムに確かに接触があるのだ。世界は自己を見たいのである。意志は、ショーペンハウアー的な視点から捉えるなら、熟視するために、美を堪能するために目を作るのである。目は、それだけで、光輝く美ではあるまいか。美しいものを見るためには目は美しくなければならない。美しい色彩が瞳の中に入ってくるように、目の虹彩は美しい色をもたねばならない。青い目がなくてどうして本当の青い空が見えようか。黒い目がなくてどうして夜が見つめられようか。逆にまた、あらゆる美は目玉模様をつけている。見られるものと見る機能とのこの汎美的な結合を、多数の詩人が定義などしなくとも体験したのである。この結合は想像力の基本的な法則である。たとえばシェリーは『鎖を解かれたプロメテウス』の中で書いている。「菫の花の優しい眼が／紺碧の空を見つめているうちに、／花の色はそのみつめる色になる」[8]〔石川重俊訳、岩波文庫〕と。実体的擬態をとっているさなかの物質的想像力をこれほどうまく捉えることができようか。ストリンドベルイの『白鳥姫』*Swanevit* は、魅惑的な王子を待っているあいだ孔雀の背や尾をなでている。「パヴォちゃん、パヴォちゃん、お前はなにを見てるの。なにを聞いているの。だれかが来るのかしら。だれが来るの。かわいい王子様かしら。きれいで素敵かしら。お前はすべての青い目で王子様を見ることができるのかしら。〔彼女は孔雀の羽根をかざし、羽根の模様の目をじっと眺める〕[9]」。ついでながら羽根の目がまた鏡とも呼ばれることを思い出しておこう。これはフランス語の二つの分詞 *vu* と *voyant*〔前者は voir の過去分詞、後者はその現在分詞〕にはたらいている両面感情の新しい証拠である。両面感情をもつ想像力にとって、孔雀は繁殖された視覚なのだ。クロイツァーによれば原始的な孔雀は百の目をもっている。[10]一般化された視覚の作用に新しい色合いが遅れじとばかり導入され、熟視のもつ意志的性格を強化する。ストリンドベルイの夢幻劇がこの性格に光を当てる。孔雀の羽根の虹彩、瞼のないこの〈目玉〉、この常時見ひらいている目が突然けわしくなる。熟視するのではなく監視するのだ。このときアルゴス的関係は感嘆する愛の優しい魅惑をゆがめる。お前は今までわたしを眺めていたのに、今度はわたしを監視するのね。愛撫のすぐあとで、白鳥姫は広げた尾羽根の目の斑紋の執拗さを感じとる。「お前は監視するためにここにいるのね、アルゴスの意地悪。おばかさん。わたしはカーテンを引くわ。（彼女はカーテンを引いて孔雀を隠すが、風景は隠さない。それから彼女は鳩の群れの方に行く）。わたしの真っ白な雉鳩さん、最高の白がどんなものか今にわかるでしょう」。最後に誘惑が訪れたとき、孔雀、この冷酷な目のアルゴスはカーテンを引くだろう（p.248）。「だれがカーテンを引いたの。百の目でわたしたちを見るようにだれが鳥に命じたの」。無数の目で見る尾羽根よ。

写実的で論理的な確信に支えられている批評は、孔雀の羽根の丸い斑紋に偶然つけた目ということばを、ここで弄んでいるとわれわれを手軽に非難するだろう。しかし孔雀によって提供された熟視への招待を本当に受け入れることのできる読者なら、この百の〈視線〉の集中があたえる奇妙な印象を忘れることはできないだろう。明らかに尾自体が魅惑しようと欲しているのだ。広げた尾羽根をよくよく観察してほしいものだ。それは平らではない。それは帆立貝のように内側に湾曲している。もし家禽小屋のなにかがこの凹面鏡、この凹面の鏡の中心を通りかかれば、高慢は激怒となり、怒りが羽根を駆け巡り、広げた尾羽根全体が震え、おののき、ざわめくのだ。そのとき、見物人は美の直接的な意志、受身のままでいることのできない誇示する力を目の前にしていると実感する。おろかしくも気取って展開されるある種の美について、動物の観察者なら見逃すはずのないあの攻撃的な美の特色が人間の心理学には欠けている。ショーペンハウアー派の哲学者なら、この孔雀の例をもとにすれば、ショーペンハウアーがあちこちに分散して述べた教訓を、熟視の磁気は意志の次元にあるという視点から、新たに総合的にまとめる必要がある、ということを納得するはずだ。熟視は意志に反することではなく、意志のもつ別の分枝に従うことであり、普遍的意志の一要素である美の意志に参加することなのである。

美の現象を視覚の意志に結ぶ積極的な想像力理論がなければ、ストリンドベルイの文章のようなページは味気のない不可解なものとなる。そこに安直な象徴を探すのもまた間違った読み方である。よく読むためには想像力が形体のいのちと同時に物質のいのちに参加しなければならない。生きた孔雀はこの総合をおこなっているのである。

ヴィクトル・ユゴーもこの宇宙的ナルシシスムと躍動的な汎美主義の組み合わせを見落とさなかった。自然が人々に熟視をするように仕向けるのだということをかれは知っていた。ライン川のほとりに広がる雄大な光景を前に、かれはこう記した。「それは自然という名のあの壮麗な孔雀が尾羽根を広げているのを目の当たりにしたと、ひとが思うような場所のひとつだ」[11]。だから孔雀は宇宙的な汎美主義の小宇宙だとはっきりいえるのである。

このように、お互いにもっとも異質な作家たちの作品において、もっとも多種多様な形体をとり、さまざまな機会において、視覚から見られるものへと、はてしなく交換が繰り返されている。すべてひとに見えるようにするものは見ているのだ。ラマルチーヌは『グラジエラ』のなかで「稲妻は部屋の鎧戸の桟の隙間を通して絶え間なく入ってくる。まるでわたしの部屋の壁の上で炎の目が瞬いているようだ」と書いた。[12]このように照らし出す稲妻は眺めるのである。

しかし、ものの眼差しがいくぶん穏やかであり、いささか重々しく、なにかもの思わしげだとしたら、それは水の眼差しなのである。想像力を検討すると、次のようなパラドックス、つまり、一般化した視覚の想像力の中で、水が思いがけない役割を果たしているという逆説にいたるからだ。大地の真の目とは水である。われわれの眼の中で夢想するのは水である。われわれの眼は「神がわれわれ自身の根底に置いた液状の光の未踏査のあの水溜り」[13]ではないだろうか。自然の中で、見ているのはまた水であり、夢見ているのもまた水である。「池は庭をつくった。すべては考えるこの水のまわりで組み立てられる」[14]。想像力の領域に完全に身を任せ、夢と熟視のすべての力を集中すれば、ただちにポール・クローデルの深い思想が理解できるだろう。「水はこのように大地の眼差しであり、時を眺めるための大地の装置である」[15]。

VI

こんなふうに形而上学的な回り道をしたので、水の心理学のもっと単純な特性に戻ることにしよう。透明な水、春の水のすべての戯れ、イマージュを反映するすべてのはたらきに、水のポエジーのひとつの成分、清涼さ《フレシュール》を加えなければならない。あとで、純粋さの神話を研究するときに、この爽やかさという特性が水の量に属することを知るであろう。この爽やかさは目覚めの力であることも分かるであろう。しかし今ここですぐ指摘しておくべきことは、この清涼感が他の直接的なイマージュと結合することである。想像力の心理学は美の意識のあらゆる直接的所与を総体として考察する必要がある。

小川で手を洗いながら経験するこの清涼感はどんどん延びていき、広がって、自然全体をつかむ。それはたちまちにして春の爽やかさとなる。春の printanier《プランタニエ》という形容詞は、水以外のどんな名詞にもこれより強く結びつくことはない。フランス人の耳には春の水 *eaux printanières* という語ほど爽やかな語はない。爽やかさはさらさら流れる水によって春を浸み込ませる。爽やかさは蘇りの季節全体に高い価値をあたえるのである。それに対し、爽やかさは大気のイマージュの領域では価値が低い。涼しい風はすでに寒さを投げかける。熱狂を冷やしてしまう。このように形容詞にはどれにも独占的な事物の名前があり、物質的想像力がしっかりとつかまえているのだ。爽やかさはこうしてみれば水の形容詞なのである。水は、ある意味では、実体となった爽やかさである。それは詩的風土を示すものとなる。こうして水は、緑色のエリン〔アイルランドの古名〕と褐色のスコットランド、あるいは〔前者の〕牧草に対して〔後者の〕ヒースを対比させるのである。

詩の質の実体的な根が見つかったとき、つまり形容詞の本当の材料、物質的想像力がその上ではたらいている物質を本当に見つけたとき、深く根を張ったすべての隠喩がひとりでに展開していく。実体に結びつけられていた官能的価値――もはや感覚《サンサシヨン》ではなく――は欺くことのない万物照応《コレスポンダンス》をおこす。たとえば、牧場のような緑の香りは明らかに爽やかな香りであるし、それは子供の肉体のように、爽やかでつやつやした肉体、ふっくらした肉体である。[*10] あらゆる万物照応は、原始的な水、肉体的な水、普遍的な元素に支えられている。物質的想像力はひとつの隠喩の存在論的価値を見分けたとき、自信がもてるのだ。その反対に、詩における現象主義《フェノミニスム》は無力な教義である。

Ⅶ

爽やかで明るいのはまた水の歌である。水の音は実際ごく自然に清涼感と透明感の隠喩をとる。陽気な水、皮肉な小川、賑やかで活発な滝はもっとも多彩な文学的風景の中に現れる。このような笑い、お喋りは、〈自然〉の子供っぽい言語である。小川で話しているのは子供の〈自然〉である。

この子供らしい詩情から離れることは難しい。多くの詩人の作品では、小川が〈乳児室〉特有のあの調子でぶくぶくといっている。それがなんとしばしば子供っぽいたましいを貧弱な子音の二音節、ダダ、ボボ、ロロ、ココに閉じ込めてしまうことか。大人がこしらえた童話では小川はこんなふうに歌っているのだ。

しかし純粋で深いハーモニーの行き過ぎたこの単純化、根強く残存するこの幼稚さ、あれほど多くの詩篇の欠陥となっているこの詩的発育不良も、水の若さ、こんこんと流れる水のあたえる元気一杯の教えを過小評価させてはならない。

こうした森の泉水、しばしば隠れている〈小さな森の泉 Waldquellen〉をひとは見る前に耳で聞いているのだ。目を覚ましたとき、夢から出るときに聞く。こんなふうにファウストはペネイオス川の岸でそれを聞くのである。

Scheint die Welle doch ein Schwätzen
　どうも川波もなにか喋《しゃべ》るようだし
〔『ファウスト』第二部第二幕、相良守峯訳、岩波文庫〕

そしてニンフたちは答える。

Wir säuseln, wir rieseln
Wir flüsten dir zu
　君に送らん、さやめきを、
　せせらぎささやく歌の音《ね》を。
〔同書、相良訳〕

　しかしこの神話は本当の力をもっているだろうか。小川の爽やかな歌で、生き生きした自然のなまの声で目覚めるひとは幸いなるかな。そのひとにとって新しい毎日が誕生の活力をもっているのだ。夜明けに聞く小川の歌は青春の歌、若返りのすすめなのだ。自然の目覚め、自然の中の目覚めをわれわれに戻してくれるのは誰なのだろうか。

反映のかなり表面的なポエジーには、まったく視覚的で、わざとらしい、しばしば知識をひけらかす性的性格がむすびつく。それはナイアド〔水の精〕やニンフ〔水の精〕といういささか書物の香りのする喚起をおこなう。こうして欲求とイマージュのかたまりができ、真の文化コンプレックスが形成され、ナウシカ・コンプレックス〔ナウシカはアルキノオス王の娘で、海岸に打ち上げられたオデュッセウスの目を覚ます〕という名称でかなり適切に示せるであろう。じつのところ、ニンフ、ネレイード〔海の精〕、ドリアード〔森の精〕、アマドリアード〔木の精〕はもはや教科書的なイマージュに過ぎない。それは高校教育を受けた中産階級の産物である。野原に高校時代の思い出をもちこみ、iの上に分音記号などをのせて湿音化しながらギリシャ語を二十個ばかり並べるかれは、ニンフなしでは泉を想像せず、王女なしでは木陰の入り江を想像しないのである。

本章の終わりで、伝統的な象徴の中の語とイマージュの概括ができたときに、文化コンプレックスの特色を詳しく示すことにする。さしあたり想像力の隠喩の起原にある現実の情景を検討することにしよう。

VIII

詩人たちが叙述したり暗示するような、そして画家たちが画くような、いわゆる「水浴する女」は田舎の野原で見られることはない。水浴はもはやスポーツの一種に過ぎない。スポーツである限りそれは女性の羞恥とは正反対のものである。そのときから水浴の情景は人混みなのだ。それは小説家にとっての〈環境〉となる。それは本来の自然の詩をもはやあたえることはできないのである。

そもそも最初のイマージュ、光り輝く反映の中で水浴する女というイマージュが偽りなのである。水浴の女は水をかきまわすから、自分のイマージュを壊してしまう。水浴するひとは自分を映すことはない。したがって想像力が現実を補わねばならない。そこで想像力はひとつの欲求を現実化するのである。

では、川の性的な機能はなんであろうか。それは女性の裸体を喚起することである。これはすばらしく澄んだ水だ、と散策するひとがいう。こんな水なら一番美しいイマージュをありありと反映するのではあるまいか。その結果、そこで水浴するような女性は白く若いことだろう、その結果、彼女は裸体であろう。水はまず自然の裸形を喚起する、その裸形は純白無垢を保ちうるのである。想像力の支配する世界では、体毛のない体の線をもつ本当の裸の存在はつねに大洋から出現する。水から出てくる存在はひとつの反映であり、それが少しずつ物質化するのだ。それが存在になる前はひとつのイマージュであり、イマージュになる前はひとつの欲求なのである。

　ある種の夢想にとって、水の中に反映するものはすべて女性のしるしをもつ。この幻覚のよい例を示そう。ジャン・パウルの作中人物は水のほとりで夢想していて、ふいに、なんの説明もせずつぎのようにいう。「湖の澄んだ波の中から低い山や、高い山並の頂が立ち上がっていた、それはまるで水浴していた女たちが水から出てくるようであった」[16]。どんな現実主義者に問うたところで、このイマージュは説明できまい。どんな地理学者に尋ねても、かれが夢想のために地球を離れない限り、山岳のプロフィールと女性のプロフィールを混同することは金輪際ないだろう。この女性のイマージュは反映の夢想によってジャン・パウルに否応なく押し付けられたのである。これを理解するにはわれわれが提案する心理的な説明の長い回り道をとるしかあるまい。

IX

白鳥は文学において裸の女性の代用品である。それは禁止されない裸体なのであり、無垢であり、しかもこれ見よがしの純白なのだ。少なくとも白鳥は見られることに逆らわない。白鳥を愛するひとは浴女を欲しているのだ。

『ファウスト』第二部の一場面は、どのような枠組みが人物を登場させ、夢想家の欲求がさまざまの仮面の下で、どのように発展するかを詳細に示すであろう。この場面を、風景、女性、白鳥の三情景に分割してみた[17]。

まず人気のない風景である。

「静かに揺れ動いているこんもりした潅木の／涼しげな中をひそかに水が流れている。淙々《そうそう》たる音は立てぬ。わずかにせせらぐだけだ。／四方八方から集まる百すじの泉は、／寄り合って清らかに澄《す》んだ溜《たま》りとなり、

／〈*Zum Bade flach vertieften Raum.*〉沐浴《ゆあみ》に適するほどの浅い淵をなしている」〔『ファウスト』第二部、相良守峯訳〕。

したがって、自然は浴女を隠すために洞窟を作ったように思われる。ただちに、詩の中では涼しいくぼんだ空間に、水の想像力の法則にしたがって人々が集ってくる。それで次が第二の情景である。

「水鏡に映《うつ》って二重にも、／この眼を楽しませてくれる。／やがて女たちは仲よく楽しげに水を浴びたり、／思い切って泳いだり、おずおず渉《わた》ったりする。／最後には叫びあいながら水合戦《みずがっせん》をはじめる」。

このとき欲求は凝縮し精確になり内面化する。それはもはや眼の単なるよろこびではない。十全で生き生きしたイマージュが待ち構えている。

「おれはこれを眺めただけで満足し、／ここだけで眼の保養をしている方がよいのだ。／けれどもおれの気持ちはもっと先まで進んでゆき、／眼はあの木陰の方を鋭く探ろうとする。／生《お》い繁る緑の豊《ゆた》かな木の葉が、／気高い女王を隠しているのだ」。そして夢想家は隠れているものをこころから熟視し、そこにある現実でもって神秘を手ずから作り上げるのだ。すると〈蔽うもの〉のイマージュたちが出現してくる。われわれ読者はいま幻覚の真ん中の核にいるのだ。この核は上手に蔽われると増殖するであろうし、もっとも離れたイマージュさえ引き寄せるであろう。そこでまず白鳥の群れが、そのあとから〈白鳥〉が出現するのである。

「不思議なことに、入江の方から、／白鳥の群もまた堂々と、／浄《きよ》らかな姿で泳いできたのだ。／ゆうゆうと漂い、優しく睦《むつ》みあいながらも、／誇りかに、得々然《とくとく》として、／頭や嘴をうごかしているではないか。……／中にもひときは目立つ一羽が、／胸を張って大胆《だいたん》に得意げに、／みんなを抜いて素速《すばや》く先へ進んでゆく。／からだ中の羽根を立てて大きく脹《ふく》らませ、／彼自身白波のごとく、波の上に小波《さざなみ》をたてながら、／あの神聖なところへはいりこんでゆく……」。

中断符――古典期ドイツ語ではごくまれ――がゲーテによってあるべき場所に置かれている(七三〇〇行および七三〇六行。ヘルマン・ボーラウ版。ワイマール、一八八八年)。中断符は、そういう場合がしばしばあるのだが、テクストを〈精神分析する〉。あからさまにいわれるべきではないことを、どっちつかずにしておく。わたしはポルシャの仏訳から、ドイツ語原文には書かれていない多くの中断符を省かざるをえなかったが、それらは、精神分析を要求する逃避と比較すればいえることだが、力のない、真実味のない言い落としを暗示するために付加されたものである。

さらに、白鳥の最後に現れたイマージュの中に男性的特徴を捉えることは、精神分析の初歩を学んだばかりのひとでも困難ではあるまい。無意識の中で作用するあらゆるイマージュと同様、白鳥のイマージュも両性具有である。白鳥は光り輝く水が熟視されている場合は女性であり、行動においては男性である。無意識にとって行動《アクシオン》はひとつの行為《アクト》なのだ。無意識にとって行為はたったひとつしかない……ひとつの行為を暗示するイマージュは、無意識の中で女性から男性へと発展しなければならないのである。『ファウスト』第二部のテクストは完全なイマージュ、あるいは完全にダイナミックなイマージュとでも呼びたいものの好例を提供している。想像力は時として官能の方向でイマージュを集めることがある。想像力はまず遠くのイマージュに没頭する。それは広いパノラマを前に夢想にふける。ついで、それから秘密の場所を切り離し、そこにもっと人間的なイマージュを集める。眼の楽しみからもっと内密なさまざまの欲求へ移行する。最後に、誘惑の夢の頂点にいたり、影像は性的な目標となる。その影像は行為を暗示する。そのとき「からだ中の羽根を立てて大きく脹《ふく》らませ、〔…〕（白鳥は）あの神聖なところへはいりこんでゆく……」。

精神分析をさらに一歩すすめれば、次のことが分かるであろう。死を前にした白鳥の歌は、恋する人の雄弁な誓いのことばとして、至上の瞬間を迎えた、まさしく〈愛の死〉である高揚の運命的なあの終わりを前にした、誘惑者の熱い声として解釈されうるのである。

この「白鳥の歌」、性的な死の歌、高揚した欲求が鎮静する寸前の歌は、そのコンプレックスの意味内容ではめったに現れない。「白鳥の歌」という隠喩は、隠喩の中でもとりわけ使い古されたものであり、われわれの無意識にもはや反響を引き起こさないのである。これは技巧的な象徴作用に圧しつぶされた隠喩なのである。ラ・フォンテーヌの白鳥が料理人の包丁の下で〈末期の歌〉をいうとき、詩は生きていない、感動を呼ばない、因習的な象徴作用のためか、有効期限切れの写実的な意味作用のために、本来の意味作用を失ったのである。[*11] レアリスム華やかな時代には、白鳥の咽喉が本当に歌えるのか、断末魔の叫びをあげることができるのかが問われていた。慣習の側からも、現実の側からも白鳥の歌の隠喩は説明がつかないのである。ほかの多くの隠喩と同様に説明の動機を無意識の中に探さねばならない。〈白鳥〉のイマージュは、もし反映についてわれわれの一般的解釈が正しいとすれば、それはつねにひとつの欲求《デジール》である。そうであれば白鳥は欲求として歌うのである。ところで死に瀕して歌うのはただひとつの欲求あるのみである。それは性的な欲求である。したがって白鳥の歌は絶頂に達した性的欲求なのである。

たとえば、われわれのこういう解釈は、つぎのニーチェの美しい一ページに書かれた詩的で無意識的なすべての残響を説明できる唯一のものではあるまいか。悲劇的な神話は「現象の世界を限界まで押しつめる。そこでは世界は自らを否定しそして真の唯一の現実のふところの中に帰ろうとつとめる。そこではイゾルデにならって、白鳥の形而上学的な歌を歌いだすように思われる。[18]

歓喜の海の
さかまく高潮《たかしお》のなかに
香気の波の
どよもす響きの中に、
世界の息の
ふきすさぶ万象の中に――
溺《おぼ》れ――沈むよ――
知らぬまに――歓喜のきわみ！

〔『悲劇の誕生』西尾幹二訳、中公文庫〕

Dans le flot ondoyant
De la mer des délices,
Dans le fracas sonore
De vagues parfumées,
Dans la mouvante unité
De la palpitation universelle
S’engloutir — s’enfouir
En pleine inconscience — suprême volupté !

存在を、香気を放つ波に飲み込んで茫然とさせ、存在を、つねに波打ちそして波のように揺する世界に結びつける、この犠牲とはなんであろうか。自己の喪失にもまた幸福にも無意識である存在に陶酔し——そして歌うこの犠牲とは一体なんであろうか。いや、それは決定的な死ではない。それは一夜の死である。これは満ち足りた欲求であり、水の上にすっくと頭を伸ばした白鳥のイマージュを朝日が照らし出すように、麗らかな朝に蘇える欲求なのだ(19)。

X

われわれが定式化した白鳥コンプレックスのようなコンプレックスが、その詩化作用の全力を発揮するには、詩人のこころの中で密かにはたらかねばならない。水の上の白鳥を時間をかけて熟視する詩人は自分がより甘美な冒険を欲していることを知らないでいなければならないのだ。これがゲーテの場合だと思われる。ファウストの夢想の自然さをはっきりさせるために、第二の例を対比してみよう。この象徴は明らかに作り物であり、ぞんざいに集められたように見える。この例には、文化コンプレックス独特のあの安価なギリシャ好みが作用しているのが分かるであろう。ここでは欲求と象徴の融合がなされていないし、原始的なイマージュが本来のいのちをもつ間もなく、学習された神話の記憶によってあまりにも早く占拠されてしまったのである。この例を借りたのはピエール・ルイスの『妖精たちの黄昏』（モンテーニュ書房版）という題の中編小説集である。この本にはきわめて美しいテクストがふくまれている。われわれは文学的視点から判断しようというのではない。われわれにとってここでいま関心があるのは心理学的視点なのである。

「レダ *Léda*　あるいは幸福な闇を讃えて」[20]という中篇において、白鳥コンプレックスはその人間的な、あまりにも人間的な特徴をあっという間にさらけだしてしまう。蔽いのさまざまなイマージュがその役割を充分果たしていないのだ。ここではあけすけに見えてしまう。色好みの読者はただちに、じかにサーヴィスを受ける。「その壮麗な鳥は、まるで女のからだのように白く、光のように艶やかに薔薇色」だった（p.21）。しかし、女のように白い鳥はニンフの周りをぐるりとまわり、彼女を「ななめから眺める」や否や、象徴的な価値をもうすべて放棄してしまった。それからかれはレダに近寄っていく（p.22）。白鳥が（レダの）すぐ近くにきたとき、「すすみ寄って、白鳥は、大きな赤い足でそばだちながら、ゆらゆらうねる頸のあてやかさを、うす青くみずみずしい処女《おとめ》の両股の前に、腰部の美妙なひだ目にとどくまでに、思い切り伸びあがらせました。思わずレダはその可憐な頭をそっと捉えました。そして優しく撫でてやるのでした。鳥は全身の羽を震わせました。深々とした柔らかな両翼の中に、白鳥は処女《おとめ》の素肌の足をだきしめ、さらに折り曲げさせようとするのでした。されるがままにレダは地に倒れました」。そして二ページさきで、すべてが成就する。「水に泛《うか》んだ一輪の〔青い〕花のように、レダは徐《しず》かに、白鳥の前に開いていきました。冷たい両膝の間に、鳥のからだの燃えるほてりを感じていました。突然、処女《おとめ》は声を挙げました。／ああ！……、ああ！……／両腕が青白い枝末《えずえ》のように顫《ふる》えました。嘴が処女《おとめ》をしたたかに貫いたのです。処女《おとめ》のなかで、白鳥の頭部は、まるで処女《おとめ》の内部に食い入るかのように、くるおしく、はげしく、千々に動きまわるのでした」〔宮本文好訳、彌生書房〕。

このようなページはその神秘さをまったく失い、説明するために精神分析家を必要としない。ここでの白鳥とはまさに無用の婉曲語法にすぎない。白鳥はもはや水に棲むものではない。レダはどこをとっても〈川の一輪の青い花〉のイマージュとは縁がない。水のもつ装身具はどれひとつとってもここでは場違いなのである。ピエール・ルイスの偉大な文学的才能をもってしても「レダ」は詩的な力をもちえない。この中篇「レダ、あるいは幸福な闇を讃えて」は物質的想像力の法則をおろそかにしている。それによれば、多彩なイマージュは根本的なイマージュに結合していることが望まれているのだ。

他にもピエール・ルイスの多くのページで、白鳥のイマージュの下に隠されたこの文学的裸体主義の例を見つけることができよう。『プシケ』では、前置きもなければ、それらしい雰囲気もなく、またなにものも美しい鳥や反映する水を暗示しないのに、ピエール・ルイスは次のように書いた(p.63)。「アラクリは帝政時代様式の箪笥の一番上の引き出しの中に一糸もまとわず坐り、翼を錠前の上に広げた黄銅の大きな白鳥のレダのように見えた」。またアラクリは彼女の恋人について、かれが「彼女の腕の中で死ぬのは、ただ再び生まれるためである、それも以前よりももっと美男子になって」といっている、などと指摘する必要もあるまい。[*12]

そのほか民間伝承も白鳥の〈裸体主義〉にかかわっている。この裸体主義が神話の重荷なしで示されている伝承をひとつだけあげよう。「ウエッサン島〔ブルターニュ、フィニステール県〕の若い羊飼いが池のほとりで羊の番をしながら、白鳥の群れがそこにきて憩うのを見ていたが、群れの中からうら若い裸の娘たちがあらわれ、水を浴びたあと、その毛皮をまた身につけて飛び立った。びっくり仰天した羊飼いは祖母にその事情を語った。祖母のいうことには、それは白鳥の乙女たちで、その衣服を首尾よく奪った者は、雲の中、四本の金の鎖で支えられている立派な御殿に自分をつれていけと命じることができるのだ、と」。水浴びする女たちの衣服を盗むことは、いたずらっ子のふざけた遊びではないか。夢の中で人々はたびたびこうした災難にあう。白鳥はここではことばのすべての意味で蔽いの象徴である。白鳥—乙女は夜の夢よりもむしろ夢想のものである。ほんのささやかなきっかけがあれば、それは水の夢想に現れる。ときにはたったひとつの特徴がそれを示すことがある。これもこの特性の一貫性の証拠である。たとえばジャン・パウルの夢の中では、純粋無垢な白いものがいくつも積み重なっているが、「白鳥が翼を腕のように広げて」現れる。一見初歩的なこのイマージュが多くのことを語っているのだ。それは衝動的想像力、つまりひとつの衝動として捉えねばならない想像力の特徴をそなえている。広げた腕である翼は地上の幸せを示している。それは翼としての腕、人々を大空につれていく腕とは正反対のイマージュなのである。

XI

ピエール・ルイスの白鳥の例は、神話の過度の積み過ぎという点で、文化〔教養〕・コンプレックスの正確な意味を今こそ理解させてくれる。文化コンプレックスはたいてい学校的文化〔教養〕、つまり伝統的な文化〔教養〕に付着している。ピエール・ルイスはパウルス・カッセルのような学者的な辛抱強さをもっていたとは思われない。カッセルは〈白鳥〉の象徴の一元性と多元性とを判断するために数カ国の文学中の神話と説話を収集した[21]。ピエール・ルイスはその小説を書くために、学校で教えられている神話を参照したのである。神話の学校的な知識をもった〈初心者〉以外にだれがこの小説を読みうるであろうか。しかしこのような読者がたとえ満足したとしても、その満足たるや不純であることは免れない。この読者は、自分が内容を好んでいるのか、それとも形式を好むのか分からない。自分がさまざまなイマージュを繋ぎ合わせているのか、それともさまざまな情熱を繋ぎ合わせているのか分からないのだ。多く見られるのは、さまざまな象徴がそれらの象徴的進化を顧慮せずに集められることである。レダを話題にすると、白鳥と卵について語らねばならない。同じ短編の中で、二つの話が、卵の神話的な性格を顧慮することもなく統一されるであろう。ピエール・ルイスの中篇ではレダに次のような考えが浮かんだことになっている。レダは、卵を「熱い砂の中に入れて焼いてみようかしら、とさえ思いました。そんなことをサティール達がしているのを見かけたことがあるのです」〔宮本文好訳〕。少なくとも、文化コンプレックスというものが、深いそして本物のコンプレックスとしばしば接触しなくなっていることが分かる。そういうものはやがて生半可に理解された伝承、あるいは結局同じことだが、ばか正直に合理化された伝承と同義語になる。マリー・デルクール女史が見事に証明したように、古典的な博識は、神話がふくんでもいない合理的かつ功利的関係を神話に押し付けているのである。(22)

したがって文化コンプレックスの精神分析は、ひとが知っているものと、ひとが感じているもの、との分離をつねに要求する。象徴の分析には、ひとの見ているものと、ひとの欲求しているものとの分離が、要求されるのと同じである。このような分離の上にたって、古い象徴が依然として象徴の力で生かされているかどうかを問うことができるし、古めかしいイマージュをときおり生き返らせる美的な変動を評価できるのである。

こうして文化コンプレックスは、本物の詩人の手にかかれば慣習的な型を忘れ去ることができる。するとそれは逆説的なイマージュを支えることができるのだ。ガブリエーレ・ダンヌンツィオの『白鳥のいないレダ』の形象がそれであろう。出だしのイマージュはつぎのようである（仏訳、p.51）。「いまや、白鳥のいないレダは手のひらに皺がないほどすべすべしており、エロタス川〔スパルタ〕の水に本当に磨かれてそこにいた」[*13]。白鳥は水によって形作られ、流れによって滑らかにされた美女のようである。長いあいだ人々は白鳥が舟の最初のモデルであり、小舟に最適の輪郭だと信じていた。舟の帆にしても微風に向けて広げた白鳥の翼のめったに見せない情景を真似たのであろう。

しかしダンヌンツィオの隠喩の第一の理由だと思われる線のこの純粋さと単純さは、あまりにも形体的な想像力と対応している。白鳥のイマージュはひとつの形として想像力に提示されるやいなや、水が湧出してこなければならないのである。白鳥を取り巻くあらゆるものが、水の物質的な想像力の衝動に従わねばならない。人々にはこの方向をとって、ガブリエーレ・ダンヌンツィオの詩情を沸き立たせている変身の昂りの跡をたどってもらいたい。女性は波のあいだには出現しない。彼女はその白いグレーハウンド犬たち〔白く泡立つ波に匹敵〕に取り囲まれて出現するのだ。しかしこの女性はあまりにも美しくしかもあまりにも熱烈な欲望の的になっているので、レダと白鳥の合体した象徴が地上においても形作られようとしている（p.58）。「変身の古代のリズムがいまなお世界中で脈打っている」。いたるところで、存在の中でも外でも、水が湧出しようとしている。「若い女は青春期の自然のなかで捉え直されそして作り直されたように見えるし、また彼女の水晶のような目に向かってほとばしる泉を彼女の内部に含んでいるように見えた。彼女は自らの泉であり、川であり、岸であり、プラタナスの木陰であり、葦のそよぎであり、ビロードのような苔であった。翼のない大きな鳥たちが彼女を襲った。そして彼女が手を伸ばし、鳥の羽毛の生えた頸を捉えたとき、確かにテスティオス〔レダの母〕の娘のしぐさを正確に繰り返すのだ」。想像された水の内在性をこれ以上うまくいえるだろうか。犬たち、ひとりの女――それもイタリアの空の下、イタリアの大地の上、あたえられたのはこれだけである。だがしかし、作者が名前を呼ぶのを拒む、不在の、消された、潜在的な白鳥のイマージュの背後に、『白鳥のいないレダ』の水があり、それが流れて情景を浸し、人物を水浴させ、そうしながら水の伝説的な生涯を表すのである。こうしたテクストを、もし単なる〈観念連合〉とか〈イマージュ連合〉に準拠して判断するならば、間違うであろう。ここには、もっと直接的な衝動と、深く同質的なイマージュの生産がかかわっている。これらのイマージュは物質的想像力の〔水という〕元素的な現実を分かちもつ《パルティシペ》からである。

XII

白鳥のイマージュのように能動的なイマージュはあらゆる種類の発展拡大を受け入れる。宇宙的ナルシシスムを論じたように、あるテクストでは宇宙的な白鳥を認めることもできる。ピエール・ルヴェルディがいうように、「世界のドラマと人間のドラマはおたがいに肩を並べる傾向がある」[23]。偉大な欲求は世界的な欲求でありたいと思うものだ。

水に反映する白鳥のテーマについて、巨大なスケールによる昇華の例が、アルベール・チボーデの若いころの作品『赤い白鳥』に見られる。それはドラマ化された神話であり、成長させた太陽神話である（p.175）。「夕暮れの水平線の奥で赤い白鳥は永遠の挑戦をあいかわらず華麗に繰り広げていた……かれは空間の王であり、そして海は明るい玉座の足元にひれ伏した奴隷女のように意識を失いかけている。けれども、わたしが肉体で成り立っているように、かれは嘘偽りで成り立っている……」。このように戦士が語ると、女が答える（p.176）。「たびたび、また赤い白鳥は、ばら色の真珠母の中心に座を占め、ゆっくりと滑っていき、その影は物事の上に沈黙の長い布のように棚引いていた……その反映は海の上に軽い接吻のように落ちていた」。二人の人物がこの象徴によって生きているにもかかわらず、これらのイマージュは緊密にまとまっている。作者はそのイマージュ群が戦闘能力の次元にあると思い込んでいる。実際は、性的証拠が多くある。赤い〈白鳥〉は所有すべき女、征服すべき女である。チボーデが構築した神話はだから二重象徴作用 *dissymbolisme* の好例である。つまり明白に述べられたイマージュ側の象徴作用と性的な意味作用の側の象徴作用である。この二重象徴作用を十分に体験すると、視覚がイマージュを集めるのは、こころが欲求を寄せ集めるようなものだという印象をもつ。感情の想像力が形体の想像力の背後ではたらいているのだ。象徴作用がその力をこころそのものから汲み上げるとき、視覚像はいかに大きくなることか。そういうときは視覚像が考えているように思われるのだ。『赤い白鳥』のような作品の中では思索が熟視を引き継ぐと感じるであろう。それゆえに隠喩が一般化される。それゆえ隠喩は空いっぱいに広がるのである[*14]。

ところで、白鳥がなぜ水面の光の象徴でありまた死の賛歌の象徴であるのか、C・G・ユングは、宇宙的な次元でそれを理解する論拠をあたえている。白鳥はまさに、死につつある太陽の神話なのである。ドイツ語の Schwan〔白鳥〕は語根 Swen からきている、ちょうど Sonne〔太陽〕が、太陽 soleil と音調 ton

からきているように。そしてユングは他の箇所で（p.156）一篇の詩を引用している。そこでは歌う白鳥の死が水の下へ姿を隠すこととして描かれている。[24]

池の上で白鳥は歌う
右や左にすべりながら
そしていつも低く低く歌いながら
沈んでいく、そして最後の息を吐く。

Sur le vivier chante le cygne,
Tout en glissant de long en large
Et en chantant toujours plus bas
Il plonge et rend son dernier souffle.

宇宙的次元に上昇した白鳥の隠喩のほかの例もたやすく見つけられるであろう。太陽と同じように月もこのイマージュを喚起できる。それがジャン・パウルのイマージュの場合である。「月、空に浮かんだこの美しい白鳥はその白い羽根をヴェスヴィオス火山〔一二七〇メートル。ナポリ近郊〕から天の頂点まで運んでいた……」。[25] その反対にジュール・ラフォルグにとって、白鳥は昼のあいだ月の〈代用品〉である。[26]

『伝説的な教訓劇』においてラフォルグはまた次のように書いた（p.115）。

白鳥は羽を拡げ、厳めしく、又清新に身震ひして真直ぐに空中に舞ひ上り、その巨大な羽で風を切って飛んで行き、軈《やが》て月の彼方に姿を消す。

これは又その退路の何と崇高な遮断の仕方だらう。此《こ》のやうに立派な許嫁がゐるだろうか。

〔吉田健一訳〕

隠喩の写実的な解釈理論ではほとんど説明のつかない、ちぐはぐなこのようなイマージュはすべて、反映のポエジーによってのみ、つまり水のポエジーのもっとも根本的なテーマのひとつによってのみ、本当の統一性をもつのである。

第2章 深い水――眠る水――死んだ水
エドガー・ポーの夢想における〈重い水〉

イマージュを理解するためには画家の心中を見抜かねばならない。
ニーチェ「ショーペンハウアー」[*1]

I

想像力のように変化しやすく、流動的で多彩な能力を研究する心理学者にとって、想像力の統一性《ユニテ》という、すべての統一性のうちでもっともまれな統一性に恵まれた詩人や天才に出会うことは、なんと有益なことだろう。エドガー・ポーこそはまさにこのような詩人、このような天才である。かれの作品においては、想像力の統一性は、時には知的な構成、論理的演繹好み、もったいぶった数学的思考によって隠されることがある。ときどきアングロ・サクソンの雑多な雑誌の読者から要望されるユーモアが、独創的な夢想の深い調子を覆い隠すこともある。しかし、ポエジーがその権利、その自由、そのいのちを取り戻すやいなや、エドガー・ポーの想像力はたちまちその特異な統一性を取り戻すのである。
マリー・ボナパルト女史は、エドガー・ポーの詩と短編小説の綿密で深い分析をおこない、この統一性の支配的な心理的理由を発見した。想像力のこの統一性が、いつまでも消えることのないひとつの思い出の固執であることを彼女は証明したのだ。あらゆる既往症を踏査し、論理的にも意識的にも心理学を超えたところまで踏み込んだこのような探求が、今後どうしたらさらに深められるかは誰にもわからない。そこでわれわれはボナパルト女史の著作に集められた心理学の教えを遠慮なく利用させてもらうことにした。*2

しかし、エドガー・ポーの作品においては、この無意識の統一性の傍らに、表現手段の統一性、作品から非凡な単調さが立ちのぼるようにした言語の音調の特色を示すことができると思う。偉大な文学作品はつねにこの二つのしるしをもっている。心理学はそこに秘密の源を見つけるし、文芸批評は独創的なことば使いを見いだす。エドガー・ポーのような大詩人の言語はもちろん豊かであるが、ひとつの位階《イエラルシー》をそなえている。想像力はそれがとる無数のかたちの下に、ひとつの特権的実体、能動的な実体を隠しており、それが表現の統一性と位階を決定するのである。ポーにおいては、この特権的物質は水であり、もっと正確にいえば特別な水、重い水であり、あらゆる眠った水、死んだ水、自然の中で見られるあらゆる深い水よりも、さらに深く、一段と死んでおり、いっそう深く眠っていることを苦もなく証明できるであろう。エドガー・ポーの想像力の中で水は最上級であり、いわば実体の実体、母なる実体である。したがってエドガー・ポーのポエジーも夢想も、この詩の化学の重要な一要素を特徴づける典型として役立つであろう。詩の化学は、イマージュ群を研究し、それぞれに内的夢想の重さと、内的な物質を固定することができると思っているのである。

II

われわれがあまりにも独断的だと見られることを恐れないのは、選り抜きの証拠をただちに手にできるからである。それというのも、エドガー・ポーの作品における水のイマージュの運命は、かれの主要な夢想、すなわち死の夢想の運命をきわめて正確にたどるからだ。実際にボナパルト女史がこの上なく明瞭に示したことは、エドガー・ポーの詩学を支配するイマージュが瀕死の母のイマージュだ、ということである。死がかれから奪うであろう愛するほかのすべての女たち、ヘレン、フランシス、ヴァージニアにしても、最初のイマージュの焼き直しであり、最初の苦悩のやり直しである。最初の苦悩は哀れな孤児に永久に焼き付けられているのだ。ポーの作品においては、人間的ということは死なのだ。生は死を通して描かれる。風景もまた——あとで示すように——死なんとする母をたえずまた見るという、基本的な夢と夢想によって同じように決定されている。しかもその決定がいかなる現実とも対応しないのであるから、なおさら教訓的である。事実、エドガー・ポーの母エリザベスは、恋人ヘレンや、義母フランシスや、妻ヴァージニアと同様に、ベッドの上で、都会人として死んでいる。彼女らの墓は墓地の一隅、つまりレリアが永遠に憩うカマルデュヌ[*3]のロマンチックな墓地とはなんの共通性もないアメリカの墓地の中にある。エドガー・ポーは、レリアのように愛する人の遺体を湖の葦のあいだに見つけたことはない。それにもかかわらず、死せる女をめぐって、死せる女のために、ある地方全体が活気づき、永遠の休息という意味で眠りながら活気づくのである。ひとつの谷全体が深く穿たれそして暗闇を濃くし、人間の不幸をことごとく埋葬するために測りしれない深さとなり、人間の死の故郷となるのである。それは結局、内奥に死をひとつの本質として、窒息した生命として受け入れるひとつの物質的要素であり、しかもこの要素は夢想の力を決して超えることなく無意識に生きることができるような、それほど全面的な思い出として、死を受け入れているのである。

そうすると、原初的に明るいどんな水も、エドガー・ポーにとっては、暗くなるべき水であり、黒い苦悩を吸収すべき水なのである。生き生きとしたどんな水も緩慢になり、重苦しい運命の水となるのである。生きている水はすべてまさに死なんとしている水なのである。ところでダイナミックなポエジーにおいては、事物はあるがままのものではなく、事物がこれからなるところのものである。事物は、イマージュにおいて、人々の夢想の中で、果てしない夢想の中で、生成するものとなるのである。水を熟視することとは、流れていくこと、分解されること、死ぬことである。

一見すると、エドガー・ポーの詩においても、詩人たちに広く歌われている水の多様性があると思われる。とりわけ喜びの水と苦痛の水の二種類の水が見つけられよう。しかし存在するのはただひとつの思い出だけである。決して重い水が軽い水になることはない、決して暗い水が輝くことはない。いつでも方向は逆なのだ。この水の短編小説は死んでいく水による人間についての小説だ。ときおり夢想が透明な水の前で、すべてが無限の反映となり、水晶の音楽の響きとなる水の中で始まることがある。それは悲しくて暗い水の中、聞きなれない不吉なつぶやきの中で終わるのである。水のほとりでの夢想も、その死者たちをまた見いだし、水中に没した世界のように、それもまた死ぬのである。

III

これから、想像された水の生命、強力な物質的想像力によってしっかり個人化された実体のいのちを細部にわたって検討しよう。物質的想像力が集めた、死に引き寄せられる生命と、死を欲する生命の図式を見てみよう。もっと正確にいえば、水は特殊な死によって引きつけられる特殊な生命の象徴を供給している、ということを見るのである。

まず出発点として、エドガー・ポーが元素としての水に対してもっていた愛を示そう。それは反映の絶対性とでも呼びうるようなものをもつので、創造的夢想の理想を実現しているところの、想像された水への愛である。実際にいくつかの詩篇や短編小説を読むと、反映は一段と純粋なため、現実よりもいっそう現実的だと思われる。人生はひとつの夢の中のひとつの夢なので、宇宙はひとつの反映の中のひとつの反映であり、宇宙はひとつの絶対的イマージュなのだ。大空のイマージュを固定することによって、湖はその胸にひとつの空を作る。湖の若々しい透明さの中で水は逆さまの空であり、そこでは星たちが新しいいのちを受けとるのである。それゆえポーは、水辺で熟視しながら、星―島（*star-isle*）というあの奇妙な複合概念を形成する。それは湖に囚われた液体の星であり、その星は空の島となるのだ。失われた親しいひとにエドガー・ポーはささやきかける。

Away, then, my dearest

Oh! hie thee away.
…………………………
To lone lake that smiles
In its dream of deep rest,
At the many star-isles
That enjewel its breast.

それでは、さあ、愛しい精よ！
さあ！　急いでお行きなさい、
…………………………
たくさんの星の島々を
宝石のように胸にちりばめ
深い憩いの夢の中で
その星に向かってほほえむ淋しい湖の方へ
〔「アル・アーラーフ」入沢康夫訳〕

現実はどこにあるのだろうか。空にあるのか、それとも水の底にあるのだろうか。夢想の中での無限は、大空でも波の下でも同じように深い。想像力の心理学においては、星—島のような二重のイマージュについて、いくら注意を払っても過ぎることはない。このようなイマージュは夢の蝶番《ちょうつがい》のようなものであり、これによって音域を変え、材料を変える。ここで、この蝶番のところで、水が空をつかまえる。夢は水にもっとも遠くにある故郷、大空の故郷の感じをあたえるのである。

短編小説の中で、この絶対の反映という構造がより示唆的になるのは、短編小説というものがしばしば真実らしさや論理性や現実性を要求するからである。

アルンハイムの地所に向かう運河の中で「木の葉の茂みが、越えがたく抜けがたい壁となってまわりを取りかこみ、床こそないものの、紺青の繻子のような屋根となって上からかぶさり、舟はつねに魔法の輪の中にとじこめられたかのようだった。何かのはずみで逆さにひっくり返った幻の舟が、まるでほんものの舟をささえようとするかのように、いつもつき従って浮かんでいたが、ほんものの舟の竜骨は、いともたくみに幻の舟の竜骨の上に載っているのだった」[1]〔「アルンハイムの地所」松村達雄訳〕。このように水は反映によって世界を二重にし、事物を二重にする。それはまた夢想家を二重にするが、それは中身のないイマージュではなく、夢の新しい経験に引き入れるためである。

実際、不注意な読者ならば、ここにいかにも使い古したイマージュしか見ないであろう。というのは、そんな読者は反映の甘美な視覚的効果を本当に楽しまなかったからである。かれは自然のあの絵画、この上なくきらびやかな色彩にしっとりとした潤いをあたえるあの不思議な水彩画の、想像的な役割を体験しなかったからである。このような読者は、作者に従って幻想の物質化の企てについていけるだろうか、想像力による逆転がついに実現されたとき、実際の舟の下に突如として滑り込むあの舟、幻想の舟にどうして乗り込むことができようか。現実主義の読者というものは夢の招待として反映の光景を受け入れることを望まない。そんな読者がどうして夢の力学や軽妙さの目を見張るような印象を感じられるであろうか。もし読者が詩人のすべてのイマージュを実感し、読者のいつもの現実主義を考慮しなければ、読者は旅への誘いを身をもって感じるであろうし、やがて読者自身も「異常さのえもいわれぬ感情に包まれるであろう」。「自然の感じはまだ残っていたが、その性格がまるで一変したかのようだった。この世のものならぬ均斉、胸をときめかすような統一、不可思議な整然さが、自然物のそれぞれの姿に認められた。枯枝一つ、枯葉一つ、ちらばった小石一つ、赤土の一とところさえどこにも見当らなかった。水晶のように澄んだ水が、きれいな花崗岩や汚れもない苔を背景に噴出して、眼をおどろかせ、且つ愉しませるくっきりとした輪郭を描いているのだった」（同前、p.282）。したがってここでは反映されたイマージュが全面的な理想化に従っている。蜃気楼が現実を修正するのである。幻影は汚点や悲惨をそぎ落とす。こうして作りだされた世界に、水はプラトニックな荘厳さをあたえる。水はまた世界にショーペンハウアー的な形を暗示する人格的性格もあたえる。これほどまで純粋な鏡の中で、世界はわたしのヴィジョン〔視像〕である、となるからである。すこしずつ、わたしは、一人だけでわたしが見ているところのもの、わたしの視点からわたしが見ているところのものの作者だと自分を感じ始めている。「妖精の島」の中で、エドガー・ポーは、反映の孤独なこのヴィジョンの価値を知る。「多くの明るい湖面に映る空をのぞき込んだ際のわたしの興味は、ただひとり逍遥し、ただひとり眺めたという自覚によっていっそう深いものとなった」[2]〔松村訳〕。純粋なヴィジョン、孤独なヴィジョンこそ、反映する水の二重の恩恵である。ティークが『シュテルンバルトの遍歴』で孤独の意味を同じように強調している。[*4]

もしアルンハイムの地所にいたるまで無数の蛇行を繰り返す川をたどって旅を続けていくならば、視覚の自由について新たな印象をもつことになる。実際に中央の広い流れに出ると、反映と現実の二重性が完全に均衡をとるのだ。エウヘニオ・ドルスが、絵画において禁止すべきだといったあの上下逆転の例を、文学という様式において提示していることは、大いに興味あることではあるまいか。「この池は非常に深かった。しかし、水がとても透きとおっているので、まるい雪花石膏の小石が分厚く敷きつめられているらしい水底は、それに眼をやりさえすれば――もっとも、水中深く倒《さか》さに映る大空に、丘の傾斜の花々がそっくりそのまま水に映って咲き乱れているので、それに眼を奪われてはだめなのだが――はっきりと見すかせた」（「アルンハイムの地所」、p.283）。

繰り返していうが、このようなテクストの読み方は二つある。実証的精神を発揮し、実証的に経験をたどってみること、つまり、人生がわれわれに知らしめた風景のうち、作者の流儀に従ってわれわれが生きたり考えたりすることができるような情景を、ひとつ喚起してみることである。このような読書の原則をもってしては、肝心のこのテクストは労多くして成果の乏しいものになろう。しかしこうしたページは、創造的夢想を駆使して共感をこめて読むことも可能である。すなわち、文学の創作の夢の核心に突入をこころみ、無意識のうちに詩人の創作の意図と通じあうのである。そうなると、このような描写は、動きのない写実主義からぬけだして、描写のもつ主観的な機能を回復し、世界のもうひとつのヴィジョンをあたえる、というよりは、別の世界のヴィジョンをあたえるのである。エドガー・ポーの教訓に従っていけば、物質化する夢想――物質〔材料、素材〕を夢見るこの夢想――は形体の夢想を超えたひとつの彼方であることに気づく。要するに、物質は形体の無意識であることが分かるのである。反映の根強いメッセージを人々に送るのは、もはや水の表面ではなく、総体としての水そのものである。

ただ物質だけが無数の印象や感情を積みこむことができる。物質は感情的な財貨である。だからポーがこういう眺めの中で、次のようにいうのは大まじめなのである。「それを眺めているとただもう、豊かさ、温和さ、色どり、静寂、統一、やさしさ、繊細さ、優美さ、あでやかさが感じられるばかりだった。〔勤勉で、趣味があって、しかも尊大で気むずかし屋の、まだ知られていない妖精の種族が、その夢想にもとづいて、〕思いもつかぬほど念入りに栽培したのか、〔と思いたくなるほどだった〕」（同前、p.283）。

　深みを凝視しながら、主体はまた自己の内密さを意識する。この熟視はだから無媒介の感情移入 *Einfühlung* ではないし、止めどない融合でもない。それはむしろ世界に対するそしてわれわれ自身に対する深さ〔奥行き〕の遠近法である。それによってわれわれは世界に向かって距離をおくことができるのだ。深い水を前にして、きみはきみのヴィジョンを選ぶ、つまりきみは動かない水底でも流れでも、岸辺でも無限でも、好むままに見ることができる。ということは、見る権利も見ない権利もある両義的権利をもつことになる。ということはきみは船頭とともに生きる権利か、「勤勉で、趣味があって、しかも尊大で気むずかし屋のまだ知られていない妖精の種族」とともに生きる権利をもつのである。幻影の守護者、水の妖精は大空のすべての鳥を手につかんでいる。ほんの小さな水溜りがひとつの宇宙を含んでいる。夢の一瞬がひとつのたましい全体を含んでいるのである。

　こんなふうに夢の旅をしたあとで、アルンハイムの地所の中心に着くのだが、そこで見るのは、内なる城である。構築する夢の四人の建築家、基本的な夢の元素の四人の大棟梁によって建てられた城で、「まるで奇蹟のように中空に懸かりながら、真赤な太陽の光に染まって光り輝いている。そしてそれは、空気の精や妖精や魔神や地の精がみな力を合わせて造り上げた、さながらまぼろしの建物とも見えるものであった」（同前）。しかしもっぱら水の空中建築を讃えるゆったりした序文は、感動的な反映において〈自然〉が夢の城館を準備するところの物質は水であると申し分なく明瞭に述べている。

時には反映の構造物がこれほど壮大ではないこともある。そのときは現実化の意志がもっと驚嘆すべきものになる。たとえば「ランダーの別荘」の小さな湖は「その上にあるもの一切をあまりにも完全に映し出すので、ほんものの堤と水に映った堤の境目も容易には見分けがたいほどだった[3]。この池にうるさいほどうようよしている、鱒やそのほかの魚は、すべてみなまるで飛び魚のように見えた。まったく宙に浮いているとしか思えないのである」〔松村訳〕。こうして水はいわば宇宙的故郷となり、その魚を大空に群れさせる。イマージュの共生が深い水に鳥をあたえ、そして大空に魚をあたえるのだ。星—島という無力な両義的概念の上でおこなわれた逆転が、ここで鳥—魚という生きた両義的概念としてはたらいているのである。想像力を駆使してこの両義的概念を構築しようとつとめてほしい。そうすればごく貧弱なイマージュが突如として甘美な両面感情をおびることを実感するであろう。水の大きな光景のもつ上下逆転性の独自な例を楽しめるであろう。突然のイマージュのこの発生の仕組みをよく考えるなら、想像力がたえず弁証法を必要とすることも理解するであろう。はっきり二元化した想像力にとって、諸概念《コンセプト》は類似によって集まるイマージュの中心ではない。概念はイマージュの交叉点、直角で、鋭い、決定的な交叉点なのである。概念は交差したあとでもうひとつ特徴をふやす。つまり魚は飛びかつ泳ぐのである。

この空飛ぶ魚の幻想は、混乱したかたちではあるが、われわれは『マルドロールの歌』について一例をすでに研究したが[4]、エドガー・ポーの作品においては悪夢にうなされて生じたわけではない。それは夢想のうちでもこの上なくおだやかな、もっともゆったりした夢想の産物である。空飛ぶ鱒は、身近な夢想のようにごく自然に、ドラマのない物語、神秘のない短編小説のなかに出現する。「ランダーの別荘」という題の作品に、いったい物語があるだろうか、短編小説があるだろうか。この例は、だから、夢想が〈自然〉からどのように出てくるものか、夢想が自然にどのように属するのか、そしてまじめに熟視された物質はどのように夢をうみだすのかを、われわれに示してくれる打ってつけのものなのである。

ほかにも多くの詩人が、水を凝視して、水の反映と同時に水の深さに、隠喩の豊さを感じていた。たとえば、ワーズワースの『序曲』にはこう書かれている。「例えば、ゆっくりと進むボートに乗った人が身をのり出して、/しずもりかえった水面をのぞきこみ、眼下の/深淵の底に、みつけられる限りの目新しいものを/みつけてはうれしがり、海草や魚や花や、/小穴や、小石や、木の根などの/美しい姿を眺めては、さらに色々な空想にふけ」る（IV, pp.256-273, trad. E. Legouis〔『ワーズワス・序曲』岡三郎訳〕[*5]。

かれがさらに想像にふけるのは、この反映と深みのあらゆるものがイマージュへの道をたどらせるからであり、大空と深い水のこの婚姻から、無限でかつまた精細な隠喩が生まれるからである。こうしてワーズワースは続ける。「時々、実体と写る影との区別ができなくなり、/岩や、空や、山や、雲などと、/実際は水中にあってその本来の/住み家に住んでいるものとの見分けがつかず、/すっかり当惑してしまい、また時には、/光線の具合や、どこからともなく伝わってくる/波動にゆさぶられて、ふと、自分の姿が/目の前にきらめき、そんな邪魔ものまでが/遊びをいっそう楽しくさせるものだ」

(p.278〔岡訳〕)。水がイマージュと交差する、というよりうまい表現があるだろうか。水のもつ隠喩の力をこれよりうまく理解させられようか。そのうえワーズワースはこの長いイマージュの連鎖を発展させ、深さの基本的な隠喩と思われるひとつの心理的隠喩を準備する。「それと同じような楽しい仕事を〔不確かな気持ちで〕、私達は／過ぎ去った時間の表面に、／身をかがめて、長いこと追求してきた」〔岡訳〕。本当に過去を叙述するのに、深さのイマージュなしでできるだろうか。深い水のほとりで思いにふけることがなかったならば、充実した深みのイマージュがはたして得られるだろうか。われわれのたましいの過去は深い水なのである。

そしてつぎに、すべての反映を見たとき、ひとはふいに水そのものを見つめるのだ。そのときひとは、美《ボーテ》〔美女〕を作っているさなかの水を押さえたと思うのである。水が水嵩として美しく、内面的な美、能動的な美であることに気づく。一種の容量測定的なナルシシスムが物質〔水〕そのものに浸透する。そのとき夢の全力を駆使してパロミードとアラディーヌのメーテルランク的対話を追えるのである。

青い水は「身じろぎもしないふしぎな花で満ちている……他の花の陰で咲いている一番大きな花を見たことがあるかい。それは調子をとって生きているみたいだ……それにあの水だ……それは水なんだろうか……地上の水よりももっと美しいしもっと清らかだしもっと青い……

――もうわたしはこれ以上眺めてはいられないわ」*6。

ひとりのたましいもまたいかにも大きな物質なのだ。ひとはあえてそれを眺めることはしないのである。

IV

したがって、以上がエドガー・ポーの詩学における水の想像力の最初の状態である。この状態は清澄で透明な夢に、澄んだ幸せな色彩の水に対応している。それは不幸な作者の作品と人生における束の間の夢に過ぎない。

これからエドガー・ポーの詩学における水の運命を追ってみることにする。それはひとつの物質を深く掘り下げる運命であり、その物質に人間の苦悩を負わせながら、物質の実体を増加する運命なのだ、ということが分かるであろう。表面の特性に対し、容積の特性が対立するのを見るだろう。〔空間、したがってあの厖大な〕容積こそ「全能者には何より重要な関心の的」(『妖精の島』〔松村達雄訳〕)――驚くべき定義――である。水は徐々に暗くなっていく。そしてそのために、水は影を物質的に吸収するであろう。

では日があたっている湖からはじめて、いかにして影が湖に急激にはたらきかけるかを見てみよう。全景の一部である妖精の島の周囲に明るさが残っている。こちら側で、水の表面が「空にかかる落日の泉から、黄金色と真紅のゆたかな滝」によって照らし出されている。「島のもう一方の東の端は、真黒な影につつまれていた」。しかしこの影の部分は、空を蔽う木々の単なる幕によるのではなく、もっと現実に密着しており、物質的想像力によって物質的にもっと実在化されているのだ。「木々の陰は重たげに水に落ち、そこに埋没して水底〔元素(水)の深み〕を暗黒で満たしているかのようであった」〔松村訳〕。

この瞬間から形体と色彩のポエジーは、物質のポエジーに席を譲る。実体の夢が開始する。客体の内密性が元素の中で窪みとなって、夢想家の打ち明け話を物質的に受け取るのである。そのとき、夜は実体である、水が実体であるのと同じだ。夜の実体は液体の実体と緊密に混合するであろう。大気の世界が、今まさにその影たちを小川にあたえようとしているのだ。

ここでは、あたえる *donner* という動詞を、夢の中で自己表現するすべてのものと同様に、具体的な意味にとらねばならない。話を、一本の繁った木が夏の日に木陰をあたえ、昼寝をする人を守るというようなことにして、満足してはいけない。エドガー・ポーの夢想においては、かれのように夢の透視力に忠実に従う生身の夢想家にとって、植物の機能のひとつが影を生産することは、ちょうどイカが墨を吐くのと同様なのである。森は、生きているあいだはいつも、夜が世界を暗くするのを助けねばならない。木は、毎日、影をひとつ作っては捨てる、それは毎年木の葉を作っては捨てるのと同じである。「一つ一つの影は、はじめその影を生み出した木の幹からものうげに離れて、流れの中に吸い込まれ、同時に、ほかの影が刻々木々から生まれては、先に水中に吸い込まれた影にとって代わっている……わたしにはこんな幻想が湧いてくるのだった」〔松村訳〕。影は木に取りついている限りまだ生きているのであり、木から離れるときに死ぬのである。影は木から離れて死ぬのだが、水の中に埋葬される、まるでもっと黒い死の中に埋められるようなのだ。

こんなふうに自分自身の一部である影を日々あたえることは、〈死〉と暮らすことではあるまいか。死はそのとき長く苦しい物語となる。死は運命的な一時間のドラマなどではなく、それは「悲しげにやせ衰えてゆく」のだ。そして小川のほとりの夢想家は考える。「これらの木々が一つまた一つと影を放出して、その実体を消滅させてゆくように、彼らもその生命を少しずつ神へ返してゆくのであろうか。やせ細ってゆく木と、木の影を呑み込んで、このえじきのおかげでいっそう黒ずんでゆく水——この両者の関係は、まさに、『妖精』の生命とそれを呑み込んでゆく『死』との関係にも相通ずるのではあるまいか」〔松村訳〕。

ついでにこの新しい逆転、人間の行動を物質的元素にあたえる逆転、について注意しておかねばならない。水はもはやひとが飲む実体ではない。水は黒いシロップのように影を呑みこむのである。ここにあるのは例外的なイマージュではない。それは渇きの幻覚の場合にかなり容易に見られるであろう。それは詩的表現に独自の力をあたえることができるし、それは深い無意識的性格の証拠なのである。たとえばポール・クローデルは叫ぶ。「神よ……渇きで死にそうなわが内なるこの水を憐れみたまえ」[5]。

影の吸収を申し分なく実在化しておけば、エドガー・ポーの詩篇の中で、「アニイのために」の夕ール状の川〈*the naphtaline river*〉や、その他にも（「ユラリウム」）どろどろの硫黄の流れる溶岩の川、サフラン色の川が登場するのを見ても、宇宙的な奇怪さと片付けることはあるまい。ましてや、地獄の川の多少手直しをした教科書的イマージュと見なすこともあるまい。それは原初的イマージュには安直な文化コンプレックスの跡は微塵もない。こういう水は本質的な心理的機能を果たし、影を呑み込み、物質的夢の原理そのものに従っているのだ。ポーのこういったイマージュの世界から発しているのである。毎日われわれの中で死ぬすべてのものに、日々の墓を提供するのである。

水はこのように死ぬことへの招待なのだ。元素的な物質の隠れ家に合流することを許す特別な死への招待である。次の章で、オフィーリア・コンプレックスを考察すれば、もっとよく理解できるだろう。今の時点で、留意すべきことは、いわば連続的誘惑が、ポーを一種の間断なき自殺、死の依存症ともいうべきものにみちびいていることである。かれの中では、瞑想される時間はそのつど生きた涙のように、悔恨の水に合流する。時間は自然の大時計から一滴一滴したたり落ちる。時間が命をあたえる世界は、涙を流しているメランコリーなのである。

日々の苦悩がわれわれの生命を奪う。苦悩とは波に落ちる影である。エドガー・ポーは島をめぐる妖精の永い旅についていく。まず妖精は「妙にひよわそうな丸木舟の中に真直ぐに立って、いとも心細い櫂で舟を漕いでゆくのだった。たゆとう夕日の光をまだ身に浴びているうちは、妖精の姿は喜びにあふれているようだった——ところが、影の中に入ってゆくにつれて、その姿はうって変わって悲しげに見えた。妖精はすべるようにゆっくりと進んでいって、ついに島を一めぐりし、ふたたび光の世界へともどってきた」。

「たった今、この妖精が島を一めぐりしたのは、その生涯の短い一年が一めぐりしたことなのだ」とわたしは冥想を続けるのだった。「妖精は水に浮きながらその冬を通りぬけ、夏を通りぬけたのだ。かくして妖精は一年だけその死に近づいたのだ。妖精が影の領域へと入ってゆくにつれ、彼女の影はそのからだから抜け出て、黒々とした水の中に吸い込まれ、水はそのためにいっそう黒ずんだのを、わたしは見のがしはしなかったのだから」〔松村訳〕。

そして夢想の時間が続くあいだ、語り手は妖精の全生涯をたどる。冬がくるごとにひとつの影が離脱しそして「液状の黒檀の中に」落下する。影は暗闇に呑み込まれる。年ごとに不運は重さをまし、「いっそう暗い影が〔妖精を〕はなれて、また一段と黒ずんだやみの中に呑み込まれるのだった」。やがて終末がおとずれ、暗黒がこころにもたましいにも行き渡り、愛する人々がわれわれから去り、喜びのあらゆる太陽が地上から消え去ったとき、黒檀の川は影に溢れ、暗い悔恨と呵責の念に重くなり、そのゆるやかな無音の生を始める。それは今や死者たちを思い出す元素なのである。知らないでいるうちに、エドガー・ポーはその天才的な夢の力で、ヘラクレイトスの直観、水の生成の中に死を見たあの直観を再発見する。エペソスのヘラクレイトスは、すでに眠りの中でたましいが、宇宙的な生命の火の源泉から離れて、「一時的に湿度のある状態に変身する傾向がある」と想像していた。そのとき、ヘラクレイトスにとって、死とは水そのものなのである。「たましいにとって水になることは死である」（『ヘラクレイトス』『断片』[*7]六八〔田中美知太郎訳〕）。エドガー・ポーはひとつの墓に彫られた次の願いを理解していたように思われる。

オシリスさまが汝に冷たい水をお恵みくださいますように。[6]

Veuille Osiris te présenter l'eau fraîche.

このようにイマージュのたったひとつの領域に限っても、ポーのたましいに及ぼす〈死〉のイマージュの支配を徐々に捉えることができる。こんな風にすればわれわれもボナパルト女史の証明した主題について、補足的な貢献ができると思う。ボナパルト女史が発見したように、瀕死の母の思い出は、エドガー・ポーの作品の中ではじつにみごとに生き生きとしている。それは同化の力であり独自の表現力である。けれどもあれほど多彩なイマージュが無意識のひとつの思い出にこれほど強力に密着しているのは、イマージュ群がすでにそのあいだで自然の凝集性をもつからである。とにかくこれがわれわれの主張すべきことなのである。もちろん、この凝集性は論理的なものではない。また直接的な現実だというわけでもない。現実に、木の影が波に運ばれていくのを見ることはない。しかし、物質的想像力がイマージュと夢想のこの緊密性を正当化するのだ。ボナパルト女史の心理学的な調査研究の価値がどうであれ、イマージュの次元そのもので、ほかならぬ表現手段の次元にそって、想像力の凝集力の説明を発展させることは無駄ではあるまい。われわれのこの研究が向かっているのはイマージュのより表面的なこの心理学なのである、とまた繰り返しておく。

V

豊かになるものは重くなる。こんなに多くの反映と影とで豊かになった水は、重い水である。それはエドガー・ポーのメタポエティックのまさに特徴的な水である。それはあらゆる種類の水のうちでもっとも重い水である。

想像の水が密度の極限にある例をただちにあげてみよう。「ナンタケットのアーサー・ゴードン・ピムの冒険」〔大西尹明訳〕から借用する。この作品は周知のように、航海の物語、それも難破の物語である。この物語は海上生活のこまごまとした技術のことで埋め尽くされている。大半のページは、多少とも確実な科学的知識になると目の色が変わる語り手が、技術的観察を重ねてうんざりするほど積みあげた結果なのである。正確さへの配慮は、飢餓で死ぬ遭難者たちの不幸な歴史を暦の上でたどれるほどである。私が最初に教養のため読んだころは、この作品にただただ退屈しただけであったし、しかも二十歳代からはエドガー・ポーのファンになっていたにもかかわらず、このだらだらと単調な冒険談を読み終える気がしなかったのである。新しい心理学によって達成された革命の重要性を理解してから、私は昔の読書をすべてやり直した。そして、まずやり直したのは実証的、写実的、科学的読み方によってゆがめられていた私という読者を、かつて退屈させた読書なのである。とりわけ私は『ゴードン・ピム』を読み直したのだが、今度は、かれの現れるドラマ――つまりすべてのドラマだが――を、無意識と意識の境界上に置いたのである。そうして分かったことは、一見二つの大洋にまたがるこの冒険が、実際は無意識の冒険、たましいの夜の中で繰り広げられた冒険であるということである。そして、レトリックのクラスの教育で導かれた読者であれば内容貧弱で未完成と受け取るかもしれないこの本が、逆に、独自の統一性をもったひとつの夢の完璧な達成として姿を現したのである。それ以後、私は『ピム』をエドガー・ポーの傑作のあいだに置きなおした。この例のおかげで私は新しい心理学の潮流の全体が供給する新しい読書法の価値を理解したのである。この新しい分析手段をもって作品を読むや否や、読者はきわめて多彩な昇華作用に没入する。この昇華作用は遠く離れたイマージュ群を受け入れ、多岐にわたる方向に想像力を飛翔させる。古典的文学研究はこの多方面への飛翔に足かせをはめるものだ。学習して獲得されたものではない本能的な心理学的知識とか、生来の心理的直観があると古典派は自負しているが、かれらは文学作品を、時代遅れの心理的経験に当てはめたり、何度も繰り返されたひとつの経験に当てはめたり、閉じられた経験に関係づけているに過ぎないのだ。かれらは肝心の詩的機能を忘れている。それはたえず繰り返して想像される場合にしか詩的に実際に存在しない世界に、新しい形をあたえる機能なのである。

さてここに、いかなる旅行者も、地理学者もリアリストも地球の水とは認めないような驚くべきページがある。この異常な水のある島は、語り手によれば「緯度八三度二〇分、西経四三度五分に」位置している。その水は島のすべての原住民に飲料水として役に立っている。アナベル・リーの優れた詩篇の水が「どんな渇きも癒す」ように、この水が喉の渇きを癒すかどうか見てみよう[7]。

物語はいう。「その水の特徴がいかにも風変わりなものなので、われわれはそれを汚れているものと思い、どうしても飲んでみる気にはなれなかった。そしてしばらくあとになってから初めて、この群島の中にあるどの川にも、みんなこういう水が流れているのだということを合点した。この液体の性質をどうはっきりといい表したらよいか、わたしには見当がつかないし、簡単なことばで、手っ取り早く説明するわけにはいかないのである。この液体は、すべて下り勾配になっている所を迅速に流れていたが、そういうところなら、普通の水でもやはり流れるにちがいない。しかし、液体は、小さい滝になって落ちるとき以外には、普通の水のように澄みきった色をしていなかった。とはいえ、実際には、その辺にある石灰水と同じように、まったく無色透明で、両者のちがいは外観だけであった。一見したところでは、とりわけ、やや傾斜している土地を流れているばあいには、濃度の点で、この液体はアラビア・ゴムと普通の水との濃い混和液に似ていた。しかし、そういうところは、この液体の異常な特質のうちでは、一番平凡な性質にすぎない。この液体は無色ではなく、また、なにかいつも一定の色をしているのでもない——流れているときには、紫のあらゆる色合いを、見る人の眼に感じさせたが、この点は、色合いがさまざまに変化して見える甲斐絹《かいき》に似ていた。〔…〕たらいに一杯この液体を集め、そしてそのなかのかすをすっかり沈殿《ちんでん》させてみたところ、この液全体が、それぞれ別の色をしたたくさんの違った水脈で構成されていて、その水脈は互いに混じりあわず、その凝集は、それぞれの水脈中の固有の分子に関するかぎり完全に動くが、隣接する水脈に関しては不完全ということがわかった。その水脈の条に沿わずにナイフの刃を入れてみると、その刃はわれわれの体のばあいと同じように、たちまちその水にぴったりと蔽《おお》われてしまい、そしてまたそれを引き抜くと、ナイフの通った跡はたちどころに消されてしまったのである。ところが、もしナイフの刃が、二つの水脈のちょうど真ん中に切り込むと、二つは完全に切り離され、こうして一旦離れてしまうと、さすがの凝集力も、分離した二つの部分をすぐおいそれとは元通りにできなかった。この水の現象は、その後相次いで起こった奇跡的な出来ごとの、その序の口に当たるものであって、やがてわたしはそれらの出来事に、一つ一つ襲われる運命になっていた」〔同前、大西訳〕。

マリー・ボナパルト女史はこの異常な二ページにわたる文章を抜かりなく引用した。彼女の著書にこれを引用したのは、語り手を動かす支配的な幻覚の問題をすでに解決したあとである。だから女史はあっさりとつけ加える。「この水に血液を認めることは困難ではない。血管の観念がことさらはっきりと表明されており、またこの土地も〈それまで文明人が訪れたあらゆる土地とは本質的に別であった〉。そこでは人が知覚するものはなにひとつ〈身近〉ではないのに、逆にあらゆる人間にとっていっそう身近なものなのだ。つまり人体なのである。その血液は、われわれを九ヵ月宿す母の血液として、母乳以前の期間にわれわれを養うのである。われわれの解釈は一本調子で、しかもたえず同じところに戻るというかもしれない。その過ちはわれわれのせいではなく、人間の無意識のせいなのだ。先史時代に永遠のテーマを求め、それからその上に千変万化のヴァリエーションを織り成すからである。こういう変化のアラベスクの下にいつも同じテーマが現れるとしても、なにか驚くことがあろうか」[8]。

われわれはこの精神分析的説明を詳細に引用することにした。本書の序文で指摘した、無意識においてじつに活発な有機的物質主義の明快な実例だからである。ボナパルト女史の大著をくまなく検討した読者にとって疑いのないことは、喀血が、まず母親を、つづいてエドガー・ポーが心から愛したすべての女性たちを、死へと追いやることで、詩人の無意識に生涯にわたる刻印を押したことである。ポー自身がつぎのように書いている。「そのなかでも特に〈血〔blood〕〉という、いつも、秘密、罹災、恐怖に付きものであるこのことばは——今は普段の三倍も重要らしい様子だが——そのぼんやりとした音の響きは、どんなに冷たく、またどんなに重々しく、(なるほどこのことばをはっきりと規定するために、前にどんなことばを持ってきても、しっくりとしないが) この暗闇でのわたしの牢獄のなかにあって、わたしの心の奥にどんなに深くこたえたことか!」(『ピム』)。したがって、このように刻印を押された心的深層《プシシスム》にとって、自然の中で重く、苦しみながら、神秘的に流れるすべてのものは、呪われた血のようなもの、死を運ぶ血液のようなものである、ということが納得される。一つの液体が価値定立化されるとき、その液体は生体の液体と血縁関係にある。だから血の詩学が存在するのだ。それが惨劇の詩学であり、苦痛の詩学であるのは、血がけっして幸せではないからである。

しかしながら、勇敢な血の詩学の席もある。ポール・クローデルは、エドガー・ポーのポエジーとはきわめて異質の生き生きした血の詩学を創始するであろう。血液がこのように価値定立化された水である例をあげておく。「水はわれわれにとってすべて望ましい。そして、たしかに、無垢で青い海以上に、この水はわれわれのうちなる肉とたましいの間にあるものに呼びかけるのであり、勇気と精神を運ぶ人間の水、燃え上がる暗い血なのだ[9]」。

『ゴードン・ピム』とともに表面上われわれは、内面的な生とは対極に位置する。というのもこれらの冒険が地理的であることを望むからである。しかし語り手は、描写的な物語体で始めるのに、奇怪な印象をあたえたいと感じているのだ。だからかれは工夫しなければならない。だから無意識の中から汲み出さねばならないのだ。なぜまた水というこのどこにもある一般的な液体が、どこにもない特異な本質を受け入れることができるのであろうか。だから、発見された水は考え出された液体なのである。発明工夫は無意識の法則に従うので、生体の中の液体を暗示する。しかしエドガー・ポーの無意識は独自の刻印、運命的刻印をもつので、価値定立は血液によってなされることになるであろう。ここで意識が介入する。つまり、血〔血液〕という単語はこのページに書かれてはいけない、というのだ。この単語が口に出されるやいなや、何もかもがこの単語に対して結託するからだ。その語を意識が、論理的には不条理だとして、経験的には不可能だとして、内面的には呪われた思い出として、抑圧するのである。異常な水、旅行者を驚かす水はしたがって、名指されない血、名づけられない血液となるであろう。以上が作家の側からの分析である。読者の側からはどうであろうか。まず一方では、——これは一般的とはともいえないが——読者の無意識に血の価値定立化がある場合、このページは読解可能となる。このページは、よい指針があれば、感動をあたえることさえ可能である。また不興をかうこともありうる――つまり嫌悪だ――、それすらまだ価値定立化の痕跡をとどめている。他方では、血による液体のこの価値定立が読者に欠如している場合、このページは一切の興味を失い、それは理解不可能となる。われわれの〈実証的〉たましいの時代、われわれの最初の読書では、あまりにも安直な恣意性しかそこに見なかったのである。その後、このページがいかなる客観的真実さをもたないとしても、すくなくとも主観的なひとつの意味をもつことをわれわれは理解した。この主観的な意味が心理学者の注意を引いて、作品の前触れとなる夢の再発見に手間ひまをかけさせることになるのである。

ところが、この独特な解釈においてわれわれが従った古典的精神分析の教訓は、このイマージュ系をすべて説明しているとは思われないのだ。それは血と水との間、名前があるものと名づけられないものとの間の、中間帯の研究を見落としている。まさしくこの中間帯では、表現が「多くのことば」を要求するので、エドガー・ポーのページは実際に経験された液体の刻印を示している。無意識が異常な水脈の間にナイフを滑らせる経験を暗示することはないであろう。そこに必要なのはある液体の「繊維質の水」についての積極的な経験である。その液体は、明確な形をとらないにもかかわらず、内部構造をもち、そして、このようなあり方で、物資的想像力を限りなく面白がらせるのである。したがって、エドガー・ポーが子供のころ、ゼリーやゴムに興味をもったことは間違いないとわれわれは思う。ゴムが濃くなるにつれて、繊維質の構造となるのを、かれは見たし、その繊維質の間にナイフの刃を滑らせたのである。かれはそういっているのだ。なぜそれを信じてはいけないのだろうか。おそらくかれは、ゴムを弄びながら、血を夢想していたのだ。しかしかれがゴムに――他の多くのものと同じように――はたらきかけたからこそ、川の写実的な物語の中にそれを入れることをためらわなかったのだ。その川はどろりとした濃厚な水のように水脈を保ちつつ流れるのである。エドガー・ポーは、活発な想像力のすでに示された法則に従って、宇宙的次元にまで、その限られた経験を高めたのである。幼いころ遊んでいた倉庫には糖蜜があった。それもまた「メランコリック」な物質である。ジョン・アランのような厳格な養父がいるときにはとくに、それをなめることにためらいを感じるものだ。しかし木のスプーンでそれをかき回すのは大好きだ。マシュマロを引き伸ばしたり切ったりすることはまたどんなに楽しいことであろう。身近な物質の自然の化学が夢想家に最初の授業をする。すると夢想家は宇宙論的な詩篇を躊躇せずに書くのだ。エドガー・ポーのメタポエティックの重い水は、ごく子供っぽい物理学からきた「ひとつの成分」を間違いなくもっている。もっと人間的で、より劇的な〈諸成分《コンポザン》〉の検討に入る前に、われわれはそれを指摘しておきたかったのである。

VI

われわれが主張するように、エドガー・ポーの無意識にとって、水が根源的物質であるならば、水は大地を支配すべきである。水は大地の血液である。水は大地の生命である。風景というものをすべてそれ固有の運命に向かって運び去ろうとするのは水である。とくに、この水、あの小さな谷である。エドガー・ポーの詩においてはもっとも明るい谷間さえ暗くなってしまう。

Once it smiled a silent dell
Where the people did not dwell
……………………………………………
Now each visitor shall confess
The sad valley's restlessness.

むかしは静かな谷がほほえんでいた、
そこに人々の住むことはなかった
……………………………………………
今ではそこを訪れる人は誰しも、この悲しい谷に
安らぎの欠けていることを認めるだろう。
〔「不安の谷」福永武彦訳〕

遅かれ早かれ不安は谷間にいるわれわれを襲うであろう。谷間は水と憂慮を集め、地下水は谷底を穿ちそして谷を苛む。これが潜在的な宿命だ、これこそボナパルト女史がいうように「だれもいかなるポー的風景の中にも住みたいとは思わない」。「不吉な風景であればいうまでもないが、アッシャー家にはだれが住むであろうか。しかし目を楽しませるポーの風景といえどもまたほとんど反発を感じさせる。そういったものの優しさはあまりにもわざとらしく、鼻につくこしらえものであり、どこを探しても爽

やかな自然は息づいていないのだ」(p.322)。

ポーのすべての美がまとっている悲哀感をもっとはっきりさせるために、エドガー・ポーにおいては美は死の報いを受けている、と付言しよう。別ないい方をすれば、ポーにおいて美は死の原因である、ということだ。これが女性と谷間と水の共通の物語なのである。だから美しい谷間は、一瞬若やぎ明るくなるが、どうしても死の黒枠、独特の死の枠組みとならざるをえないのである。ポーにおいて、谷と水の死はロマンティックな秋ではない。それは枯葉で作られてはいない。木々は紅葉しない。木の葉はただ明るい緑から、暗い緑へ、物質的な緑へ、肉厚の緑へと移る。その緑はエドガー・ポーのメタポエティックの基本的な色彩ではないかとわれわれは思う。ポーのヴィジョンでは暗闇そのものもしばしばこの緑の色彩をもっている。「熾天使《セラフ》の眼は／この世界の暗さを見てとってしまっていた。あの黒ずんだ緑の色（*that grayish green*）、／自然が　美しいものの墓のために　何よりも好む色が」（「アル・アーラーフ」〔入沢康夫訳。原書はムーレー訳〕）色彩の影響下にあってさえも、ポーにおける〈死〉は特別の光があてられている。それは生命の絵の具で化粧された死である。ボナパルト女史は多くのページを割いて〈自然〉の概念の精神分析的意味を決定した。とくに彼女は、エドガー・ポーにおける〈自然〉の意味をこのようにして特定したのである。「われわれの誰にとっても、自然とはわれわれの原初的ナルシシスムの延長に過ぎない。自然は最初、養育者であり、庇護者である母親を独占している。ポーにとって、母親は思いがけず早ばやと死体となったので、まさしく若くて美しい女性の死体であったので、ポー的風景がたとえどんなに花盛りであろうと、つねに装われた死体というようなものを何かしらもつとしても、驚くことがあるであろうか」(p.322)。

このような自然は、過去と現在の融合であり、たましいと事物の融合であり、そこに中でも一番ポー的な湖、オーバア湖が憩っている。*8 それは内密な地理、主観的な地理に属している。その場所は〈愛の国の地図〉*9〔スキュデリー嬢作成〕の上ではなく、〈憂愁の地図〉、〈人間の不幸の地図〉の上である。「それはオーバアのおぼろげな湖《うみ》の近くだった、／ウイアの霧深い地方のただ中の――／それはオーバアのしめっぽい沼のほとりだった、／グールの一族の住むというウイアの森のただ中の」〔「ウラリューム――譚詩」〔福永武彦訳。原書はマラルメ訳〕〕。

他の箇所、「夢の国」の湖においても、同じ亡霊たち、同じグール〔食屍鬼〕たちが帰ってくる。だからそれは同じ湖、同じ水、同じ死なのである。「そのようにひろがり行く湖を過ぎり、／その寂しい波は、寂しくそして死んで――／その悲しい波は、悲しくそして凍って、／たゆたう睡蓮の雪のように、／山々を過ぎり――／灰色の森を過ぎり、――沼地を過ぎり、／そこにひき蛙と火とかげとは住み、／薄気味悪い水溜りと池とを過ぎり、／そこにグールの一族は住み、――／神聖なものの何一つないすべての場所に――／憂愁の気のみなぎるすべての隅に――／そこに旅人は、恐れまどいつつ、出あう、／「ありし日」の、屍衣をまとった「追憶」の数々に」〔「夢の国」〔福永訳。原書はマラルメ訳〕〕。

これらの水や湖には、全自然から落ちてくる宇宙的な涙が供給される。「おぼろな谷々――影ふかい水の流れ／そして　雲とみまごう森と森、／いたるところに降りそそぐ涙のゆえに、／さだかには見分け難い　その形」〔「妖精の国」入沢康夫訳〕。太陽そのものも水の上に涙をそそぐ。「露にぬれ、眠げな、漠然とした感応力が、この黄金の暈《うん》から滴っている」〔「イレーヌ〔アイリーン〕」〕。空から水の上に落ちてくるのはまさしく不幸の感応力である。占星術的感応力とはつまり物理的で物質的な悪として、光線によって運ばれる、微弱で根強い物質なのである。この感応力は、錬金術の方式そのものによって、宇宙的苦痛の染料、涙の染料を水にもたらす。それはこれらのすべての湖の水、これらの沼地の水で、人間の苦悩の母なる水、憂愁の水を作るのである。もはや漠然とした一般的な印象は問題ではなく、物質の積極的加担が問題となるのである。夢想家はもはやイマージュを夢想せず、物質を夢想する。重い涙が人間的意味を、人間の生命を、人間の物質を世界に運んでくる。しかし、その反対に、物質的想像力によって想像された物質主義はここで、理想主義的詩人のあらゆる苦悩を理解できるほど、じつに敏感で、じつに苦しみに共感する感受性をそなえるのである。

Ⅶ

これまで多数の資料を集めてきたが――誰でもたやすく増やすことができよう――それはエドガー・ポーのメタポエティックの中で、想像的な水がその心理的生成を宇宙全体に強制することを証明するためである。今度はこの死んだ水の本質そのものに迫らねばならない。そうすれば、われわれは水が死の本当の物質的な支えであることを理解できるであろう。あるいはまた、無意識の心理のごく自然な逆転によって理解できることは、水によって刻印された物質的想像力にとって、死が宇宙的な水蛇《ヒドラ》であることがどれほど深い意味をもつか、ということである。

ここに提示する無意識の心理学の定理は、単純な形式のもとでは平凡に見えるが、その証明は新しい心理学的教訓を引きだすのではないかと思われる。証明すべき命題とは、動かない水は死者を呼び起こす、なぜなら死んだ水は眠る水だからである、というものである。
実際、無意識の新しい心理学は、死者たちがわれわれの間にとどまる限り、死者たちはわれわれの無意識にとって眠る人である、と教える。死者たちは憩っているのだ。葬儀がすめば、無意識にとって死者たちは不在者、つまり、いっそう隠されたもの、さらに覆われたもの、一段と深く眠るものなのである。われわれ自身の眠りが追憶よりも深い夢をあたえるときにのみ、死者たちは目覚める。われわれが死亡者と再会するのは夜の国である。あるものははるか彼方まで、ガンジス川の岸辺、「海に面した王国」で、「もっとも緑濃き谷間」で、名も知らぬ夢想の水のほとりまで行って眠る。しかしかれらはあいかわらずいつも眠っているのだ。

……死者たちはみな眠る
少なくとも愛の神が泣く時と同じほど長く
…………………………………………………………
思い出の眼にやどる涙と同じほど長く

...les morts dorment tous
au moins aussi longtemps que pleure l'Amour.
…………………………………………………………
aussi longtemps que les larmes dans les yeux du souvenir.

(*Irène*, trad. Mourey, p.218)

眠る水を湛えた湖は、この完全な眠り、だれも目覚めることを望まず、生きるものたちの愛によって守られ、追憶の連禱によって揺すられるあの眠りの象徴なのである。

見たまえ。忘却の川のように
湖はうつらうつら眠っているらしい
そしてどんなことがあっても目覚めたくないらしい
ローズマリイは墓の上で眠り
百合は波の上に横たわっている

……………………………………

「美しいもの」はすべて眠る

Semblable à Léthé, voyez ! le lac
paraît prendre un sommeil conscient,
et ne voudrait, pour tout au monde, s'éveiller;
le romarin dort sur la tombe
le lys s'étend sur l'onde

Toute Beauté dort.

(*Irène*, trad. Mourey, p.218)

この若い頃の詩句は、エドガー・ポーによって書かれた晩年の詩のひとつ「眠る女」に取り込まれている。[*10] イレーヌ〔アイリーン〕は、無意識の発展にふさわしく、この晩年の詩篇においては無名の眠る女になった。死せる女は親しいが無名で、「神秘的な月の下で……果てしない谷間で」眠る。「ローズマリイの樹は墓の上で首を振り、／睡蓮は波の上をしだらにただよう。／その胸のあたりを霧につつまれ、物みなはいま永遠《とわ》の憩いに朽ち果てる。忘却の河にも似て、御覧！　湖は／うつらうつらとうたた寝をむさぼるよう、／たとえ千金を抛《なげう》っても目を覚まそうとしない。／すべて〈美しいもの〉は眠る！」（「眠る女」〔福永武彦訳、原書はマラルメ訳[*11]〕）。

ここがエドガー・ポーの形而上学的なドラマの核心なのである。かれの作品とかれの人生の信条がここですべての意味を発揮する。

わたしが愛することができたのはただ
〈死〉の息が〈美〉の息と混じり合うところでだけだ

I could not love except where Death

Was mingling his with Beauty's breath...

　二十代にしては奇妙な信条だが、こんなに短い過去しか過ごさないのにすでに過去に語りかけており、なおかつひとりの人生の深い意味と忠実な生き方を示しているのである。

　このように、エドガー・ポーを理解するためには、詩篇や短編小説のすべての決定的瞬間に、〈美〉と〈死〉と〈水〉を総合〔合成〕しなければならない。〈形態〉と〈出来事〉と〈実体〉のこうした総合は、哲学者にはわざとらしくて不可能と思われるかもしれない。だがしかし、この総合はいたるところに広まっている。ひとがもし愛するならば、ただちにひとは感嘆するのだし、危惧するのだし、庇護するものなのだ。夢想においては、形体と生成と物質を支配する三つの原因は、分離しがたくしっかりと結合している。エドガー・ポーのように、深さを夢想する人はそれらの原因をまとめて同一の象徴的な力とするのである。

　その理由は、まず水が美しくしかも心変わりしない死の物質だからである。水だけが美を保ちつつ眠ることができるし、水だけが、動かずに、反映を保ちつつ死ぬことができる。〈大きな思い出〉、〈唯一の幻影〉に忠実な夢想家の顔を反映しながら、水はすべての影に美をあたえ、あらゆる思い出をよみがえらせる。このように、一種の代理された、循環するナルシシスムが発生し、われわれが愛したあらゆる人たちを美しくするのである。人間はその過去の中に自己を映しており、あらゆるイマージュが人間にとってはひとつの思い出なのである。

　それから、水鏡がくもったとき、思い出がぼかされ、遠ざかりえたとき、

……一、二週間が過ぎて
軽やかな笑い声が溜息をふさぐとき、
墓からきた怒りがどこか思い出の湖に
向かってその道をたどる
そこにしばしば——生きていたころ——友人たちと行ったのだ
純粋な元素〔水〕の中に身をひたすために。
そしてそこで、踏みしだかれていない草花で
透明な額のために花輪を編みながら
その花たちはいう（ああ今こそかのことばを聞け）
通り過ぎる夜の風にむかって
「ああ！　ああ！　悲しい！　悲しい！」と。
立ち去る前に
そこを流れる澄んだ水をしげしげと眺めながら
おもむろにその中に沈む（苦悩にうちひしがれて）
茫漠とした影の楽園のある水底へ。

…quand une semaine ou deux sont passées,
et que le rire léger étouffe le soupir,

indigné de la tombe, il prend
son chemin vers quelque lac ressouvenu
où souvent — en vie — avec des amis — il venait
se baigner dans le pur élément,
et là, de l'herbe, non foulée
tressant en guirlande pour son front transparent
ces fleurs qui disent (ah, écoute-les maintenant !)
aux vents nocturnes qui passent,
«Aï ! Aï ! hélas ! — hélas !»
scrute pour un moment, avant de partir,
les eaux claires qui coulent là,
puis s'enfonce (surchargé de douleur)
dans le ciel incertain et ténébreux.

(*Irène*, trad. Mourey)

ああ、水の幻影よ、ただひとり透明な幻影よ、〈透明な額〉の、わたしに何も隠さないこころの、たったひとりの幻影よ、わたしの小川の精霊よ、おまえの眠りが、

つづく限り深くあれかし

tant qu'il dure, être aussi profond.

Ⅷ

最後に述べるのは、エドガー・ポーのポエジーにおける水に奇妙で忘れがたい特徴をあたえている死のしるしのことである。それは水の沈黙である。想像力が独創的形態をとるときには、それが作るものすべてに、ひとつの生成を強制する、とわれわれは信じているので、この沈黙の主題について、エドガー・ポーのポエジーの中で水が沈黙し*て*い*く*さまを示してみたい。

ポーにおける水の陽気さのなんとはかないことか。いったいエドガー・ポーはかつて笑ったことがあっただろうか。泉のほとりでは愉快ないくつかの小川も、間もなく押し黙ってしまう。その声もすぐさま低くなり、しだいにささやきから沈黙への道をたどる。このささやきにしても、はっきりしない呟きが小川のいのちを活気づけていたのになにか妙なのだ。逃げていく波に対してよそよそしいのだ。誰かが、あるいは何かが水の表面に話しかけるのなら、それは風か木霊なのだし、岸辺の木々が嘆きを打ち明けるのなら、それは幻影が息を吐きかけているのだ、そっと低く吹きかけているのだ。「泥ぶかい川床の両側は見わたすかぎり、何マイルもの幅にわたって巨大な青白い睡蓮ばかり。睡蓮たちは孤独のなかでたがいに溜息をかわし、亡霊じみた長い首を天にむかってさしのべ、頭はいつはてるともなくたえず揺れうごいている。そして彼らの群のなかから、地下を走る水音のような不明瞭なつぶやきがきこえる」[11]〔永川玲二訳〕。これが川のほとりで聞こえるものである。川の声ではなく、溜息、やわらかな植物の溜息であり、緑の植物の悲しい不機嫌な愛撫である。ほどなく、植物そのものも黙り込んでしまう。そしてそのとき、悲哀が岩を打つ。世界全体が名状しがたい恐怖につつまれて、押し黙るだろう。「それからわたしは怒りを感じ、河に、睡蓮たちに、風に、森に、天空に、雷鳴に、そして睡蓮たちの悲鳴に、沈黙の呪いをかけた。そしてかれらは呪いにしばられて、静寂になった」(同前、p.273)。なぜなら、存在の根底において、存在の根底から語るもの、水の内奥で語るものは、悔恨の声だからである。それらを黙らせなければならない。悪には呪詛で答えねばならない。われわれの内と外で呻き声をあげるすべてのものに、沈黙の呪いをかけなければならない。そうすれば〈世界〉は傷ついたたましいの非難を理解し、そして〈世界〉は沈黙し、いうことを聞かない小川も笑い声を止め、滝は鼻唄を止め、川は歌を止める。

そしてお前、夢想家よ。沈黙がお前に戻ってくるように。水のほとりで、死者たちが夢見るのに耳をかたむけることすら、すでに死者たちの眠りを妨げることなのだ。

それに、いったい、しあわせそのものは語るものだろうか。いったい、ほんとうの幸福は歌うだろうか。エレオノーラの幸福な時期に、すでに川は永遠の沈黙の荘重さをつかんでいた。「私たちはこの川を〈無言の川〉と呼んだ。その流れには人を黙らせる力がひそんでいるように思えたからだ。その川床からはなんのささやきも起こらず、それは大変おだやかに曲がりくねってながれていたので、私たちが見つめるのが好きだった、あの川のずっと奥深くに沈む真珠色の小石も全然動かず、じっと満足して、昔のままの場所にころがっていて、永遠に美しくきらめいていたのだった」[12]〔高橋正雄訳〕。

恋人たちが情熱の模範を求めるのは、この動かない静まり返った水に対してである。「私たちはその川の水から恋愛の神エロスを呼び出したのだった。そして今、エロスが私たちの祖先伝来の情熱的な魂に火をともすのを感じたのだ。……（すべての情熱が）一緒になって五色の草の谷間に、胸をときめかすような喜びを吹きつけてきたのだ」[13]（同前、p.173）。このように、詩人のたましいが水のあたえるインスピレーションにじつに強く結びつけられているために、愛の炎が水そのものから生まれねばならず、また水が「祖先伝来の情熱的な魂」を保持しなければならないのである。水の弱いエロスが通りかかった二人のたましいに火をともすと、そのとき水はほんの一瞬だけ、何かいうべきことをもつのだ。川の底から「わずかずつささやきが起こり、それはついに風の神エオルスの竪琴よりももっと清らかな――エレオノーラの声以外のどんなものよりももっと美しい――心をやわらげる調べに高まった」（p.174）。

しかしエレオノーラは「〈死〉の神の指がその胸におかれているのに――かげろうのように、ただ死ぬためにすっかり美しくされたのに気づいた」（同前、p.175）。そのとき、緑の草の敷物は色褪せ、不死の花シャグマユリ（ツルボラン）は暗いスミレに変わり、そして「金と銀の魚は私たちの谷間の下のはずれにある渓谷を通り抜けて下ってしまい、二度と美しい川を飾ってはくれなかった」。とうとう日の光と花の失われたあと、調和が失われる。ついに、存在と声の支配する世界の中で、エドガー・ポーのポエジーのきわめて特徴的な水の運命が成就する。「あの心をなぐさめてくれた川の調べも、少しずつ消え、次第にささやきが低くなり、ついに川は初めのような無言のいかめしさにもどってしまった」〔同前〕。

静かな水、暗い水、眠る水、測り知れない水は、死を深く考えるために、それぞれ物質的な教訓となる。しかしそれはヘラクレイトス的な死の教訓ではない。われわれを流れとともに遠くに運び去る、ひとつの流れとしての死の教訓ではない。これは移動しない死、深いところにおける死、われわれと共にあり、われわれの近くにあり、われわれの内にある死の教訓である。

沈黙した水がふたたびわれわれに話しかけるには、夕べの風がそよそよと吹くだけでよかろう……ひたすら優しく、ほの白く月の光がさせば、波の上にまた幻影が渡るであろう。

第3章　カロン・コンプレックス　オフィーリア・コンプレックス

沈黙と月……墓場と自然……。
ジュール・ラフォルグ『伝説的な教訓劇[*1]』

I

素人の神話好きも時には役に立つことがある。かれらは合理化の最初の領域でまじめに仕事をする。したがってかれらの〈説明〉と称するものを説明づけないまま残すからである。いうまでもなく理性は夢を説明しないのだ。かれらはまた寓話を分類し、そしていささか性急に体系化する。しかしこの軽率さにもいいところがある。それは分類を単純化するからだ。それにまた、いとも安易に承認されたこの分類が、神話学者やその読者の精神のなかで活動している実際の性向に呼応したものだ、ということを証明するからである。こういうわけで、『ピッチオーラ（小さな女の子）』や『通学路』の作者、やさしくて冗漫なサンティーヌが著わした『ライン川の神話』は、われわれの考えを手短に分類するための初歩的な教訓をあたえる。サンティーヌは、かれこれ一世紀前に、樹木礼拝の根源的重要性を理解していたのだ。[1] この樹木礼拝にかれは死者礼拝を結びつける。そしてひとつの法則、われわれならさしずめ死の四地方の法則と名づけたいような法則を述べているが、それは四元素の想像力の法則と明らかに関係がある。

「ケルト人たちは人間の遺体を見えなくするために、種々の奇妙な手段を用いた。ある地方では火葬にしたが、誕生記念の樹木がその薪として使われた。他の地方では斧でくりぬかれた死者の木 *Todtenbaum* が、その所有者の棺として役立った。その棺は地下に埋葬されたが、そうでなければ川の流れに託され、行く末知れずとされたのだった。最後に、ある州の慣習では——恐ろしい慣習だが——遺体を貪欲な猛禽類の餌食にするということがあった。この不気味な展示の場所は、死者の誕生の際に植樹されたその樹木の頂上、つまり梢である。そして今度は例外で、この樹木は遺骸とともに切り倒されてはならないのである」[2]。そしてサンティーヌは、十分な証拠も実例もなしにつけ加える。「さて、人間の遺骸を元に戻すために用いられる大気、水、大地、火の、はっきり区別される四つの手段に、人々は何を見るであろうか。これはインドにおいて、あらゆる時代に、今日においてもなお、バラモン教徒、仏教徒、ゾロアスター教徒の間で実行されている四種類の葬儀なのである。ボンベイの拝火教徒はガンジス川に沐浴する回教の僧と同じようにそれについてはかなりのことを心得ている」。最後にサンティーヌは次のように報告する。「一五六〇年頃、ゾイデル海〔アイセル湖〕の沖積層をたまたま掘り返していたオランダの労働者が、かなり深いところで、石化したため奇跡的に保存された何本かの木の幹を見つけた。この幹はどれもひとりずつ人間を宿していた。人間自身もほとんど化石同然となり、残骸をとどめるに過ぎなかった。明らかにライン川、このドイツのガンジス川が、人間を宿した木をそこまで運んできたのだ」。

人間は生まれるとすぐ、植物に捧げられ、その個人的な樹木をもったのである。人間の死は生命と同様の保護を受けるべきものだった。こうして遺骸は植物の真ん中にまた置かれ、樹木の植物的な胸の中に戻され、遺骸は火にゆだねられる、あるいは大地にゆだねられるのである。あるいは茂みの中で、森の天辺で、大気の中で分解を待つのだった。その分解には〈夜〉の鳥や、〈風〉の無数の亡霊の手助けがあった。あるいはまた、最終的には、その自然の棺の中で、その植物的分身の中で、その貪欲に生きている木棺の中で、〈樹木〉の中で——木のふたつの節《ふし》のあいだで——、死者はいっそうくつろぎ、いつも手足を伸ばしたまま、水にゆだねられ、波に託されたのである。

II

死者が波の上にこのように船出することは、死についての果てしない夢想のひとつの特徴を示すに過ぎない。それは可視的画面にのみ対応しており、物質的想像力が死について深く瞑想し、あたかも死そのものがひとつの実体であり、新しい実体のなかのひとつの生命であるかのように思っていることに背いてしまうかもしれない。両面感情をもつ夢想にとって、生命の実体である水はまた死の実体でもある。〈死者の木 Todtenbaum〉をうまく解釈するためには、C・G・ユングとともに、樹木が何よりも母の象徴であることを想起しなければならない。[3] というのも、水がまた母の象徴だからこそ、死者の樹木に胚芽を嵌め込むという奇異なイマージュを捉えることができるのである。樹木の胸の中に死者を置き、水の胸の中にその樹木を託すことによって、いわば母性的な力を倍化し、埋葬のこの神話を二重に生きるのである。[*2] そうすることで、C・G・ユングがいうように「死者は再生するためにいわば母のなかへ包みこまれる（ré-enfanté）」〔野村美紀子訳〕と想像されるのである。水の中の死はこの夢想にとってさまざまな死のうちでもっとも母性的な死なのである。別のところでユングがいっているが、人間の欲求とは「黒い死の水は命の水であり、死のひややかな抱擁は母胎である、海が太陽をのみこみはするが、母としてその胎内からふたたび生みだすように。生命は死を知らない」〔野村訳。仏訳――決して〈生命〉は〈死〉に信頼をおくことはできなかったのだ〉（p.209）ということである。

Ⅲ

ここに私の心を悩ましているひとつの問題がある。〈死〉とは最初の〈航海者〉ではなかったろうかということである。

生きている者がわれとわが身を波に託すはるか以前から、人々は棺を海に置いたり、急流に託したりしたのだろうか。この神話学的な仮説に立てば、棺は最後の小舟ではなくなるだろう。棺は最初の小舟となるはずである。死は最後の旅ではなくなる。それは最初の旅となるであろう。死は深い夢をみる人々にとって、最初の旅らしい旅になるであろう。

当然のことながら、海の旅のこうした考え方にはただちに功利的な説明の側から反論が出る。いつでも人々は、原始的人間は生まれつき創意工夫に富んでいるというふうに思いたいのだ。先史的人間は生活の糧にかかわる難問などは知能を駆使して解決したというふうに、人々はつねに願っている。とくに、功利性は明快な考えであり、確固たる直接的な確実性の価値をつねにもつ、ということを人々は苦もなく認めるのだ。ちなみに功利的な認識とは、すでに合理化された認識なのである。逆にいえば、原始的な考えを功利的考えとみなすことは、合理化に陥ることなのだ。現今の功利性が、きわめて完全な、はなはだ均質的な、大いに物質的な、そしてじつにはっきりと閉鎖的な功利主義の体系のなかに取り込まれているだけに、ことば巧みにひとを欺く合理化に陥ることであろう。人間は遺憾ながらそんなに合理的ではない。人間は有用なこともまた真実なるものと同様に苦心惨憺《さんたん》しながら発見するのである。

いずれにせよ当面する問題について、多少の夢想をしてみれば、船旅の功利性は、先史時代の人間に丸木舟をくりぬくことを決定させるに足るほど、明快ではないように思われる。いかなる功利性も大海原に乗り出していく多大な危険を正当化できない。航海に立ち向かうためには、強力な利益《アンテレ》（関心・興味）が必要だ。ちなみに、本当に強力な利益とは空想的な利益である。それはひとが夢見る利益であって、ひとが計算する利益ではないのだ。それは架空の利益なのである。海の英雄は死の英雄である。最初の船乗りは死者に劣らぬ勇気をもった最初の活きのいい男であった。

それゆえ、生きている人間を、完全な死、絶対に助からない死に供したいときには、人々は荒波に投じたのである。マリー・デルクール女史は、伝統的な古代文化の合理的な偽装の下に、不吉な子供たちの神話的な意味を発見した。大半のケースでは、そういう子供たちを地面に触れさせないように細心の注意を払っている。不吉な子供らは大地を汚し、豊作を妨げ、こうしてかれらの〈ペスト〉〔災い〕を振り撒くかもしれないからだ。「人々は〔子供らを〕できるだけ早く、海か川につれていった(4)」。「虚弱な子供を、人々が殺すことを選ばず、地面と接触させたくないとすれば、やがて沈むことになっている小舟にのせて水の上に置く以外に何ができるだろうか」。われわれとしては、マリー・デルクール女史のもたらしたじつに意味深い神話解釈をさらに一段と進めるよう提案したい。つまりわれわれは、不吉な子供の出生は大地の正常な多産性に属さない存在の出生として解釈する。だからただちにその子の元素へ、ごく手近な死へ、完全な死の国へ、すなわち果てしない海かごうごうたる濁流へ返すのである。水だけが大地から邪魔ものを取り除くことができるからだ。

だから、大海に捨てられたこのような子供らが生きて浜に投げ返されたとき、かれらが「水に救われた」とき、かれらは容易に奇跡的存在になった、ということの説明がつく。かれらは広い水を渡りきったのだから、死を渡りきったのだ。そこでかれらは町を作り、国民を救い、世界を作り直すことができたのである(5)。

〈死〉はひとつの旅であり、また旅はひとつの死である。「去り行くは、死に似たり〔少し死ぬことなり〕」。死ぬことは本当に去り行くことであり、だからひとは水の流れ、滔々たる川の流れに従ってのみ、勇気をふるって、いさぎよく見事に出発できるのである。すべての川は死者の〈大河〉に合流する。こういう死だけが伝説的なのだ。冒険となりうるのはこういう出発だけである。

もし無意識にとって、本当に死者が不在の人であるとすれば、死の船乗りだけが人々の限りなく夢想しうる死者なのである。その思い出はいつもひとつの未来であるように思われる……共同墓地に住む死者とはまったく別であろう。こちらの死者にとって、墓は依然として住居であり、生けるものたちが敬虔な面持ちで訪れる住居なのである。こういう死者は完全な不在者ではない。そして感じやすいたましいはそのことをよく知っている。ワーズワースの詩の中で、小さな女の子はいう。わたしたちは七人よ。五人は生きている、あとの二人はいつも墓地にいるの。わたしはあの人たちのそばで、あの人たちと一緒に、縫い物をしたり、糸を紡いだりできるのよ。[*3]

海で死んだ人々には別の空想、特別の夢想が結合する。かれらは村に未亡人たちを残しているが、それは他の未亡人のようではなく、〈洋上の夜〉Oceano Nox を夢見ている「白い額の未亡人」〔ヴィクトル・ユゴー〕なのである。[*4] しかし海の英雄にたいする尊敬の念はまた、嘆きを黙らせることもありうるのではないだろうか。トリスタン・コルビエールの呪詛の詩句には、レトリックのある種の効果の背後に、いつわらざる夢想の痕跡が残されているのではあるまいか。[(6)]

このように、海辺での別れは、悲痛きわまりないと同時にこの上なく文学的な別れなのだ。そのポエジーは夢と勇壮さという昔からの資産を活用している。それはたぶんもっとも悲痛な反響を目覚めさせるのだ。われわれの夜のたましいの一側面はすべて、水の上の出発として構想された死の神話によって説明される。夢想家にとってこの出発と死とのあいだの逆転は連続的である。ある夢想家にとって、水はけっして実現しない旅へいざなう新しい運動である。この物質化された出発は、われわれを大地の物質から引き離す。それゆえボードレールのあの一行はなんと驚くべき広がりをもっていることか、あの切迫したイマージュはなんとわれわれの神秘の核心に迫ることか。

おお〈死〉よ、老船長よ、時は来た！　錨を揚げよう！(7)

〔『悪の華』「死」VI、「旅」阿部良雄訳〕

O Mort, vieux capitaine, il est temps ! levons l'ancre !

IV

もし葬儀をめぐって水上の船旅のイマージュが積み重ねてきた無意識的価値をすべてその原初的次元でりっぱに復元しようとすれば、地獄の川の意味することや水を渡る葬儀の伝承のすべてはよりよく理解されるであろう。すでに理屈に合ったものとされたいくつかの風習は、死者を墓とか薪に安んじて託することができるだろうし、水の刻印を押された無意識は、墓の彼方、薪の彼方、大波に向かっての船出を夢見るであろう。大地を横切ったあと、火を横切ったあと、たましいは水辺に到着するであろう。深い想像力、物質的想像力は水が死の中でその役割を果たすことを望むのだ。つまり想像力は、死に対し旅の感覚をもたせるために水を必要とするのだ。そこで初めて、こうした果てしない空想のために、葬儀がどんな種類であろうと、あらゆるたましいはカロンの小舟に乗らなければならない、ということが理解されるのである。理性の明快な目でつねにこれを眺めなければならないとしたら、それは奇怪なイマージュであろう。逆に、われわれの夢を問いただすやりかたを心得ていれば、それはごくありふれたイマージュに過ぎない。なんと多くの詩人が眠っているうちにこの死の航海に乗り出したことであろう。「ぼくはきみが出発した小道を見たんだ。眠りと死はもはやぼくたちを長い間引き離しはしないさ……聞いてごらん。音楽に満ちた森の中で、まぼろしの急流が遠くでそのざわめきをそよ風のささやきと合わせているよ」。シェリーの夢をたどり直してみれば、いかにして「出発の小道」が少しずつ「まぼろしの急流」となったかを理解するだろう。(8)

そもそも、もし無意識的価値がこういうイマージュを支えていなければ、喪のポエジーを現代の文明からこんなに離れたイマージュに今なお結びつけることがどうしてできよう。合理的な見方からすれば磨耗してしまい間違いとされるこのようなイマージュに対して、詩的、演劇的な関心が途切れず続いていることは、文化コンプレックスの中で、自然の夢と習得された伝統とが結合していることを証明してくれているのだ。この点から、カロン・コンプレックスを公式化できよう。カロン・コンプレックスはあまり強烈ではない。そのイマージュは現今ではまったく色褪せている。このコンプレックスは多くの教養ある人士の場合、死せる文学に過度に頼ってしまうというあのお定まりの過程をたどっている。だからそれはもはや単なる象徴に過ぎない。しかしこの衰弱ぶりと退色加減は、要するに、文化と自然がやはり一致しうることを、われわれに感じ取らせる点でかなり好都合なのである。

まず自然の中——つまり自然的伝承の中——で、古典的イマージュとまったく接触しないカロン・コンプレックスのイマージュが形成されるのをいくつか見ておこう。たとえば、死者の小舟の伝承のケースである。これは無数のかたちをとって、民話の中でたえず更新される伝承である。P・セビヨは次の例をあげている。「死者の船の伝承はフランスの沿岸で確認された初期伝承のひとつである。*5 おそらくローマ人による征服のずっと以前にそのあたりに存在していた。六世紀にプロコピオスは次のようなことばで報告している。ブリテン島の正面にいるガリアの漁民やその他の住民は、ブリテン島にたましいを渡すように定められており、そのために年貢を免れている。真夜中に門が叩かれるのを聞くと、かれらは起き上がり、岸に見慣れぬ船がいるのを見つける。船には人影は見えないが、しかし積荷はひどく重く、いまにも沈みそうに見え、水面から一インチも出てはいなかった。かれらの持ち船ならたっぷり一晩かけても渡るのが難しい行程をこの船は一時間で渡ってくるのだ」(『ゴート族の戦争』[9])。

エミール・スーヴェストルは一八三六年にこの話をまた取り上げた。こういった伝承がたえず文学的表現を願っていることの証拠だ。この伝承はわれわれの興味をかきたてる。それは基本的主題だが無数の変奏で覆われてしまうこともありうる。この上なく多種多様でまったく思いがけないイマージュの下にあっても、この主題はその密度によって確保されているのだ。なぜならこの主題はもっとも堅固な統一性、すなわち夢の統一性をもっているからである。たとえば、古いブルターニュの伝承には、〈さまよえるオランダ人〉のような幽霊船、地獄―船がたえまなく登場する。また難破船がしばしば「戻ってくる」。これは船がたましいのいわば身体である証拠である。その上、これから示すのは、深い夢の起原を十分に暴き出す副次的イマージュである。「これらの船はみるみる大きくなった。小型沿岸貿易船が数年後には二本マストの船の背丈に達するような具合に」。この異様な成長ぶりは夢ではよくあることである。水の夢の中でもしばしばみられる。ある夢では、水は浸透していくすべてのものを養育する。この水を、エドガー・ポーの短編、「ビンの中に発見された手紙」の各ページにたっぷり撒かれている幻想的イマージュと結び付けなければならない。「その海では、船そのものが、船乗りの生身の体さながらに、ぐんぐん大きくのびてゆく[10]」〔阿部知二訳〕。この海は夢の水の海である。そしてポーの短編の中では、また喪の水の海であり、「波立ちや飛沫はどこにも見ることができなかった」水の海である。実際、歳月によって膨張した奇妙な船は、きわめて古い時代に生きていた老人たちに操縦されている。このもっとも美しい短編のひとつを再読するなら、ポエジーと伝説の内部浸透を体験するであろう。それはきわめて深い夢から出てくるのである。「しばしば余の心頭に、いつか見たかのような親近感がひらめき、そしてつねに、そのような、漠たる回想の暗影と入りまじって、異国の古い年代記や遠く遥かな時代の、いいあらわしようもない追憶のごときものが生まれるのであった」〔阿部訳〕。われわれの眠っているとき、夢見ているのは伝説である……。

また今も存在するいくつかの伝承には、一時的なカロンが生きており、とくに心ならずもカロンになったので交代者を探しているカロンがいる。民間の知恵は、素性の分からない船に乗ってはいけないと船乗りたちを戒めている。こういう慎重さに神話的な意味をあたえたら調子を変えるのではないか、と恐れてはならない。要するに、海の小説にあふれているあらゆる謎めいた船は、死者の船に属しているのである。こういう船を利用する作家は、多かれ少なかれ隠されてはいるものの、カロン・コンプレックスの持ち主だということはほぼ確実である。

とくに、単なる渡し守の機能は、文学作品の中にある場合には、ほとんど宿命的にカロンの象徴作用と関係がある。ただ単に川を渡るだけに過ぎないとしても、それだけには収まらず、かれは向こう岸の象徴を運ぶのだ。渡し守はひとつの神秘の番人である。

かれの老いた眼差しは幻覚にとりつかれ

遠くの光るもの眺めていた
そこからいつも声がかれのところに届く
痛ましい声が、冷たい空の下を。[11]
〔ヴェラーレン『幻滅の村』、「渡し守」〕

Ses vieux regards hallucinées
Voyaient les loins illuminés
D'où lui venait toujours la voix
Lamentable, sous les cieux froids.

エミール・スーヴェストルはいう。「川の合流点で犯された罪、ロマネスクな愛の冒険、聖者や妖精や悪魔の奇跡的な遭遇をつけ加えてほしいものだ。そうすれば渡し守の物語が……民衆の想像力によって永遠に美化されたこの長大な詩篇のもっともドラマティックな一章をどのように形成しているかが理解されるであろう[12]」。

ブルターニュにおとらず極東でもカロンの舟は知られている。ポール・クローデルは中国人の生活において、七月精霊祭がめぐってきたときの感動的な詩情を次のように表している。「笛の音は精霊《しょうりょう》を導き、銅鑼《どら》のひびきは蜜蜂のようにそれらをあつめる……岸にそって、すっかり準備のととのった幾艘もの小舟が、夜の来るのを待っている」。「舟は発してぐるりと方向を転じ、舟足のつくる大きな渦巻のなかに一列の灯の影をのこしてゆく。誰かが無数の小さな灯を撒いている。たよりなげな光は、暗い水のゆくこの広い流れのうえに、ちょっとのあいだ瞬きをしてはすぐに消えてしまう。この輝く布片《ぬのきれ》、煙のなかに溶け入っては燃えあがる炎《ほのお》の束《たば》を手にするものは、それによって水底の墓場までも照らし出す。そしてこの不可思議な炎の光輝《かがやき》は、あたかも魚のような、あの多くの冷たい水死人を蠱惑《こわく》する」。こうして祭は消えた生命と同時に去り行く生命を身振りで物語っている。水は灯火の墓であり、人間の墓でもある。遠くの方で〈夜〉と〈海〉がともに死の象徴作用を終えたとき、夢想家は聞く。「あの物悲しいシストロム〔錫杖《しゃくじょう》〕の音と鉄鼓のひびきが、一打はげしくこの重厚な闇のなかになりひびくのを」(13)〔「七月精霊祭」山内義雄訳〕。

死のもつ重苦しい遅滞するものすべてにカロンの姿がまた刻まれている。たましいを載せた舟はいつでも沈まんばかりである。驚くようなイマージュは、〈死〉が死ぬことを恐れ、水死人がまた溺れることを恐れているというふうに感じさせる。死はけっして終わることのない旅であり、見渡すかぎり危険はいつ果てるともないのだ。小舟の積荷が過剰であるのは、たましいが罪を犯しているからである。カロンの小舟はつねに地獄を目指す。幸福への渡し守など存在しはしないのだ。

カロンの小舟はこのように人間のどうしようもない不幸に張り付いたまま残る象徴なのであろう。この舟は苦悩の歳月を渡るのであろう。サンティーヌがいうように（前掲書、p.303）「カロンの小舟は、カロン自身が（キリスト教の）最初の興隆に出会って消え去ったときでも、なお運行していた。待っていなさい。やがてまた現れるから。それはどこであろうか。いたるところだ……ゴール人の教会の初期から、サン・ドニの僧院にあるダゴベールの墓石には、伝統的な小舟にのってコキュトス川を渡るこの王、というよりむしろかれのたましいが表わされている。[6] 一三世紀末、ダンテは持てる権威を十分に発揮して、かれの地獄篇の渡し守としてカロン老人を復活させた。それどころか、ダンテのあと同じイタリアで、しかも正真正銘のカトリックの都市で、あろうことか教皇のお膝元で、ミケランジェロは最後の審判のフレスコ画に、神、キリスト、処女マリア、聖人たちと同じ時代にカロンの姿を描いたのである」[7]。そしてサンティーヌは「カロンなくして地獄はありえない」と結論した。

シャンパーニュの田舎はほとんど夢想的ではないが、そうはいっても、老渡し守の足跡は見られるだろう。いくつかの村ではまだ、教会の外で、小銭で賽銭を払っている。葬儀の通夜、死者の近親者はすべての親戚に「死者の小銭」を支払いにいく。

要するに、庶民や詩人やドラクロワのような画家は、みなその夢の中に、われわれを「死の中に導く」はずの案内人をみとめるのだ。[8] 神話形成期に生きている神話はきわめて明快なイマージュに結合されたごく単純な神話である。それゆえに粘り強く生きているのだ。詩人がカロンのイマージュを取り上げるときには、死を旅として思い浮かべている。詩人はもっとも原始的な葬儀をまた生きるのである。

V

死の中の水はここまではひとつの承認された元素として出現してきた。今度は死の中の水が、欲求された元素として出現するイマージュを集めてみよう。

実際、物質的元素の呼びかけはときとしてじつに強くなるので、判然と区別される自殺のタイプ決定に役立つほどである。そうすると物質は人間の運命を決定するのを助けるように見える。ボナパルト女史は悲劇的なものの二重の宿命、もっとはっきりいえば、実人生の悲劇と文学上の悲劇を結合する緊密な絆をみごとに明らかにした。「人間によって選ばれる死の種類は、現実に自殺という自分自身を対象にするものであれ、あるいは虚構における主人公の死であれ、けっして偶然によって決められることはなく、いずれの場合にも精神的に厳密に決定されている」（前掲書、p.584）。この点について、ひとつの逆説が生じるが、それについてはわれわれが説明にあたりたい。

ある側面からいえることは、心理的な決定は現実よりも虚構のほうがはるかに強力だということである。なぜなら現実の場合には、幻想の諸手段が欠けていることがあるからである。虚構においては、目的と手段が小説家の意のままになる。それゆえに、犯罪と自殺は小説の中のほうが実人生よりも多いのである。ドラマ、それもとくにドラマの進行展開、ドラマの文学的論証性とでも呼べるようなものが、作家のこころに深く刻みこまれている。小説家は、作中人物の陰に文字通り自己を隠しているのだが、かれが望もうと望むまいと、その存在の根底をわれわれの前にさらけだしているのである。衝立のように〈現実〉を用いたところで無駄であろう。その現実を投げかけるのは作家であり、その現実を連鎖させているのは作家その人だからである。実際の場面ではだれもすべてを述べることはできない、人生は連鎖を跳び越えて、その連続性を隠してしまう。小説の中にあるものはひとが述べることだけなので、小説はその連続性を示し、その限定作用を延ばしていく。小説が勢いづくのは、作家の想像力が強く限定されて、人間性の強力な限定作用を発見した場合のみである。ドラマの中ではさまざまの限定作用が加速され、増殖していくので、作者がもっとも深く自己を見せるのはドラマティックな要素によるのである。

文学における自殺の問題はドラマチックな価値判断を左右する決定的問題である。文学的なあらゆる技巧を駆使しても、犯罪は内面的にはしっくり説明されない。犯罪は外部状況の明々白々たる作用なのである。事件となるような犯罪は、かならずしも殺人者の性格に由来するわけではないのである。その反対に、文学における自殺は内面的な長い運命として準備される。それは、文学的にみれば、もっとも周到に準備され、入念に仕上げられたもっとも完全な死である。あわよくば小説家は世界全体が主人公の自殺に加担することを望みかねないのである。したがって文学的な死は、死の想像力をわれわれにあたえる可能性が大いにある。それは死のイマージュ群を整然と秩序づけるのである。

想像力の支配下では、死の四地方がそれぞれ信者と志願者をもっている。われわれは水の地方の悲劇的な呼びかけのみを扱うことにしよう。

水は生きたニンフの故郷であるがまた死せるニンフの故郷でもある。水は明らかに女性的な死にふさわしい本物の物質である。ハムレットとオフィーリアの登場する最初の情景で、ハムレットは――つまり、自殺の文学的準備の規則にしたがって、――あたかも運命を予言する占師であるかのように、深い夢想から覚めながらつぶやく。「あれにいるのは、美わしの／オフィーリア――妖精よ、御身の祈禱のなかに／罪に穢れたこの身のこともお忘れなく」（『ハムレット』第三幕第一場〔野島秀勝訳〕）。このときからオフィーリアは他人の罪のために死なねばならなくなるのであり、川の中でひっそりと声も立てず死なねばならないのである。彼女の短い生涯はすでに死せる女性の一生である。喜びのないこの人生は空しい期待以外の何物であろうか。ハムレットの独白の惨めなこだま以外の何物であろうか。そういうわけだから、ただちに川の中のオフィーリアを見てみよう（第四幕第七場）。

王妃

柳の木が一本、小川のうえに差しかかって、
白い葉裏を流れの鏡に映しているところ。
あの娘は柳の葉を使って、きんぽうげ、いらくさ、ひなぎく、
それにくちさがない羊飼いたちが淫らな名で呼び、
純潔な乙女たちは死人の指〔狼の足〕(14)と呼んでいる紫蘭をそえて
きれいな花輪を上手につくり、その花の冠を枝垂れた枝に
掛けようと、よじ登った途端、枝は情なく折れて、
形見の花輪もろとも、哀れにむせぶ小川に落ちました。
裳裾はひろがり、しばらくは人魚のように川面をただよいながら、
古い賛美歌を口ずさんでいたといいます。
身に迫る危険も知らぬげに、
水に生まれ水に慣れ親しんだ生物のように。
でも、それも束の間、裳裾はたっぷりと水を吸い、
あのかわいそうな娘を美しい歌声から引き離して、
川底の泥のなかに引きずりこんでしまったのです……

レアチーズ

可哀そうなオフィーリア、もう水は沢山だね。
ぼくも涙はこぼすまい。だが、それは男の片意地にすぎぬ。
人情の自然には、おのずから押え難い習いがある。
笑わば笑え、恥など糞くらえ〔泣く〕——
この涙、流しきったら、女々しさも消えよう……

この小説化された死において、事故と狂気と自殺とを考慮することは無用であると思う。まず精神分析が事故に心理的な役割をあたえるようにわれわれに教えている。火と戯れるものは、自己を燃やしていて、自己を焼き尽くしたいと願い、他者を焼きたいと願う。陰険な水と戯れるものは、溺れるし、溺れたいのである。他方、文学における狂人たちは、ドラマに参加し、ドラマの掟に従うに十分な理性を——十分な決定力を——もっている。かれらは展開の大筋から外れているが、筋の統一性を守っている。だからわれわれにとって、オフィーリアは女性の自殺の象徴となりうるであろう。彼女はまさに水の中で死ぬために生まれた人間であり、シェークスピアがいうように「彼女自身の要素」を水に見つけだすのである。水は若くて美しい死、花咲ける死の要素であり、驕りも復讐もない死の要素、マゾヒスト的自殺の要素である。水は女性の深い有機的な象徴である。その女性は自らの苦しみをただ泣くことしか知らず、その目は実にたやすく「涙に溺れる」女性である。女性の自殺を前にした男性は、レアチーズのように自らの内なる女性のすべてをあげてこの喪の苦しみを納得する。かれは涙が涸れたとき——

「乾いた」とき――、男にもどるのだ。

小川のオフィーリアのイマージュのように状況を精細に述べたイマージュが、それにもかかわらずいかなるレアリスムももたないことを強調する必要があるだろうか。シェークスピアは川の流れをくだる現実の溺れる女を必ずしも観察してはいなかったのである。そういうレアリスムはイマージュを喚起するどころか、むしろ詩的感興を抑圧するであろう。このような情景を今までおそらく全然見たことのなかった読者は、しかしながらそれを認め、そして感動する。それはこの情景が原始的な想像力の自然に属しているからである。この水は習慣的な生活の中で夢見られた水であり、「みずからオフィーリア化する」池の水であり、眠る存在、身を投げあたえそして漂う存在、静かに死んでいく存在によって自然に覆われる水なのである。そのとき、死の中においても、水死人たちは夢見ることを続けながら漂っている……「錯乱II」〔実は「酔いどれ船」〕においてランボーはつぎのイマージュを再発見した。

　　青褪めて恍とした浮遊物、
物思わしげな溺死人が時折そこを降りてゆき
〔「酔いどれ船」渋沢孝輔訳〕

flottaison blême
Et ravie, un noyé pensif, parfois descend...

Ⅵ

オフィーリアの遺体を地上に運んだところでなんになろう。彼女はマラルメがいった通り（『ディヴァガシオン』、p.169.〔「ハムレット」渡辺守章訳〕「永久に溺れてしまうオフィーリア……破局の下にある手つかずの宝石」なのだ。何世紀もの間、夢想家や詩人たちにとって、彼女は花をもって小川に漂い、波に髪の毛を広げている姿として現れるであろう。彼女はもっとも明快な詩的提喩の契機となるであろう。彼女は漂う長い髪、波にほどかれる長い髪となるであろう。夢想における細部の創造的役割をよく理解するために、漂う長い髪のこの影像だけをしばらく引きとめておきたい。これがそれだけで水の心理学のひとつの象徴を活気づけ、それが単独でオフィーリア・コンプレックス全体をほとんど説明することが分かるであろう。

泉の貴婦人たちが長い金髪をいつまでも梳《と》かす伝説は数え切れない（セビヨ前掲書Ⅱ、p.200 参照）。彼女たちはその辺りに金か象牙の櫛をよく忘れる。「ジェル川〔ガロンヌ川の支流〕の人魚たちは絹のように細くて長い髪の毛を金の櫛で梳く」（p.340）。

「グランド・ブリエール〔ロワール＝アトランティック県の大湿地帯〕の周辺では、むかしそこで溺れた、長い白い服の女が髪を振り乱しているのが見える」。水の流れに沿って、なにもかも長く延びる、衣服も髪の毛も。水の流れが髪の毛をなでつけて梳くように思われる。すでに浅瀬の石の上で小川は生きた髪の毛のように戯れている。

時には水の精の髪は魔力の道具である。ベランジェ＝フェロはバス＝ルザス地方の短い話を報告している。水の精が橋の欄干の上で「そのすばらしく豊かな髪の毛を一心に梳いていた。あまり彼女に近づきすぎた無作法者は不幸なことになった。彼女の髪にくるまれて水の中に投げ込まれたから」[15]。ロもっとも手の込んだコントでさえ、このイマージュの創造的細部を忘れないように注意している。ロベール夫人のコントでは、タマリーヌが気苦労と後悔の念に打ちひしがれて海に身を投げると、ただちに水の精たちにつかまり、「すぐさま銀色の凍った海の、青い色の紗の服」を着せられ、ほどかれた髪は「波のように胸の上に降りかかる」[16]。人間は水の上に自己自身を漂わせるために、人間存在の中にあるものをことごとく漂わせなければならないのだ。

想像力の支配下ではいつものように、イマージュの逆転がそのイマージュの重要性を証明する。逆転はそのイマージュの完全で自然な特色を立証するのだ。

さて、水の象徴がすべて再活性化するためには、ほどかれた髪がむきだしの肩に落ちる——流れるだけで足りるのである。アニーのための、じつにゆったりとした、じつに単純な、素晴らしい詩篇では次の一節が読まれる。

And so it lies happily
Bathing in many
A dream of the truth
And the beauty of Annie

Drowned in a bath
Of the tresses of Annie.

こうして　私の魂は　幸せに
やすらっているのだ、
アニーの　真実と　美との
数知れぬ夢にゆあみしながら――
アニーの髪の中に
深々とゆあみしながら。
（ポー「アニーのために」〔入沢康夫訳。原書はマラルメ訳〕）

オフィーリア・コンプレックスの同じような逆転は、ガブリエーレ・ダンヌンツィオの小説『可なり哉、不可なり哉』（1910）（ドナテッラ・クロッス仏訳）にも感じられる。侍女が鏡の前でイザベッラの髪を梳いている。ついでながら、この情景の幼稚症を指摘しておこう。恋する女が、情熱的で意志の強い性格にもかかわらず、他人の手で髪を梳かせているのだ。そのうえ、この幼稚症はコンプレックスのある夢想に好都合なのだ。「彼女の髪は滑らかで、ゆったりした流れのように滑り落ちた、それとともに彼女の人生の無数のものが、形をなさぬ、暗い、不安定なものが、忘却と想起のあいだを滑っていく。そして突然この潮の上で……」。侍女の手で梳かれる髪が、いかなる神秘の力で、小川や、過去や良心のかしら。こころの中で答えを探しているあいだにも、すべては形を変え、溶けて、また流れていった。なぜわたしはそんなことをしたのかしら。こころの中で答えを探しているあいだにも、すべては形を変え、溶けて、また流れていった。彼女の豊かな髪の毛に繰り返し櫛をいれる仕事は、ずっと以前から続き、これからも止めどなく続けられるべき呪文のようなものであった。鏡の奥の彼女の顔は遠のき、輪郭を失った、それからまた奥からもどって接近したが、もはや彼女の顔ではなかった」。そこにつぎのようなものが見える。小川全体がそこに存在し、果てしない遁走と、その深さと、変わりやすい鏡、変化させる鏡をもっている。小川はその髪とともに、髪というものとともにそこにいる。こうしたイマージュを考察すると、想像力の心理学は、自然の本当のイマージュ群を隅々まで決定してしまわぬかぎり、下書きすらおぼつかないということが納得できるであろう。イマージュが繁殖し集合するのは、自然の萌芽によって、つまり物質的元素の力によって養われた萌芽によってである。元素的イマージュはその生産力をはるか遠くまで延ばすので、見分けがつかなくなる。元素的イマージュは新奇さを求める意志の力で自らを見分けられなくするのだ。しかしひとつのコンプレックスはじつに徴候の鮮明な心理現象なので、たった一個の特徴で十分に全体を示すのである。こうして独自の特徴のひとつによって生かされた一個の一般的なイマージュから湧き上がる力は、それだけで、形体の研究に没頭する想像力の心理学の性格が部分的であるということを十分に理解させるのである。想像力の多くの心理学は、形体の問題に一面的注意しか向けないために、概念の心理学か図式の心理学に止まらざるをえなくなっているのだ。ほとんどそれは、イマージュ化された概念の心理学に過ぎない。結局、文学的想像力は、イ、マ、ー、ジ、ュ、の、イ、マ、ー、ジ、ュ、の領域でしか発展することができず、すでに形体を翻訳すべきなのであるから、人々の想像する意欲を研究するためには絵画的な想像力より好都合なのである。

　想像力のもつこのダイナミックな性質について少し述べておこう。わたしはこの力動的特質のために別の本を充てたいと思っているからである。今展開しているこのテーマについていうなら、流れる水を思わせるのは髪の形ではなく、髪の運動である、ということはまったく明らかであろう。髪の毛は天上の天使の髪でもありうるが、髪の毛が波うちはじめるや否や、その水のイマージュへと自然に導くのである。それはセラフィータの天使たちに起こることである。「〔天使たちの〕髪の毛からは光が溢れ出ていた。それは燐光を放つ海のように、ゆらゆらと揺れているのであった」〔沢崎浩平訳〕。もし水の隠喩が強力に価値定立された隠喩でないならば、こういうイマージュがどんなに貧弱に見えるかを、まずひとは感じるであろう[17]。

　こういうわけで、詩人に歌われた生き生きしている髪はひとつの運動、過ぎていく波動、振動する波を暗示しなければならない。「パーマネント・ウェーヴ」という、規則正しい巻き毛のこの髪型では、自然の波動を固定してしまい、髪が誘発しようとした夢想をせき止めてしまうのである。

　水のほとりでは、なにもかもが髪の毛である。「風になびく茂みは水の冷気に引き寄せられ、流れの上で葉末を〔髪のように〕そよがせていた」(『セラフィータ』〔沢崎訳〕、p.318)。さらにバルザックはこの潤いのある雰囲気をつぎのように歌う。そこでは自然が「自分の婚礼のために緑の髪に振った香水の薫る」大気だ。

　ときにはあまりにも哲学的な夢想がコンプレックスを遠ざけるかに見える。たとえば、小川に運ばれた藻はわれわれの運命の無意味さの永遠の象徴である。しかし瞑想にいささかの曇りがあれば、夢想家の心情にいささかの悲哀があれば、幻影は完全な姿をとって現れるだろう。川辺に生える葦によって引き止められた草はすでに死せる女性の髪ではあるまいか。悲しい物思いに沈むレリアはそれを眺めながらつぶやく。「わたしたちはあそこに漂うしおれた草のように浮き上がることさえないでしょう。あの草は溺れ死んだ女の髪のように悲しく垂れているわ」[18]。かすかな機会があればオフィーリアのイマージュが形成されることが分かる。彼女は水の夢想の基本的なイマージュである。

ジュール・ラフォルグが、鈍感になったハムレットの人物を演じても無駄である。「私に処方された水薬の中に、またもう一人のオフィーリアか、そんなことがあっていいものか」。

オフィーリア　オフィーリア
水の上のお前のきれいな身体
それは漂う棒っ切れ
私の古い過去を打つ……
〔「ハムレット」阿部良雄訳〕

Ophélie, Ophélie
Ton beau corps sur l'étang
C'est des bâtons flottants
A ma vieille folie.

かれのいうように「無意識の果実をたべた」のでは危険無しではすまない。ラフォルグにとってハムレットは「水の中に――と言うことは、空の中にと言うのも同じことだが――波の輪を描いた」〔阿部訳〕奇妙な人物であり続ける。水と女と死の総合したイマージュは分散することはできないのである。[19]

ジュール・ラフォルグのこれらのイマージュに明らかに見られる皮肉な色合いは例外的ではない。ギイ・ド・プルタレースの『フランツ・リスト伝』(p.162)にはこう記されている。[*9]「五八小節にわたって書かれたオフィーリアのイマージュが意識を〈皮肉に〉わたる」(リスト自身がアレグロの冒頭にこの語、〈皮肉をこめて《イロニックマン》〉を書いたのだ)。サン＝ポル・ルーのコント「わが最初の悩みの洗濯女」にも、同じ印象をうける。いささか荒っぽい筆致で強調されているが。

ある日わたしのたましいはオフィーリアたちの川に身を投げた
さてこれはいかにも純朴な時代に起こったことだ

……………………………………

彼女の額の玉蜀黍の毛は、本の栞の紐に似て、水の分かれた二ページが
再び閉じるまでのほんの束の間漂う……

……………………………………

おかしな昏睡状態のわたしの上を白鳥の腹が滑っていく

……………………………………

おお、オフィーリアたちの川に溺れて死ぬ世間知らずの者たち。[20]

……………………………………

Un jour mon âme se jeta dans la rivière des ophélies
Or ceci se passait en des temps très naïfs.
……………………………………………………
Les maïs de son front brièvement flottent à la manière
D'un signet jusqu'à ce que se renferment les deux pages d'eau…
……………………………………………………
Sur mon coma bizarre glissent des ventres de cygnes…
……………………………………………………
O les niaises qui se noient dans la rivière des ophélies !

オフィーリアのイマージュは大詩人たちが消すすべを心得ている死の分力にさえ抵抗する。この分力にもかかわらず、ポール・フォールのバラードは優しさを回復する。「白い水死人はあした浮かんでくるだろう、朝の静かな渚の音にばら色になって。それは銀色の鐘の音に泳ぐだろう。なんと海は優しいことか[21]」。

水は死を人間化し、そしてもっともにぶい呻き声に明るい音をいくつか混入する。時に優しさが増すと、もっと巧妙な亡霊たちが死のレアリスムを極端に和らげる。しかし水のただ一言がオフィーリアの深いイマージュを十分に示すのである。たとえばマレーヌ王女はその運命を予感して、孤独な部屋でつぶやく。「ああ！　なんとそれは泣き叫ぶことか。わが部屋の葦の葉は！」（メーテルランク『マレーヌ王女』[*10]。

VII

詩化するすべての大コンプレックス同様、オフィーリア・コンプレックスも宇宙的な次元にまで上昇できる。そのときオフィーリア・コンプレックスは月と波の合体を象徴化する。浮遊する巨大な反映は色褪せて死ぬひとつの世界全体のイマージュをあたえる。こうしてジョアサン・ガスケの『ナルシス』は、霧と憂愁の夕べ、水の影を通して、明るくされた空の星たちを集めるのである。それは、宇宙的次元に一緒に上ったイマージュの二つの成分の融合をあたえようとしている。宇宙的なナルシスが宇宙的オフィーリアと結合するのは、想像力の抵抗しがたい高揚の証拠である。「月がわたしに語った。わたしはそのことばの優しさを思うだけで青ざめた。――〈あなたの花束をちょうだいな。（花束は青白い空で摘んだのだ）、と月はまるで恋人のようにわたしにいったのだ〉。そして、オフィーリアのようにゆったりした紫の服を着てまったく血の気のうせた彼女をわたしは見た。熱っぽいデリケートな花の色をもつ彼女の目はゆらめいていた。わたしは星の花束を差し出した。そのときこの世のものとも思われない芳香が花束から放たれた。ひとひらの雲がわたしたちをうかがっていた……」(22)。空と水のこの愛の情景に欠けるものはなにもない。覗く者までそろっている。

月、夜、星はこのとき一面の花のように川面にその反映を投げかけている。波の中でそれを眺めているなら星を鏤めた世界が漂流を始めると思うだろう。流れの表面を通過する微光はさながら慰められざるものであり、光そのものが裏切られ、無視され、忘却されている（p.102）。暗闇の中で「彼女はその輝きを破り捨てていた。彼女の重い衣はずり落ちていた。ああ、骸骨さながらの悲しいオフィーリア。彼女は小川に沈んでしまった。星々が行ってしまったように、彼女は水の流れのままに行ってしまった。わたしは涙を流し彼女に向かって腕をさしのべた。彼女は少し身を起こし、悲しい髪から水が滴るので、肉の落ちた顔をのけぞらせそして、いまもなおわたしのこころを傷ましめる声でわたしにささやいた。〈このわたしがだれかご存知ですね。わたしはあなたの理性です、あなたの理性なんですよ、いいですか。それなのにわたしは行ってしまうのです、わたしは立ち去ります……〉。一瞬、水から上がった彼女の爪先を見た、かのプリマヴェラ〔『春』（ボッティチェッリ作）のヴィーナスや美神たち〕のそれにも劣らぬ純粋でこの世のものとは思われないものだった……それも消えてしまった、不思議な静けさがわたしの血の中を流れた……」。これが〈月〉と大波を結婚させ、そして流れに沿ってその物語を続ける夢想の内密な戯れである。このような夢想は夜と川のもつ憂愁をことばの全力を動員して実現する。憂愁は反映と陰影を人間化する。それらのドラマを、苦悩を知っている。この夢想は月と雲の闘いに参加する。それは両者に争う意志をあたえる。あらゆる幻想に意思を、動いて変化するあらゆるイマージュに意志をあたえる。そして休息が訪れるとき、空の存在たちが小川のきわめて単純で身近な運動を受け入れるとき、この巨大な夢想は、漂う月影を裏切られた女の拷問を加えられた身体とみなすのだ。この夢想は辱められた月の中にシェークスピア的なオフィーリアを見るのである。

こういうイマージュの特徴が現実主義的な起原を全然もたないことをもう一度強調する必要があろうか。この特徴は夢想する存在の投影によって生まれる。水に反映する月影にオフィーリアのイマージュを再発見するためには強力な詩的教養がなければならないのである。

もちろんジョアサン・ガスケの視覚は例外的ではない。その痕跡はごく多様な詩人にもみられる。たとえばジュール・ラフォルグのオフィーリアの月の様相を記しておこう。「いっとき窓に肘をついて、おだやかな海におのが姿を映す美しい黄金の満月を眺める、魔術めいて目的もなく、黒いビロードと金の液体のとぎれとぎれな円柱を海にくねらせている満月を」。

「メランコリックな水の上の、こういう反映ときたら……聖女でしかも地獄堕ちのオフェリアは、こんなにして一晩じゅう浮いていたのだ……」〔阿部良雄訳〕。

ジョルジュ・ローデンバックの『死都ブリュージュ』を、町全体のオフィーリア化として解釈することさえできるであろう。運河に漂う死せる女など決して見ることのない小説家が、シェークスピア的なイマージュに捉えられているのだ。「この夕暮れの、しかも風が最後の木の葉をも一掃してしまう秋の寂寥さにつつまれて、彼はいつにもまして、生を終えてしまいたいという願望と、墓への焦燥とを身にしみて感じた。一つの影が塔から彼の魂の上にまでながく伸び、ある勧告が古びた壁から呼びかけにきたように思われた。また、ささやくような一つの声が水のなかから——シェークスピアの墓掘り人夫たちが語っているとおり、オフィーリアを迎えにきたときと同じく、いまは彼を迎えにきている水のなかからたちのぼってくるように思われた」[23]〔窪田般彌訳〕。

思うに、同一のテーマの下にこれ以上多彩なイマージュを集めることはできないのではあるまいか。なぜならここにはひとつの共通性を認めねばならないからであり、オフィーリアの名前がもっとも多種多様な状況でいつも人々の口に浮かぶというこの統一性、彼女の名前こそが想像力の大法則の象徴だからである。不幸と死の想像力は水の物質の中にとくに強力で自然な物質的イマージュを見出すのである。

このように、ある人たちにとって、水はその実体の中に本当に死を保持しているのだ。水は恐怖がゆるやかで静まり返っているひとつの夢想を伝達する。ドゥイノの悲歌の第三において、リルケは水の微笑を浮かべた恐怖、悲しみに沈んだ母親のやさしい微笑を浮かべる恐怖を、経験したのだと思われる。静かな水の中の死には母性的な特徴がある。穏やかな恐怖は「芽生えつつある者を軽く浮かべる水のなかに溶けこんでいたのだから」〔富士川英郎訳〕。水はここで誕生と死という水の両面感情的象徴を混合している。水は無意識的記憶と予言的夢想の満ちた実体なのである。(24)

ひとつの夢想なり夢なりがこのようにひとつの実体に吸収されるとき、存在全体が実体から不思議な恒常性を受けとる。夢は眠りこけている。夢は安定する。夢はひとつの元素の緩慢で単調な生命とともに生きようとする。自らの元素を発見したのだから、それに自らのすべてのイマージュを溶かし込むのだ。それは物質化する。それは〈宇宙化する〉。アルベール・ベガンは、[*11]カールスにとって夢の本当の統合は深みにおける統合であり、心的存在が宇宙的現実と一体化することだ、ということを思い出した。(25)ある種の夢想家にとって、水は死の宇宙である。オフィーリア化はそのとき実体化し、水は夜と化する。水の傍らでは何もかもが死に傾く。水は夜と死のもつすべての力と交流する。たとえば、パラケルススにとって、月は水の実体を有害な感応力で浸す。月光の下に長時間さらされた水は有毒な水になっている。(26)パラケルススの思想においてじつに強力なこの物質的イマージュは今日の詩的夢想においてなお健在である。「〈月〉はそれが感応させる人々に三途の川の水の味をあたえる」とヴィクトール＝エミール・ミシュレはいう。眠る水のほとりで夢見たことからひとはけっして癒えることはないと。(27)

Ⅷ

水が死や自殺や不吉な運命をめぐる果てしない夢想にこんなに強力に密着しているとすれば、水が多くの人々にとってすぐれてメランコリックな要素であることにおどろくべきではあるまい。ユイスマンスの表現でいいかえるなら、水はメランコリー化する元素なのである。メランコリックな水はローデンバックやポーの作品を隅々まで支配している。エドガー・ポーのメランコリーは、飛び去った幸福や、人生が燃やし尽くした焼けるような情熱から生じるものではない。それは溶解している不幸から直接くるのである。かれのメランコリーは正真正銘実体化している。「ぼくのたましいは、とかれはどこかでいっている、ぼくのたましいは澱んだ水だ」。ラマルチーヌもまた、かれの嵐の中で、水が苦悩の要素であることを知っていた。ジュネーヴの湖畔間近に住み、高波のしぶきが窓をうつとき、かれは書いた。「湖との単調なつき合いをたった一人でして過ごしたあの日々の昼と夜ほど、水の嘆き、怒り、苦しみ、呻きと波動とを研究したことは決してなかった。どんな些細な調子も逃さず水の詩を書けたはずだ」[28]。この詩はエレジーではなかったかと思われる。そのうえラマルチーヌはまた「水は悲しい要素である。われらバビロンの川のほとりに腰を下ろし、涙を流した。なぜか。水はだれとでも涙を流すからだ」(『打明け話』、p.60)という。こころが悲しみにくれているとき、世界中の水は涙に変化する。「私は滾《たぎ》り立つ泉に、わが真紅の盃を浸した。盃は涙に満たされた」[29]〔キネ『アースヴェリュス』戸田吉信訳〕。

確かに、涙のイマージュは水の悲哀を説明しようとすると、考えるたびに何度となく現れるだろう。

しかしこの比較は不十分である。そこで水の実体に本当の不幸のしるしをつけるもっと深い理由を終わりにあげておきたい。

死は水の中にある。ここまで葬送の航海のイマージュをとくに喚起してきた。水は遠方まで運び、水は歳月のように過ぎ去る。しかし別の夢想が取りつき、われわれの存在が喪失して完全に分散することを教えるのだ。大地は埃を、火は煙をというように、各要素はそれぞれ独自の分解物をもっている。水はもっと完全に分解する。水はわれわれが完全に死ぬことを助ける。たとえば、クリストファー・マーロー『フォースタス博士』(『ファウスト博士』)の終幕のファウストの願いである。「おう、おれの魂よ、小さな水滴となってしまえ、大洋の中にとけこんでしまえ、そして見つからないようにするのだ」[*12]〔平井正穂訳〕。

この分解の印象は、ある時がくると、どんな堅固なたましい、どんな楽天的なたましいにも、忍び寄ってくる。たとえばクローデルにとってそのときは「空がもはやただのもや、水の空間でしかなかった……」。そしてそのとき「何もかも溶けてしまった」、その結果自分の周りに「輪郭とか形体」を探しても無駄であった。「水平線には何も無し、もっとも暗い色が消し去られている。すべての物質がただひとつ水の中に集められ、わたしの頬に流れるのを感じているこの涙の水に似たものになった」。これらのイマージュの続きを正確にたどれば、このイマージュの漸進的な集中と物質化の実例をもつことになろう。まず分解するものは雨の中の風景である。線と形が溶解する。しかし世界全体が徐々に水の中に集められる。たったひとつの物質がすべてを奪った。「何もかも溶けてしまった」[30]。

夢想の全面的な教訓を受け入れた詩人がどれほど深い哲学に到達できるか、ポール・エリュアールの次の素晴らしいイマージュを追体験できるなら判断できるだろう。

ぼくは　閉ざされた水の中を流れる船のようだった
死人のように　ぼくにはただひとつの元素しかなかったのだ[*13]〔佐藤巌訳〕

J'étais comme un bateau coulant dans l'eau fermée,
Comme un mort je n'avais qu'un unique élément.

閉ざされた水はその胸に死を受け止める。水は死を元素的にする。水はその実体の中で死者とともに死ぬ。そのとき水は実体的な虚無である。絶望の中をこれ以上遠くまで行くことはできない。ある人たちのたましいにとって、水は絶望の物質なのである。

第4章　複合的な水

真実に目だけを注いではならない、遠慮なくきみそのものを根こそぎ注ぎたまえ。

ポール・クローデル『東方の認識』「豚」*1

I

物質的想像力、つまり四元素の想像力は、たとえひとつの元素を特別扱いする場合でも、元素間の結合をイマージュで遊ぶことが好きだ。物質的想像力は特別扱いの元素があらゆるものに浸透することを望み、まるごとひとつの世界の実体であることを望む。しかし、この基本的な一元性にもかかわらず、物質的想像力は世界の多様性を維持したいのである。結合《コンビネゾン》〔化合〕の概念はこの目的に役立つのだ。形体の想像力は構造《コンポジシオン》〔構成、合成〕という考えを必要とする。物質的想像力には結合〔化合〕という考えが必要なのだ。

とくに水は、諸能力《ピュイサンス》の結合という主題を例示するもっとも好都合な元素である。水はなんと多くの実体を同化することか。水はなんと多くのエキスを自分の中に引きつけることか。砂糖と塩のように相反する物質を同じようにやすやすと受け入れる。水はあらゆる色彩、あらゆる味、あらゆる匂いを沁み込ませる。したがってお分かりのように、水中での固体の溶解という現象は、あの素朴な化学の主要現象のひとつなのである。素朴な化学は依然として常識《サンス・コンマン》〔共通感覚〕の化学であり、いささかの夢をともなった詩人たちの化学である。

それゆえ、雑多な物質の結合を見て楽しむ人は、溶け合わない液体に出会うと、いつも目を丸くして感嘆するのだ。物質化する夢想にとって、あらゆる液体は水であり、あらゆる流れは水であり、水は液体の唯一の元素である。液状はまさに水の基本的な性質である。マルーアンのように慎重な化学者が一八世紀にまだこんなことをいっている。「水はもっとも完璧な液体である。他の溶液はその流動性を水から得るのである」[1]。証拠のないこの断定は、自然科学以前の夢想が自然な夢想、子供らしい夢想の傾きに従うことをよく示している。たとえば子供は灯明《ヴェイユーズ》の奇跡に見とれずにはいられない。なんと油が〔水に〕浮いているのだ。だって油はあんなに濃厚ではないか。それじゃ油は水が燃えるのを助けるのだろうか。ひとつの驚くべき事物のまわりにあらゆる神秘が積み上げられ、そして夢想は一度飛翔するとたちまち四方八方に広がっていく。

同じように、初歩物理学の「四元素入りガラス小ビン」も独特の玩具として扱われる。ビンには混合しない四種の液体が入っており、比重の順に層をなしている。だからそれは灯明の実例を四倍しているのだ。この「四元素入りのガラス小ビン」は自然科学以前の精神と近代的精神を区別する好例を提供する。哲学的な無益な夢想を初めに捉えるのに役立つのだ。近代的精神の持ち主にとって合理的思考は即座になされる。かれは水が無数の液体のうちのひとつであることを知っている。液体の性質はそれぞれ比重によって決められることも知っている。かれにとって、混合しない液体の比重の相違だけでこの現象の説明は十分なのである。

その反対に、前科学的精神は科学を逃れて哲学へ向かう。たとえば、四元素入りの小ビンについて、『水の神学』のなかでファブリキウスはいう――この著者をわれわれは何度か引用するであろう。というのもかれの著作は、かの空想的物理学の格好の例であり、パスカルなどの実証的な教訓に到底信じがたい無駄話を混ぜ合わせたものだからである――「これは比重が異なり色彩も異なる四種の液体の、ごく普通の快い見せものであるが、いっしょに攪拌しても、混じったままではいない。しかしビンを置くや否や……各自もとの場所を求め、それを見出すことが分かる。黒い液体は大地を表し、底のほうに赴く。灰色がそのすぐ上に位置し、水を示す。第三の溶液は青色で、その後に続き、大気を表す。最後がもっとも軽く、火のように赤いものがその上を占める(2)」。ごらんのように、少し比喩に乗りすぎた実験は、ただ単に流体静力学の基本法則を例示するはずだったのに、哲学的な想像力に口実をあたえてしまい、実験の枠をはみだしてしまったのである。これでは四つの基本元素の理論に幼稚なイマージュをあたえてしまう。これでは全古代哲学の瓶詰めである。

しかしわれわれは、こういった科学的玩具、あまりに麗々しい実験について深入りはしない。それはフランスの学校において施される擬似的科学教育に根深い小児性があることをしばしば示している。夢想の条件と、思考の条件を分離しようとして、われわれは一冊の本を書いた(3)。今ここでの課題は逆で、われわれは夢がどのようにして認識と連合するのかを証明したいのであり、物質的想像力が基本的な四元素のあいだで実現する結合のはたらきを証明したいのである。

II

ただちに目を引く特徴がある。この想像された結合は二種類の元素しか結合せず、三種類の結合はまったくないのだ。物質的想像力は水を土に結合する。水をその反対物である火に結合する。土と火を結合する。時には水蒸気や霧の中で空気と水の結合をみる。しかし決して、自然のいかなるイマージュにおいても、水と土と火の三種の物質の結合をみることはない。まして、いかなるイマージュも四種類の元素を受け取ることはできない。こういう積み重ねがあるとすれば、元素の想像力にとっては耐えがたい矛盾なのであろう。というのは、この物質的想像力はつねにひとつの物質を選び、そしてあらゆる組み合わせにおいてその物質にひとつの特権をあたえることが必要だからである。もし三種の結合が出現するとすれば、それは人工的なイマージュだけがかかわっているし、いろいろな観念を操って作られたイマージュに過ぎないと確実にいえるであろう。本当のイマージュ、夢想のイマージュは一元的であるか二元的である。そういうイマージュはひとつの実体を単一さ《モノトニー》の状態で夢想することができる。もしそのイマージュがひとつの組み合わせを望むなら、それは二元素の結合なのである。

物質的想像力による元素の混合の、この二元的性格には、決定的な理由がある。それはこの混合がつねに結婚であるということだ。じっさい、二種類の元素的実体が結合するや否や、両者が相互に融合するや否や、両者は有性化する。想像力の次元では、ふたつの実体が反対であるということは、とりもなおさず反対の性であるということである。もし混合が水と土のように、女性的傾向の二つの物質のあいだでおこなわれると、一方が軽く男性化してその相手を支配する。これだけの条件で、結合は堅固にそして永続的になる。この条件だけで想像的結合は実在のイマージュなのだ。物質的想像力の領域では、一切の結合は結婚であり、そして三者の結婚というものは存在しないのである。

これから想像的元素の組み合わせの例として、水が介在する元素の混合をいくつか研究してみよう。まず水と火の――水と夜の――結合、次いでとくに水と土〔大地〕の結合の順に検討する。というのは後者の組み合わせが、形体と物質の二重の夢想が創造的想像力のもっとも強力な主題を暗示するからである。とくに、なによりも水と土の混合でもって物質的原因〔質量因〕の心理学の諸原理を理解できるからである。

Ⅲ

水と火の組み合わせは、ごく手短かにすませることができる。『火の精神分析』についての研究でこの問題に実際言及したからである。[*2] とくに検討したのはアルコールによって暗示されたイマージュである。アルコールは奇妙な物質で、炎につつまれたとき、自己本来の実体に反する現象を受け入れているように見える。祝宴の夜に、アルコールが炎を上げると、物質が狂ったと思われるのだ。女性的な水がまったく慎みを失い、火という主人に錯乱して身を任せるように思われるのだ。誰かがこの例外的なイマージュのまわりに無数の印象や矛盾する感情を積み重ね、そしてこの象徴のもとに本当のコンプレックスが形成されるとしても、なんら驚くべきではない。われわれはこのコンプレックスをホフマン・コンプレックスと命名した。なぜならポンチ・フランベ〔ブランデーに砂糖果汁を加え火をつけたもの〕の象徴はこの幻想的作家の作品中でとりわけ活動的に見えたからである。このコンプレックスは、時には突飛な信心、つまり無意識の中でその役割の重要性をまさしく証明している信心を説明する。たとえば、ファブリキウスは躊躇なくこう述べた。長いあいだ保存された水は「他の水より軽く、アルコール分をふくんだリキュールとなり、それでウオッカのようにそれに点火できそうなほどである」(4)。とっておきのこのうまい水を笑いものにし、おいしいワインのようにベルクソン的な持続にいたるこの水を笑い飛ばす人々に対しては、ファブリキウスが、造物主の栄光を讃えて『水の神学』を著したきまじめな哲学者であった、と答えておくべきだろう。

実際、経験豊かな化学者のあいだでも、十八世紀に化学が実体をはっきり分離し個別化に向かっているときでさえ、元素的物質の特権を消し去ることはない。たとえばジョフロワは、温泉の水が硫黄やタールの臭いがすることを、ただちに硫黄やタールの実体に関係づけるのではなく、逆にそれは「火の物質、火の産物」だということを喚起する。したがって温泉の水は何よりも水と火の直接的組成物として想像されているのである(5)。

当然、詩人たちの場合には、組み合わせの直接的性格がさらに決定的になるであろう。唐突な隠喩、驚くべき奔放ぶりが元のイマージュの力の大きさを証明している。たとえばバルザックは、その「哲学的」試みのひとつで、なんの説明も、いかなる前置きもなく、まるで注釈なしに安心して使える自明の真理でもあるかのように「水は燃えがらなり」〔小松清訳〕と宣言している。それは『ガンバラ』のむすびのことばである。[*3] レオン＝ポール・ファルグのいうように、この文は「完全無欠な文章」の列に置かれうるものであり、「死活にかかわる最大の経験の頂点に」あるものである。[6] こういう想像力にとって、単独の、寄る辺なき、純粋な水は、まさに火の消えたポンチ、夫を失った妻、疵物の実体に過ぎない。それを生き返らせ、その鏡の上でふたたび炎を踊らせ、デルテイユとともに「お前のイマージュはこんなに細い運河の水を燃え上がらせる」(『コレラ』、p.42) といえるためには、真っ赤に燃えるイマージュが必要であろう。[*4] ノヴァーリスの謎を含むみごとな文、「水は濡れた炎である」も同じ次元にある。[*5] ハケットはアルチュール・ランボーについての立派な博士論文において、ランボーの心的世界にある深い水の刻印を指摘した。「『地獄の季節』の中で詩人は火に向かって、かれに絶えずまとわりつく強迫観念の原因たるこの水を乾燥させてくれ、と頼んでいるように思われる。……ところが水も、水にかかわるすべての経験も、火の作用に抵抗する、それでランボーが火に祈願するとき、同時に水にも呼びかけているのだ。この二つの元素は、瞠目すべき表現「おれは要求する。要求する！ 刺股《さすまた》の一撃を、火のひとしずくを」〔「地獄の夜」渋沢孝輔訳〕の中では、緊密に結合しているのだ。[7]

このような火のしずく、濡れた炎、燃え上がる水の中に、想像力の二つの胚芽を見ないわけにはいかない。その想像力が二つの物質を凝縮させることができたのだ。物質のこういう想像力の前では形体の想像力はずっと劣るようにみえる。

もちろん、にぎやかな夜の団欒の席で炎を上げるブランデーのような特別のイマージュといえども、より深い、さらに古い夢想、物質的想像力の根底そのものに触れる夢想が介入しなければ、イマージュのこうした飛躍に想像力を引き込むことはできないだろう。この本質の夢想は、もののみごとに反対物の結婚を成立させるのである。水が火を消す、女が情熱を消す。物質の世界では水と火以上の対立物はほかに見つかるまい。水と火はおそらく唯一、正真正銘の実体的な矛盾を示している。もし論理的に一方が他方を呼ぶとすれば、性的には一方が他方を欲していることになる。水と火以上に大きな生みの親を夢想できるであろうか。

リグ＝ヴェーダ〔インド最古の聖典〕の中でアグニ〔火の神〕が水の息子だという賛歌がある。「アグニは水の同族であり、姉妹にとっての兄弟のように愛されている……かれは波間で白鳥のように呼吸する。夜明けに目覚めるとかれは人間たちを生活に呼び戻す。かれはソーマ〔ヴェーダ祭式の興奮飲料、または原料の植物、あるいはそれを神格化した神の名〕のような創造者である。水の懐で生まれ、動物のように手足を曲げてそこで休み、成長し、かれの光は遠くまで広がった(8)」。

「かれが水の只中に身を隠すとき、だれがアグニを見分けることか。かれは生まれたばかりだった。供物のおかげで、かれは自らの母たちを生み出す。満々たる水の萌芽であるかれは、大洋から出てくる」。

「波間に現れると輝くアグニは成長を遂げ、ゆらめく炎の上に立ち上がり、そしてかれの栄光を繰り広げる。空と大地は輝くアグニが生まれたとき、怯えたのだ」。

「天頂で水と結ばれたかれは、みごとなまばゆい姿をとる。万物の支点であるかれは、雨の源泉を掃き清める……」。

「海」からのぼる太陽、火の天体のイマージュはここでは支配的な客観的イマージュである。太陽は「赤い白鳥」である。しかし想像力は「コスモス」からミクロコスモス〔人間〕へ絶えず移っていく。想像力は大きなものの上に小さなものを、小さなものの上に大きなものを、交互に投影する。もし「太陽」が「海」の輝かしい夫であるなら、灌奠《かんてん》の規模で水は火に〈身を捧げ〉ねばならず、火が水を〈呑む〉べきであろう。火がその母を生むこと、これはリグ＝ヴェーダを知らずに、錬金術師がうんざりするほど用いてきた方式である。それは物質的夢想の根源的イマージュなのである。

ゲーテもまた〈ホムンクルス〉[*6]の夢想からコスモスの夢想へ向かう行程を大急ぎで駆け巡る。まず最初、なにかが「魔力ある湿気」の中、「生命の湿り気」の中で輝く。そのあと、この火は水から出る。「貝の車のあたり、ガラテア〔ニンフ〕の足もとで光るのはなんだ。勢いよく燃えたり、優しく愛らしく照らしたりする。まるで恋の脈拍を感じてでもいるようだ」。最後に、「おや、燃えるぞ、おや、光るぞ。もう溶けて流れている」。人魚たちはまた合唱をはじめる。「たがいに打ち合って、光って砕ける波を／清らかに照らしているのは不思議な火だこと。／輝いて、ゆらめいて、こちらを照らしている。／あの物たちは、夜の海路に燃えていて、／あたり一面に火が流れている。／すべての初めであるエーロス神の思召にゆだねます。／聖なる火にかこまれし／海よ、幸あれ。波よ、幸あれ。／水よ、幸あれ。火よ、幸あれ。／奇しき神の業に幸あれ」（『ファウスト』第二部〔相良守峯訳〕）。これは二つの元素の結婚のための祝婚歌ではないだろうか。(9)

もっとも生真面目な哲学者でも水と火の神秘的な結合を前にすると理性を失う。水中で保存されるという何より不思議な火、つまり燐《リン》を発見した化学者のブラント[*7]をむかえ、ブランシュヴィック公爵邸で開催された歓迎会のために、ライプニッツはラテン語の詩を書いた。こういう奇跡を称賛するために、あらゆる神話がそこに登場する。プロメテウスの〔火の〕盗み、メディアの〔火を放つ〕衣装、モーゼの光を放つ顔、エレミア〔古代イスラエルの大予言者〕が埋める火、ヴェスタ神〔ローマ神話の竈の女神〕に仕える巫女、墳墓の燈火、エジプトとペルシャの司祭たちの争い。「自然界でさえ未知なこの火は、新しいウルカヌス〔鍛冶の神〕がかつて点火したものであり、〈水〉が保存し、火の祖国である火の天球に戻ることを阻止するため、〈水〉の下に沈められ、存在が隠されていたが、この墳墓から光り輝いて出現し、不朽のたましいのイマージュとなった……」[*8]。

民間の伝承もこういう学者たちの集めた膨大な神話を裏付けている。こういう伝承の中で水と火が結びつくことは稀ではない。たとえイマージュが摩滅しても、その性的な特徴は容易に見て取れる。たとえば、伝承の中では、雷が落ちたところに泉が生じることは無数にある。湧き水はしばしば「雷の一撃」から生まれる。時には、逆に雷が荒れ狂う湖から出てくる。ドシャルムは、ポセイドンの三叉の戟《ほこ》は「天の神の三叉の雷光がのち海の帝王のもとに運ばれた」のではないかと思っている[10]。

あとの章で、われわれは想像の水の女性的性格を強調することにしている。ここでは火と水の共通の化学の婚姻的特性を示しておきたい。火の男性的な面に対して、水の女性的な面は変えようがない。水は男性化できないのである。結合することによってこの両元素はすべてを作り出す。バッハオーフェンが膨大なページを費やして証明したことは、想像力が天地創造を火と水という二つの力の内密な融合として夢想するということである。バッハオーフェンはこの結合が一時的ではないことも証明した。これは連続的な創造の条件なのである。想像力が水と火の持続的な結合を夢想するとき、独自の力をもった混成物質のイマージュを形成する。それが熱い湿気という物質的イマージュである。多くの宇宙生成論的な夢想において、熱い湿気は根本的な原理である。それこそ、不活性の大地に活力を吹き込み、そこからあらゆる生命力の形を湧出させるのである。とくに、バッハオーフェンは、多くの文献において、バッカス神が「あらゆる湿気の主」〈als Herr aller Feuchtigkeit〉であると名指されていることを証明した[11]。

この熱い湿気という概念が、多くの人々において奇妙な特権をもつことはこうして容易に検証できるであろう。この湿気によって創造は確実に緩慢になる。時間はとろ火でじっくり煮られた物質に登録される。ひとはもはや何がはたらいているのか分からない。火であろうか、水だろうか、時間だろうか。この三種の不確実性はなにごとに対しても返答することを可能にする。哲学者が自分で宇宙発生論を創設しようとして、この熱い湿気のようなひとつの概念に執着すると、いかなる客観的な証拠でも覆せないような内密の確信を見いだすのだ。実際、ここには、すでに述べた心理学的原理、すなわち限りない価値定立のためのもっとも確実な基盤である両面感情の作用が見うけられるのだ。熱い湿気という概念は信じがたいほどの力をもつ両面感情である。表層的で変化しやすい諸性質の上に作用するのは、もはや単に両面感情だけではない。作用するのはまぎれもなく物質なのである。熱い湿気は両義的になった物質であり、それは物質化した両面感情といっても同じことである。

IV

今度は、〈水〉と〈夜〉との組み合わせについて考察をいくつかおこなうが、想像的物質主義のわれわれの全般的主張とはそぐわない気もする。実際、夜は普遍的な現象で、自然全体に認められる果てしない存在であるが、しかし物質的実体とはなんの関係もない存在だと思われるからである。もし〈夜〉が擬人化されるなら、それは女神であり、なにものもそれには抵抗できず、すべてを包み込み、すべてを隠す女神であろう。夜は〈薄布《うすぎぬ》〉をまとう女神である。

そうはいっても、物質の夢想はきわめて自然で、抗しがたいもので、積極的な夜、忍び込む夜、巧みに取り入る夜、事物の素材の中に入り込む夜といった夢を、想像力はごく普通に受け入れるのである。そうなれば、〈夜〉はもはや薄布をまとった女神ではなく、〈大地〉や〈大洋〉の上に広がる薄布でもない。〈夜〉は夜というものの一部であり、夜はひとつの実体であり、夜は夜の物質なのである。夜は物質的想像力によって捉えられる。そして水が混合にもっともよく提供される実体であるので、夜はさまざまの水の中に浸透していき、夜は湖の深みを黒ずませ、池を覆うであろう。

時には、この浸透がじつに深く、内奥にまで及ぶので、想像力にとっては、池は真昼でもこの夜の物質をいくぶんか温存し、この実体化された暗闇の一部を保存しているのである。池は〈スチュンパロス化〉するのだ。池は「アーレス〔マルス〕に養われ、その羽根を矢のように投げ、地上の作物を荒して疵物にし、人肉をむさぼり食う」[12]怪鳥スチュンパロスの棲む黒い沼となる。このスチュンパロス化はくだらない隠喩などではないと思われる。これはメランコリックな想像力の独自な特徴と対応している。おそらくひとはスチュンパロス化された風景を部分的に陰鬱な局面から説明するであろう。しかし荒涼たる池のこういう局面を表すために、夜の印象をたくさん集めると、それは単なる偶発事ではなくなる。夜のこういった印象には、それが集まったり、増えたり、重苦しくなったりする仕方に独自のものがあることを認めるべきであろう。水が中心になると印象はよりよく集中するし、水がその材料になると印象はより長く持続することを認めるべきである。多くの物語において、呪われた場所にはその中心に暗闇と恐怖の湖が存在するのだ。

いくたりかの詩人にも、こうした〈夜〉をその懐に抱いた想像的な海が同じように出現する。それは昔の船乗りたちがかれらの経験というよりむしろかれらの恐怖を特定した〈暗黒の海〉《マレ・テネブラルム》である。エドガー・ポーの詩的想像力はこの暗黒の海を探検した。もちろん、しばしば海にあの鉛色と黒の色合いをあたえるのは嵐の空の暗さである。エドガー・ポーの宇宙論では、海上の暴風雨のとき決まって〈銅の色〉をした奇妙な雲が現れる。しかし、遮蔽物によって影を説明する安易な合理化とくらべて、想像力の領域では実体による直接的な説明が目立っている。荒涼たるありさまがひどく大きく、また深く、内密に及んでいると、水そのものまで〈インクの色〉を帯びるのである。この身の毛もよだつ暴風雨の中では、恐ろしい烏賊《いか》墨《すみ》の排出が痙攣《けいれん》的におこなわれ、深い海の底まで黒く染められるようである。この〈暗黒の海〉は「これ以上うっとうしく荒涼たる展望をいかなる人間も想像することはできないであろう」[13]〔小川和夫訳〕。こうして特異な現実のものが想像しうるものの限界を超えたものとして出現する――哲学者たちの考察に値する興味深い逆転だ。つまり想像しうるものを超越せよ、そうすれば精神も心情もかき乱すほどの強力な実在が得られるだろう、となるからである。ここに「見るも恐ろしいくらい真黒な〔垂直に〕突出た」断崖が、大洋を踏み潰す身の毛もよだつような夜がきた。そのとき大嵐は大波のふところに入り、嵐もまた揺れ動く実体の一種であり、内部の量塊をつかむ内臓の運動である。「あらゆる方向に……水が小刻みに、急激に、怒ったようにぶつかりあっているだけであった」。このことをよく考えてもらいたい。そうすれば、このようなじつに内密な運動が客観的な経験によってはあたえられないことが分かるだろう。哲学者たちがいうように、ひとは内省によってそれを経験するのである。夜の混じった水は眠ろうとしない古い悔恨である……。

夜は池のほとりに独特の怖れ、いわばじっとり湿った恐怖をもたらし、それが夢想家に浸み透り、戦慄させる。夜が単独であればもっと身体的ではない恐怖をあたえるかもしれない。水が単独であればもっと明るい強迫観念をあたえるかもしれない。夜のなかの水は忍び込むような恐怖をあたえる。エドガー・ポーの湖のひとつは、明るい日中には〈好ましい〉のに夜が来ると恐怖をよびさまし、だんだん怖さがましてくる。

けれども、ひとたび夜が棺の黒布を、
そのあたりに、すべての物の上に投げかけ、
あやしげな風が、ものがなしい調べを
かなでながら吹きすぎて行った時、
ああ！——その時に私は気づいた、
この淋しい湖のおそろしさに。

〔「湖、——によせて」入沢康夫訳〕

Mais quand la nuit avait jeté sa draperie sur le lieu comme sur tous, et que le vent mystique allait murmurer sa musique — alors — oh! alors, je m'éveillais toujours à terreur du lac isolé. (trad. Mallarmé)

朝がきても亡霊たちはおそらくまだ水の上を駆けている。はかない霧が崩れると亡霊たちは立ち去る……少しずつ怖くなるのは彼らのほうなのだ。だから彼らは影が薄くなり、遠ざかる。反対に、夜がくると、水の亡霊たちは凝縮〔液化〕する、だから近づいてくる。人間のこころに怖さが増してくる。したがって小川の亡霊たちは夜と水とで十分に養われるのである。

もし池のほとりでの恐怖が特別な恐怖だとすれば、それはまたある視界《オリゾン》をもつ恐怖であるからだ。それは洞窟や森の中の恐怖とはひどくかけ離れている。それらに比べると、近くはないし、濃密でもないし、場所も限定されず、ずっと流動的である。水の上の幻影は大地の上の幻影よりもいわば動きやすいのである。その運動、その生成について少しくわしく見てみよう。夜の鶺鴒《せきれい》は川のほとりの靄《もや》の中に棲みついている。そのえさを引きずって行くのは、当然夜の前半である。これは、われわれがいつも機会があるたびに繰り返したい想像力のあの法則、すなわち想像力とはひとつの生成であるということの独特のケースである。おのずと想像されることのない、したがって上手に語られない反射的恐怖は外に出ないから、文学作品の中に伝達されることができるのは、この恐怖が確実な生成である場合のみである。夜がくると、それだけで亡霊たちに生成をもたらすのである。この亡霊たちのうちひとり当直衛兵だけが攻撃的である。(14)

しかしこれらの亡霊をすべて視像として判断すれば間違いであろう。それらはわれわれにぐっと近づいて手を触れるからだ。クローデルはいう。「夜はわれわれから自己証明を奪う。われわれは自分がどこにいるかもはや分からない……われわれの視覚はもはや可視的限定をもたない、しかし等質的で、直接的、冷淡で、何かがぎっしりつまった土牢のような不可視のものが存在する」〔『東方の認識』「燈火と鐘」。水辺では夜が涼気をひきおこす。帰りの遅くなった旅人の肌に水の戦慄が走る、べたつく実在が空気の中にいるのだ。いたるところにうずくまっている夜、決して眠らない夜が、いつも眠っている池の水を目覚めさせる。ひとはふと目に見えない恐ろしい亡霊がそばにいると感じる。ベランジェ＝フェロの報告（前掲書、第二巻、p.43）によると、アルデンヌ県には水の精がおり「ドビーのオワユー oyeu de Doby と呼ばれ、だれも今まで見たことのない恐ろしい動物の形をしている」。いったいひとが今まで見たことがない形とは、どんなものだろう。それはひとが目を閉じて眺める存在であり、ひとがもはや表現できないときに、話題にする存在である。喉が締めつけられ、顔は引きつり、名状しがたい恐怖で凍りつく。なにかひやりとするものが水のように顔に貼りつく。夜の闇の中の怪物は笑う水母《くらげ》なのである。

しかしこころがいつも怯えているとはかぎらない。水と夜がそれぞれの優しさをかさね合わせる時刻がある。ルネ・シャールは夜の物質を賞味したからこう書いたのではないだろうか。「夜の蜜はおもむろに費消される」。自己自身と和解しているたましいにとって、水と夜はともに共通の芳香を放つように思われる。湿った幻影は二重の涼気をふくむ芳香を放つようである。水の香りがよく匂うのはただ夜だけである。太陽の匂いはあまりに強いので日向の水がその匂いをわれわれにとどけることはないのだ。[*9]

ことばのあらゆる力を駆使して、イマージュで自己を養うことを心得ている詩人はまた、海辺の夜を賞味するすべを知っている。『東方の認識』（「夜のヴェランダ」）においてポール・クローデルはこう書いた。「夜はじつに静かなのでわたしには塩の味がするように思われた」（p.110）。夜はより軽い水のように時にはわれわれをぴったりと包み、唇をさわやかにしてくれる。われわれが夜を吸いこむのは、われわれのなかの水分によってなのだ。

非常に活発な物質的想像力、つまり世界の物質的内密性をとらえることのできる想像力にとって、自然の大いなる実体、水、夜、日向の空気はすでに〈上等な風味〉〔香辛料《ピトレスク》のきいた味〕をもつ実体である。それはさまざまなスパイスのめりはりのある引き立てを必要としないのである。

V

水と大地の結合は捏粉《パート》〔練り土〕をあたえる。捏粉は物質主義の基本図式のひとつである。それで哲学がその研究をおろそかにしてきたことは、われわれにとっていつも腑に落ちないことだった。捏粉は実際、本当の意味で内密な物質主義の基礎だと思われる。そこでは形体が排除され、消去され、溶解されている。捏粉はしたがって元素的な形で物質主義の問題を提示するのだ。というのも、われわれの直観から形体への関心を失わせるからである。だから形体の問題は二次的な検討にまわされる。捏粉は物質についての一番最初の経験をあたえるのである。[*10]

捏粉の中での水の作用は明らかである。捏ねる作業が続くあいだ、職人は土とか小麦粉とか漆喰とかの独自の性質に注意を移すことがありうるが、その仕事に着手するにあたって、まず最初に考えるのは水である。水がかれの最初の助手なのである。水の活動によって、捏ねる労働者の最初の夢想が開始する。それゆえ、水がそのとき活発な両面価値の状態で夢想されることに驚いてはならない。両面価値がなければ夢想はなく、夢想なしの両面価値もない。つまり水はその軟化の役割と凝固の役割とを交互に夢想されているのだ。水は結びつきをほどきもしまた結びつけもするのである。

第一の作用は明白である。水は昔の化学の書物でいわれているように、「他の元素を緩和する」。乾燥――火の作業――を破壊することで、水は火の征服者となる。水は火に対し執拗に報復をおこなう。水は火の力を弱め、われわれの体内の熱を下げる。大槌よりも水が大地の力を抜き、実体を柔らかにする。

それから、粉を捏ねる仕事がつづく。砕かれた大地の実体そのものの中に本当に水を浸透させることができたとき、つまり小麦粉が水を呑んだとき、そして水が小麦粉を食べたとき、そのときやっと〈結合《リエゾン》〉の経験が開始する、〈結合〉の長い夢が始まるのである。

内密な絆《きずな》の共有によって、実体的に結合させるこの力を、職人は自らの課題を夢想しながら、あるときは土に、あるときは水に割り当てる。実際、多くの無意識においては、水は粘着性のために好まれている。粘着の経験は無数の生体的〔有機的〕なイマージュを結びつける。こういうイマージュが捏ねるという根気のいる長い仕事のあいだ労働者のこころを止めどなく占めているのである。

ミシュレはこのような先験的化学の、つまり無意識の夢想に基づく化学の信奉者として、われわれの前に現れる。かれにとって「海水は、たとえ一切の不純物から離れた、沖で汲まれた、もっとも純粋なものであっても、わずかながら粘着性がある……種々の化学的分析はこの性質を説明しない。そこには生体的〔有機的〕実体が存在するが、化学的分析ではそれを破壊し、その特殊性を剝ぎ取り、暴力的に一般的元素に還元することによってしかそれに到達できないのである」。かれはそのときペンの下にごく自然に、〈粘液〔粘漿《ねんしょう》〕mucus〉ということばを見いだし、粘着性と粘液性の混じった夢想を終えるのである。「海の粘漿性とは、いったいなんであろうか。水が一般的に示す粘着性とはなんであろうか。それは生命の普遍的な元素ではあるまいか」[15]。

時にはまた、粘着性は夢の疲労の痕跡となることもある。それは夢の前進を妨げるのだ。そのときわれわれは粘着性のある環境の中で粘つく夢に捕らわれている。夢の万華鏡は丸い物体や緩慢な物体に満ちている。こういう軟らかな夢をもし全面的に研究することができれば、中間状態の想像力、すなわち形体的想像力と物質的想像力の中間の介在的想像力を認識するにいたるであろう。中間状態の夢の物体は辛うじてその形をとるにしても、しだいに形を失ってしまい、捏粉のように崩れ落ちる。粘《ねば》つき、軟らかで、緩慢な、時には燐光を帯びた——しかし発光はしない——物体は、夢の生命のもっとも強力な存在論的濃密さが対応しているのだと思われる。捏粉の夢であるこういう夢は、創造するために、形成するために、変形するために、捏ねるために、闘争と敗北を交互に引きおこすのである。ヴィクトル・ユゴーがいったように「何もかも、不定形《アンフォルム》なものさえ変形する」(『海に働く人びと』[*11]「大食漢《ホモ・エダックス》」)のである。

目そのもの、純粋視覚は固体に対していると疲労する。眼は変形を夢想したがる。もし視覚が本当に夢の自由を受け入れるなら、活発な直観の中ですべてが流れ出すであろう。サルバドール・ダリの「軟らかい時計」が引き伸ばされて、テーブルの角から滴っている。この時計たちは粘つく時間—空間の中で生きている。水時計を普遍化するかのように、この時計たちは奇形への誘惑に直接従っている物体を〈流れ〉ださせるのだ。『非合理なるものの征服』をよく考えてもらいたい。そうすればこの絵画的ヘラクレイトス主義は驚くべき誠実さの夢想に依存していることが分かるだろう。こんなに深い変形は実体の中に変形を登録する必要がある。サルバドール・ダリがいうように、「軟らかい時計」は肉であり、〈チーズ〉である。[16] こうした変形はたいていうまく理解されない。静態的に眺められるからである。ある種の安定した批評家は、これらを狂気の沙汰と手軽に片づける。かれらは深い夢の力を体験することなく、豊かな粘着性の想像力、時にはこれがまばたきの一瞬に神の緩慢さの恩恵をあたえるのだが、その想像力をともにすることもないのだ。

　自然科学以前の科学的精神にはこれと同じ空想の無数の痕跡が認められるであろう。たとえば、ファブリキウスにとって、純粋な水はすでに糊なのである。その中にはひとつの実体が含まれ、捏粉の中ではたらく結合を実現するように、無意識によって命じられているのだ。「水はぬらぬらと粘っこい物質であり、それが木や、鉄や、その他の硬い物体に容易に付着させるのである」(前掲書、p.30)。

　このような物質主義的直観をもって考えるのは、ファブリキウスのような名声のない学者だけではない。〔高名な〕ブールハーフェ[*12]の化学にもまったく同じ理論がみられるのだ。かれはその著書『化学要綱』に次のように書いた。「石そのものや煉瓦は、粉砕したあと火の作用にさらされると……つねに少量の水を出す。その上、石も煉瓦も部分的にその起原は水にあり、その水は糊のようにその部分を相互に結合する」(仏訳、第二巻、p.562)。換言すれば、水は汎用糊なのである。

　物質から水を取ることは、視覚的な観察に止まるならば、満足のいく理解には達しない。そこに触覚による観察を加えねばならない。触覚とは知覚の二つの成分をもつことばである。視覚的観察に付加される触覚的経験の作用が、どんなに軽微なものであれ、その作用をたどってみることは興味ぶかい。こうすれば、労働者と幾何学、行動と視覚作用のあいだの一致をあまりに急いで仮定する、ホモ・ファベトルの学説を修正できるであろう。
したがってわれわれはホモ・ファベールの心理学の中に、もっとも遠くまでいく夢想と、もっともきびしい労働とを同時に再統合することを提案したい。手もまたその夢をもち、その仮説をもつのである。手は物質をその内側から知るのを助ける。ゆえに手は夢想を助けるのである。ホモ・ファベールの労働から生ずる〈素朴化学〉という仮説は、少なくとも〈自然幾何学〉の諸観念と同等の心理学的重要性をもつ。それどころかこの仮説は物質をさらに内面的に予断するので、夢想をよりいっそう深めるのである。捏ねる作業には、もはや幾何学も、角度も、断面もいらない。それは連続的な夢なのである。それはひとが眼を閉じてできる仕事である。したがってそれは内密な夢想である。そのあとで、リズムをつけ、全身をとらえるリズムとして、きびしくリズムをつけるのだ。したがってそれは活力に溢れている。それは持続の支配的特徴であるリズムをもつのである。

捏粉の作業から生じるこの夢想は、まず特別な力への意志、実体の中に突入し、実体の内部に触れ、穀粒を内部から知りたい、水が大地を征服するように大地を内密に征服し、元素的な力を回復し、諸元素の闘争に参加し、容赦のない溶解力に加担したいという、男性的な喜びと必然的に一致する。それから結合する作業が開始し、緩慢ではあるが規則的な進捗をみながら捏ねる作業は、溶解の喜びほど悪魔的ではない特別の喜びを手に入れる。手は大地と水の結合の漸進的成功をじかに意識する。すると別の持続が物質の中に刻み込まれる。滑らかで、飛躍のない、正確な目標のない持続である。したがってこの持続は形成されるのではない。熟視が固体の加工において発見する継続的な粗造りという段階などは経過しない。この持続は実体の生成なのであり内部による生成なのである。この持続はまた内密な持続の客観的な例をあたえることができる。貧しい、単純な、つらい持続で、続けるためには苦心が必要である。それでも器官亢進的《アナジェネティック》な持続であり、上昇する持続、生産する持続である。それはまさに苦心の持続である。真の労働者とは「捏粉を手に」した労働者のことである。かれらは操作する意志をもち、手の意志をもつ。このかなり特別な意志は手の靭帯において明らかである。カシス〔黒スグリ〕やブドウを潰したことのある者だけが、ソーマへの賛歌を理解するだろう。「十本の指が水槽の中で駿馬の毛並みを撫でている」(『ヴェーダの賛歌と祈り』仏訳、p.44)。もし仏陀が百本の腕をもつとすれば、かれが捏ねる人だからである。

捏粉は、ダイナミックな手を作り出し、それはベルクソンのホモ・ファベールの幾何学的な手とはほとんど反対の命題をあたえる。手はエネルギーの器官であって、もはや形体の器官ではない。力動的な手は力の想像力を象徴する。

捏ねることを職業とするさまざまの業種を深く考えてみると、質料因をもっとよく理解できるであろうし、その多様性も分かるであろう。肉付けする行動は、形体の割り振りでは十分には分析できない。物質の効果も肉付け行動に抵抗するために、存分に示されることはない。捏粉をつくる仕事はみな、本当の意味で肯定的な、本当に効果のある質料因の概念に導く。そこに自然な投影 *projection* がある。これこそ投影する思考の特有のケースであり、人間のあらゆる思考、あらゆる行動、あらゆる夢想を事物へ、職人を作品へと運ぶのである。ベルクソンのいうホモ・ファベールの理論は明晰な思考の投影しか考察しない。この理論は夢の投影をないがしろにした。切ったり、削ったりする仕事は物質〔素材〕について十分に内密な薫陶を施さない。投影はそこでは外側にとどまり、幾何学的なままである。物質は行為を支えるという役割を果たすことは到底できない。物質は行為の残した滓であり、刈り込みしなかったものにすぎない。大理石のかたまりを前にした彫刻家は形相因の小心な召使である。かれは形の定まらないものを排除して形を発見する。粘土を前にして肉付けする人は変形によって形を発見する、つまり不定形なものを夢想のなかで発育させて形を発見するのである。肉付けする人は内密な夢、植物的な生育する夢にもっとも近いのである。

ごく単純化したこの二枚折のスケッチで、われわれが形体の教訓と物質の教訓を効果的に分離したなどと思ってもらいたくない、ということを付言する必要があるだろうか。本物の天才は両者を結合している。われわれ自身が『火の精神分析』において、ロダン*13もまた物質の夢を導くことができた、ということをはっきり証明するいくつかの直観に言及していたからである。

子供たちが捏ねる経験に熱中することに今や驚くべきではない。ボナパルト女史は類似した経験の精神分析的意味を想起した。肛門的決定因を取り出した精神分析者らに従って、女史は糞便に対する幼児やある種の神経症の関心を持ち出している(17)。本書においては、より発達した心的状態、しかも客観的経験や詩的作品に適用されたより直接的な心的状態のみを扱うので、捏ねる仕事を、精神分析の色眼鏡からはずして、純然たる行為の要素として特徴を示さねばならない。捏ねる仕事は規則通りの幼少期をもつ。海辺に出ると子供たちは若い海狸《ビーバー》のように、ごく普遍的な本能の衝動に従う。コフカの報告(18)によると、スタンレイ・ホール*14は、子供たちに湖上生活時代の祖先を想起させる特徴があると指摘したという。

泥土は水の粉末である、ちょうど灰が火の粉末であるように。灰、泥土、埃、煙はそれぞれの物質を果てしなく交換するイマージュをあたえるであろう。この細分化された形で元素的物質はコミュニケーションをおこなう。それはいわば四元素の四つの粉末である。泥土はもっとも強く価値化された物質のひとつである。水はこの形をとって大地に静かに、ゆっくりと、確実に豊作の成分をもたらすのである。アッキ Acqui〔イタリア、ピエモンテの温泉地〕において泥浴したミシュレは泥土の再生力について全幅の信頼をおき、かれの熱狂振りを次のようなことばで述べている。「泥土を濃縮している狭い池に浸かっていると、わたしは水の強力な努力にひたすら感嘆するだけである。水は山の中で泥土を準備し、濾過し、ついで濃縮したあと、今度は水そのものの作り出したものと対抗し、泥土の不透明性を通して、貫こうと望みつつ、大地の小さな振動によって泥土を持ち上げ、小さな噴出、微小な火山によって貫くのである。このような噴出は空気の泡に過ぎないが、しかし絶え間ない別の噴出は小さな地下の流れの存在を示し、それは他のところで妨げられながらさんざん摩擦したあと、太陽を見ることに魅せられたこれらの小さなたましいの欲求と努力と思われるものを、ついに征服し、獲得したのである」[19]。このようなページを読めば、ひとは否応なく物質的想像力が活動するのを感じるであろう。それはあらゆる次元にわたるにもかかわらず、あらゆる形体のイマージュを無視して、顕微鏡的な火山のひたすら力動的なイマージュを投影する。こうした物質的想像力は、あらゆる実体の生命に参加し、気泡によってはたらきかけられた泥の沸騰を愛するように熱中する。そのとき熱という熱、すべての包むものは母性である。するとこの黒い泥土、「全然汚くない泥土」を前にしてミシュレはこの生きた捏粉に身を沈めながら叫ぶ。「なつかしき共通の母よ。われわれは一心同体だ。わたしはあなたからきたのだ。わたしはあなたに戻る。しかし、だからこそわたしにあなたの秘密を率直にいってくれ。あなたの奥深い闇の中であなたはなにをしているのか。どこからこの熱い、強力な、若返りのたましいをわたしに送ってよこすのか。それはわたしをまだ生き永らえさせようとするのか。ここで何をしようとしているのか、と。――お前が見ているもの、お前の眼の下でわたしがしていることさ。彼女は、はっきり話した、少し低い声で、しかし聞くだに母性的な優しい声で」。この母性的な声は本当に実体から、物質そのものから生じるのではあるまいか。物質はその内心からミシュレに語っている。ミシュレは水の物質的な生命を核心で、つまりその矛盾で、摑まえたのだ。水は「その作品そのものに対して闘う」。それは溶解しそして凝固し、すべてを作る唯一のやり方なのである。

　この二つの機能の力は連続的多産性という確信の根底につねに存在し続けるだろう。連続するためには反対物を統一しなければならない。『自然の女神から生の女神へ』という著作でエルネスト・セイエール氏[15]は、ことのついでにだがこれと符合することを述べている。湿地での植物の豊かな繁茂は風土《テリュリスム》の影響の象徴だというのである（p.66）。つまり湿地で現実化された大地と水の実体の結婚が、名もない、肥えた、背丈の低い、繁茂する植生の力を決定しているのだ。ミシュレのたましいのようなたましいは、泥土が植生の力、大地の再生の力を助けてわれわれに配分させるのだということを、理解していたのだ。かれがぬるぬるした泥土の中にどっぷり浸かったとき、土の中のかれのいのちについての非凡な記述を読んでもらいたい。この大地は「傷ついた子供を慈しみながら愛撫し、暖めているのだということをわたしはしみじみと感じていた。外側からだろうか。内側からもである。いうまでもなくその元気の力を沁みこませ、わたしの中に入り込み、わたしと混じりあい、そのたましいをわたしの中に忍び込ませたのであった。この同一化はわれわれのあいだでは申し分のないものであった。わたしはもはや〈大地〉から区別できなかった。最後の十五分には、大地がわたしを覆ってはいないところ、わたしの自由になるところ、つまり顔がわたしにはわずらわしいものとなった。泥に覆われている身体は幸せであり、そしてそれがわたしなのであった。土に埋められていない頭は不満であり、それはもはやわたしではなかった。少なくともわたしはそう思った。結婚の絆はそれほど強力であった。わたしと〈大地〉のあいだは結婚以上のものだった。むしろ自然〔性質〕の交換があったというべきだろう。わたしは〈大地〉であり、そして〈大地〉は人間だった。大地はわたしの病弱、わたしの罪を自分のものとみなしていた。〈わたし〉は、〈大地〉となり、それからいのちと熱と若さを奪ったのである」(p.114)。泥土と肉体の自然の交換はここでは物質的夢想の完璧な典型なのである。

ポール・クローデルの次のページを考察すれば、大地と水の有機的合一の同じ印象をうけるであろう。「四月に入ると、スモモの枝の予言的な開花のすぐ後で、〈太陽〉の血気さかんな召使である〈水〉の仕事が大地のいたるところで開始する。水は溶かし、温め、和らげ、沁み込んでいく、すると塩は唾液となり、説き伏せ、嚙み砕き、混合し、そして土台がこのように準備されるや否や、生命が動きだし、そしてまた植生があらゆる根を動員して、土地のいたるところにくまなく向う。年初の数ヶ月間酸性だった水は徐々に一種の濃厚な果汁、一杯の果実酒、性的な力の漲った苦い蜜となる……」[20]。

粘土もまた、多くの人にとって果てしない夢想の主題となる。人間は自分が作るのはどんな泥土なのか、どんな粘土なのか果てしなく自問するであろう。なぜなら創造するためには、つねにひとつの粘土が、可塑的物質が、両義的物質、そこで大地と水とが結合しにくるところのものが、つねに必要だからである。粘土（argile）がフランス語で男性名詞であるか女性名詞であるかを知るために、文法学者が議論するのも無駄ではない[*16]。われわれの軟らかさと硬さは相反するものであり、粘土は男女両性を分有することを要求するのである。適正な粘土はすでに十分な土と、十分な水をもつべきであった。O・V・de・L＝ミロシュが、われわれはもっぱら粘土と涙だけでできている、と述べたあのページはなんと美しいことか[(21)]。苦しみや涙が不足すると、人間はかさかさになり、貧しくなり、呪われる。いささか涙が過剰になれば、粘土のなかで勇気や固さが不足すれば、別の困窮が生じる。「粘土の男よ、涙が汝の貧しい脳髄を溺れさせた。塩気のないことばは汝の唇の上をぬるま湯のように流れている」。

本書においてはあらゆる機会を捉えて物質的想像力の心理学を発展させることを約束したのだから、捏ねることや混ぜ合わすことの夢想を離れる前に、別の物質的夢想の系統をたどってみなければならない。それは反抗する物質がゆっくり時間をかけ形体を征服する困難を体験することである。水はここでは不在である。したがって労働者は、まるで偶然のように、植物的作品のパロディに従事するであろう。水の強さのこのパロディは想像的な水の力を理解するのに多少役立つであろう。われわれは鍛冶屋のたましいの夢想について語りたいのである[*17]。

鍛冶屋の夢想は晩生《おくて》である。仕事が硬いものから始まるので、職人はまずひとつの意志を意識する。つまりまず意志が登場するのだ。それから策略を弄し火を使って展延性を獲得することになる。しかし、大槌の下で変形が告げられるとき、棒鉄が曲がるとき、変形のなんらかの夢が労働者のたましいの中に忍び込む。そのとき少しずつ夢想の扉が開くのだ。そのとき、鉄の花が生まれる。その花が植物の栄光を模倣するのは確かに外側からであるが、しかしもっと共感をこめてこの湾曲のパロディをたどってみるなら、この鉄の花は職人から内密な植物的力を受け取ったことを感じるであろう。鍛冶屋の大槌は勝利を収めた後、小刻みに叩いて渦巻きを愛撫する。軟らかさの夢、よく分からないが流動性の思い出が鍛えられた鉄の中に封じ込められる。ひとりのたましいの中に生きてきたさまざまな夢がその男の作品の中に生きつづけているのだ。念入りに鍛造された鉄の柵は生の生垣であり続ける。鉄の茎《くき》に沿って、自然のヒイラギよりいささか硬い多少くすんだヒイラギが生長を続けている。だから人間と自然の接する境界で夢想できるひとにとって、あらゆる詩的な逆転を上演できるひとにとって、野原のヒイラギはすでに植物の硬化したものであり、鍛造された鉄ではないだろうか。

鍛冶屋のたましいにこうして言及することは、まず物質的夢想を新しい観点から提示するのに役立つ。鉄を軟らかにするためには、確かに巨人が必要であるが、鉄の花に小さな湾曲を配分することが必要なときには、巨人は小人たちと交代するであろう。そのとき本当に地の精が金属から出てくる。実際、あらゆる幻影的存在の細密画化は元素の夢想の絵本化された形体である。土の塊《かたまり》の下や、水晶の角の中に発見される存在たちは、物質の中に嵌め込まれているのだ。それらは物質の元素的な力である。ひとがそれらを覚醒させるのは、物体の前ではなく、その実体の前で夢想する場合である。小は大の前で実体の役を演じ、小は大の内密な構造である。小は単純に形体と見えるような場合ですら、大の中に閉じこもったり、嵌め込まれたりしながら、物質でありつづける。実際本当に形体的な夢想が展開するのは、物体をかなり大きな次元で組織化するからである。夢想は膨張する。その反対に、物質的夢想はその対象物を象嵌する。それは彫りつける。つねに彫りつけるのはこの夢想である。それは、労働者のもろもろの夢を続けながら、実体の根底まで降りていくのである。

したがって物質的夢想は、浸透の夢にもっとも敵対的な、もっとも硬い実体についても、内密性そのものを獲得する。浸透が容易であると同時に細部にも及ぶ力学を引き渡す捏粉仕事においては、この夢想は当然もっと気楽にふるまう。われわれが鍛冶屋の夢想を喚起したのは、捏ねる夢想の甘美さや、軟らかになった捏粉の喜びや、また緊密な物質の上につねに成功をあたえる水に対し、捏ねる人や夢想家の感謝の念をよりよく感じてもらうためである。

物質についての想像力にわれわれを忘れているホモ・ファベールの思念をたどろうとすれば、際限がないであろう。かれがひとつの物質に十分にはたらきかけたと思うことは決してない。なぜなら、かれがその物質を夢想することを決してやめないからである。形体は完成する。物質は永久に完成しない。物質とは際限のない夢想の図式なのである。

第5章　母性的水と女性的水

……いにしえの時代のように、お前は海の中で眠ることができたかもしれない。

ポール・エリュアール「生活の必要事と夢の結果」[*1]

I

以前の章で指摘したことだが、ボナパルト女史はきわめて特徴的ないくつかの想像的情景に対するエドガー・ポーの愛着を、幼少期の記憶、それもごく幼児期の記憶に沿って解釈した。ボナパルト女史の精神分析的研究の一部は「風景としての母の作品群」と題されている。精神分析的探求の着想に従うなら、たちまち分かることは、自然の感情を説明する場合、もしその感情が深く真実なものであれば、風景のもつ客観的な特徴をもってしては不十分である、ということである。情熱をこめてひとに風景を愛させるのは、事実についての認識ではないからである。根本的な第一の価値は感情である。人々は自然を知らずに、それをよく見ることもなく、まず愛するのだ。他のところに根拠をおくひとつの愛を事物《ショーズ》の中に実現するのである。それからひとは自然を隅々までさがし求める。なぜならひとは理由も分からないまま自然を大らかに愛するからである。ひとが自然に対しておこなう熱っぽい描写は、情熱をこめて自然を眺めたこと、愛が常日頃たやさない好奇心をこめて眺めた証拠である。そしてある種の人々にとって、自然に対する感情がじつに持続的であるとするならば、それは、その感情が本来の形のままであらゆる感情の起源となっているからである。それは子が親に対してもつ感情である。愛のあらゆる形は母親への愛から成分を受け取るのである。ボナパルト女史によれば、成人にとって自然は「限りなく拡大され、そして無限に投影された母親なのである」(p.363)。感情の次元からみれば、自然は母親の投影なのである。とりわけ、とボナパルト女史はつけくわえる。「海はあらゆる男性にとって母親のもっとも偉大な、もっとも恒常的な象徴のひとつである」(p.367)。そしてエドガー・ポーがこの投影、この象徴作用のきわだって明瞭な実例である。エドガー・ポーは子供のころ海の楽しみを直接見つけることがはっきりできたのだ、と反論する人々や、心理的実在の重要性を評価しない現実主義者たちにむかって、ボナパルト女史はこう反論する。「現実＝海はそれだけでは、海が現にそうしているように、人間たちを魅了するには足りない。海は人間たちに対して二つの音域をもつ歌をうたう。高い音域はもっとも表面的でそれほど魅惑的ではない。深い歌が……いつでも男たちを海のほうに引き寄せるのだ」。この深い歌が母親の声であり、われわれの母の声なのである。「山が緑だから、海が青いから、われわれがそれを愛するのではない。たとえわれわれの好むものにこういった理由をあたえることがあるとしても。われわれの内なる何か、無意識の記憶の何かが、青い海や緑の山の中にみずからを宿すものを発見するからである。しかもわれわれの内なる何か、無意識の記憶の何かは、つねにそうしていたるところで、われわれの子供時代の愛から生じるものであり、それはまず被造物《クレアチュール》〔人間、女性〕にしか向かわないあの愛であり、それは庇護〔する〕＝被造物へ、母親か乳母であった授乳する＝被造物へと向かうのである」(p.371)。

要するに、親に対する子の愛は、イマージュ投影の積極的な第一原理であり、想像力の投影力であり、涸れることのない力であり、それがあらゆるイマージュを摑んで、もっとも確実な人間的遠近法すなわち物質的遠近法の中に据えるのである。もちろんほかの愛も第一の愛する力の上に接木されるであろう。しかしこうした愛は、われわれの最初の感情の歴史的な優先権をけっして犯すことはできないだろう。心情の年代記は破壊不可能なのである。後になって、愛や同情という感情が隠喩的になればなるほど、根本的な感情に力を求めにいく必要がある。このような条件があるから、ひとつのイマージュを愛することは、つねにひとつの愛を例証することになるのである。ひとつのイマージュを愛することは、知らず知らずのうちに、昔の愛のための新しい隠喩を見つけることなのである。無限の世界を愛することは、ひとりの母親のための無限の愛に、ひとつの物質的意味を、客観的意味をあたえることである。われわれが誰からも見捨てられたとき、人影のない風景を愛するのは、苦しんでくれる不在の誰かを埋め合わせをするためであり、見捨てることのない不在の誰かを思い出すためである……。ひとつの現実を全霊をこめて愛するや否や、この現実はすでにひとつのたましいなのであり、この現実はひとつの追憶となっているのである。

II

物質的想像力の観点から出発して、この一般的な考察と合流するように試みてみよう。われわれをその乳と固有の実体で養う被造物〔人間〕は、その拭いがたい印を、きわめて多種多様な、遠く離れた、ごく外在的なイマージュに押すし、しかもこのようなイマージュは形体の想像力の慣習的主題によって正確に分析されることはできない、ということが分かるであろう。要するに、きわめて価値定立化されたこういったイマージュは、形体よりも物質を多くもつことを、われわれは示すつもりである。その証明のために、自然の水、つまり湖や川の水、海そのものの水に対し、乳状の外観、乳の隠喩を無理にも受け取らせようとする文学的イマージュを少しふみこんで調べてみることにする。こういう非常識な隠喩が忘れがたい愛の例証であることを示してみよう。

すでに指摘したように物質的想像力にとってすべての液体は水である。物質的想像力の基本原理がすべての実体的イマージュの根本に原初的要素のひとつを置かせるのである。この指摘はすでに視覚的にも、力動的にも証明されている。すなわち想像力にとって流れるものはすべて水に属しており、流れるものはすべて水の性質を分かちもつ、と哲学者ならいうであろう。流れる水という表現の形容詞はきわめて強力なので、それはいつでもどこでもみずからの実名詞を作るほどである。色彩はほとんど問題ではなく、それはひとつの形容詞をあたえるにすぎない。色彩は一種の変種を示すにすぎない。物質的想像力はただちに実体的な質に向かうのである。

無意識の中でさらに調査をすすめ、精神分析的意味でこの問題を検討するなら、われわれはすべての水は乳であるというべきであろう。より正確には、幸せな飲み物はすべて母乳であるというべきである。物質的想像力の二段階、無意識の深みで継続する二つの次元による説明の実例をここにあげよう。まず液体はすべて水である。そして次に、すべての水は乳である。夢は原初の幼少期の生活という単純な大無意識の中に下降する直根をもつ。夢はまたより表層で生きる網状の叢根ももつ。われわれが想像力についての著作でとくに研究したのは、意識と無意識とが入り混じるこの表層的領域である。しかし深い層がつねに活動しており、また乳の物質的イマージュは水のよりいっそう意識的なイマージュを支えているということを、証明すべき時がきたのである。関心の第一の中心群は生体的《オルガニック》〈有機的〉な関心によって構成されている。生体的な関心の中心はまず不定《アドヴァンティヴ》なイマージュを集中させる。言語がいかにして徐々に価値を増していくかを検討するならば同様の結論にいたるであろう。最初の文章法は一種の生活必需文法とでもいうべきものに従うであろう。だから乳は液体の諸現実の表現の次元では最初の実名詞であり、より正確には最初の口腔《ビュカル》実名詞である。

ついでに指摘しておくが、口にかかわるいかなる価値も抑圧されることはない。口と唇こそはまさに間違いなく積極的に受け入れられる最初の幸福な領域であり、禁止のない許された官能性の領域である。唇の心理学はそれだけでも長大な研究に値するであろう。

公認されたこの官能性の下で、精神分析の領域の検討を少しおこない、水の〈母性〉の基本的な性格を証明する例をいくつかあげよう。

まったく明らかなのは、乳の直接に人間的なイマージュが、サンティーヴによって引用されたヴェーダ賛歌の心理的な支えとなっていることである。「水はわれわれの母であり、しかも生贄に参加したがる水は、その道に従ってわれわれの下に来てその乳をわれわれに分けあたえる」(1)。実際に、そこに自然の恵みに対して、神に感謝するひとつの漠然たる哲学的なイマージュしか見ないのであれば、それは間違いであろう。神々への帰依は、はるかに深く内密であり、このイマージュのレアリスムの絶対的な完全さをあたえるべきだと思われる。物質的想像力にとって、乳としての水は完璧な食料だといえるであろう。サンティーヴの報告する賛歌は次のように続く。「神饌は水の中にあり、薬草は水の中にある……水よ、病を追い払うあらゆる薬物を完成に導きたまえ。わが肉体が汝の幸せな効力をおぼえ、そしてわたしが末永く太陽を見ることができますように」。

水が熱心に歌われるや否や、水の母性への崇拝感情が熱烈で真心がこもっていさえすれば、ただちに水は乳となる。賛歌的な調子は、もし真心に訴えるならば、不思議なほど規則的に、原初的イマージュ、ヴェーダ的イマージュをもたらすのだ。ミシュレは、客観的でほとんど学問的だと思われている一冊の書物の中で、〈海〉の観照 *Anshauung* にふけりながら、ごく自然に、乳の海、生気あふれる海、栄養としての海のイマージュを再発見している。「栄養豊かなこの水は、あらゆる種類の脂肪質のアトムで濃厚であり、魚の柔らかな性質に適している。魚は暢気《のんき》に口を開き、吸い込むだけで、ちょうど共通の母の胎内にいる胎児のように養われるのだから。魚は自分が何かを呑みこんでいるということを意識しているだろうか。ほとんど意識していないのだ。顕微鏡的に微細な食料は魚にあたえられる乳のようなものである。この世界の大いなる宿命である飢饉はもっぱら大地のものであり、ここ海においては、それは未然に防がれており、忘却されている。食料を得るために動こうとするいかなる努力もないし、探そうということも全然ない。生命はまるで夢のように漂っているにちがいない」[2]。これは明らかに、満腹した子供の夢であり、居心地よさそうに漂っている子供の夢ではあるまいか。もちろんミシュレはかれを魅惑するイマージュを、多くの手段で合理化した。すでに指摘したように、かれにとって海の水は粘液 *mucus* である。それは「甘美で多産な元素」(p.115)をもたらした顕微鏡的に微細な存在の活発な活動によって、すでにはたらきかけられ内容豊かにされていたのである。「この最後のことば〔粘液〕は海の生命にとって深い見方を開くものである。海の大多数の子供たちはゼラチン状の胎児に似ている。それらは粘液状の物質を吸い込みまた生産して、水をそれで満たし、無限の母胎の多産な優しさを水にあたえる、そしてそこに新しい子供たちが温かい乳の中のように泳ぎにやってくるのである」。これほど多くの優しさとこれほど多大な暖かさは啓示的なしるしである。なにものもそれを客観的に暗示するものはない。すべては主観的な正当化である。最大の現実とはまずひとが食べるものに対応するものである。ミシュレの汎生物学的な視野においては、海の水がやがて〈動物的水《オー・アニマル》〉としてあらゆる存在の最初の食料となるのである。

　結局〈糧をもたらす《ヌーリシエール》〉イマージュが他のあらゆるイマージュに命令するのだ、ということの最良の証明は、ミシュレが宇宙的な次元で、乳から乳房へと躊躇せず移行することである。「〔海は〕倦まずたゆまず愛撫することによって、海岸を丸くし、母性的な輪郭をあたえ、そしてわたしは女性の乳房の明らかな優しさというところだったのだが、子供が大きな優しさと、庇護と、暖かさと、憩いとを見いだすものを、水にあたえるのである」[3]。ミシュレが母性的想像力の力によって、母乳の実体的イマージュの力でまず圧倒され、ふたたび心を奪われていなければ、どこの入り江の奥で、どの丸い岬の前で、女性の乳房のイマージュを見ることができたのであろうか。これほど大胆な隠喩を前にして、物質的想像力の原理、すなわち形体を命令するのは物質である、に基づかない説明はありえないであろう。乳房が丸いのは、乳で膨らんでいるからである。

ミシュレにおける海のポエジーはしたがって深層に生きている夢想である。海は母性的であり、水は驚異的な乳である。大地はその母胎で暖かく滋味豊かな糧を準備する。岸辺で乳房はふくれ上がりあらゆる生き物に栄養豊かな原子をあたえるであろう。楽天的な考え《オプティミスム》は豊饒である。

Ⅲ

母性のイマージュへの直接的支持をこのように断定することは、イマージュと隠喩の問題をゆがめて提示することになる、と思われるかもしれない。われわれに反対するために、自然の景観の単純な視覚像、単なる熟視もまた直接的なイマージュをよく引き起こすようだという事実に基づいて反論があるであろう。たとえば、きわめて多数の詩人が静かな視覚像にインスピレーションを得て、月光に照らされた静かな湖面の乳を流したような美しさを語るではないか、というような反論があるであろう。それでは水のポエジーについてこのごくありふれたイマージュを検討することにしよう。物質的想像力についてのわれわれの主張に、一見きわめて不都合なイマージュであるとはいえ、それがもっとも多様な詩人たちを魅惑することができるということを説明するのは、形体や色彩ではなく、最終的には、物質であるということを、われわれのために証明してくれるであろうから。

実際、ひとはこのイマージュの現実をどのようにして物理的に知覚するのであろうか。換言すれば、この具体的なイマージュの産出を決定する客観的条件はなんであろうか。月光の下に眠る湖水を前にした想像力に、乳状のイマージュが現れるためには、月の明るさが行き渡っていなければならない——水は軽く波立たねばならない、ともかく、水は月光によって照らされた風景をもはやどぎつく反映することがない程度に揺れ動くべきである。——要するに、水は透明から半透明へと移行し、わずかに不透明になり、光が差し込まなくなることが必要である。しかし水ができることはそこまでである。椀一杯の乳、農婦が下げてくる泡だった乳の手桶、客観的な乳を考えるためにはそれで十分であろうか。そうは思われない。したがって、このイマージュは視覚的な所与の側からは、その成分も力も受けないということを率直に認めねばならない。詩人の確信を正当化し、このイマージュの頻度と性質を正当化するためには、このイマージュにひとの見ていない構成要素、つまり視覚的ではない性質の構成要素を統合しなければならないのだ。それがまさしく物質的想像力が姿を現すところの構成要素なのである。もっぱら物質的想像力の心理学だけがこのイマージュを実際の生命として全体的に説明できるであろう。したがってすべてのこれらの構成要素を統合してこのイマージュを活動させてみよう。

いったいこの乳状の水のイマージュとは、とどのつまりなんであろうか。それはほんのり暖かい幸せな夜のイマージュであり、明るく包み込むひとつの物質のイマージュであり、空気と水、空と大地を同時にとらえ、そしてそれらを一緒に合体するひとつのイマージュ、宇宙的な、広々とした、果てしない、やさしいひとつのイマージュである。もしひとがそれを本当に生きるなら、月光の乳状の明るさの中にひたっているのは世界ではなく、まさに見ている人間であり、かれはじつに物理的なしかもじつに安定した幸福な状態にひたりつつ、もっとも遠い過去の安楽さともっとも甘美な糧とを思い出しているのである。それゆえ小川の乳は決して凍ることはないだろう。どんな詩人も冬の月が水の上に乳状の光を注ぐとは決していわないであろう。大気のほんのりした暖かさ、光のやわらかさ、たましいの穏やかさがこのイマージュには必要なのである。これがイマージュの物質的構成要素である。強力で原初的な構成要素である。色の白さはあとからしかやってこない。色は名詞が導く形容詞として、実名詞のあとから出現するであろう。夢の領域では、ある色彩が白くて乳のようだという語順は欺瞞的である。夢見るひとはまず乳に気づくのであり、眠そうな眼はそのあとでときによっては乳の白さを見るのである。

想像力の領域では白い色について難しい問題はないであろう。月の金色の光線は小川に付加されても、色彩の形体的で表層的な想像力がそれによって混乱することはないであろう。表面についての想像力は黄色いものを白と見るであろう。なぜなら乳の物質的イマージュはかなり強烈なので、人間の心の奥で穏やかな進歩を継続し、夢みるひとの安静を実現するという使命を成就するために、幸せな印象にひとつの物質、ひとつの実体をあたえるからである。乳は最初の鎮静剤である。それゆえ人間の静かな心が熟視された水に乳をしみこませるのである。サン゠ジョン・ペルスは『讃』のなかで次のように書いた。*2

……さてこれらのしずかな水と
朝の柔らかな孤独にむかって溢れ出すすべてのものは乳である

...Or ces eaux calmes sont de lait
et tout ce qui s'épanche aux solitudes molles du matin.

泡だつ気流がどんなに白かろうと決してこのような特権はもたないであろう。したがって、物質的想像力がその原初的要素を夢想するとき、色彩は本当に何物でもないのである。

想像されたものはその栄養補給の深い根をイマージュの中に見つけることはない。まずそれに必要なものは、より身近な、より包括的な、より物質的な何物かの現前である。想像された現実は記述される前にみずからを喚起する。ポエジーはつねに呼びかけである。ポエジーは、マルチン・ブーバーがいうように、それ *Cela* の次元にある以前にお前 *Tu* の次元にある。たとえば月は、詩の領域では形体である前に物質であり、夢想家に浸透する液体である。人間は自然の最初のポエジーの状態では「夜ごとに眺める月が、眠りのとき、目覚めているときのいずれにせよ、彼の方に近づき、その表情で魅惑し、あるいは、彼に触れて、吉凶いずれにせよ、彼の心を奪ってしまうのでなければ、〔原始人が〕月に想いを馳せるようなことはないのだ。ここから原始人が運行する月の光学的表象をつくるのでも、それに付随する魔力的な存在をつくり出すわけでもない。むしろ、まず、あの月の作用によって身体のなかに注ぎ込まれ、動的な〈刺激によって結ばれた像〉が生まれる……」(4)〔植田重雄訳〕。

月が占星術の術語的な意味で〈感応力《アンフリュアンス》〉であり、一定の時間になると、宇宙を浸し、物質的な単位を宇宙にあたえるコスモスの物質であることを、どうすればこれ以上うまくいえるであろうか。

それにしても、生体の記憶の宇宙的な性格は、物質的想像力が最初の想像力であるということを理解するならば、もはや驚くべきではあるまい。物質的想像力は、事物の創造と生命とを、生命力の光で、直接的な感覚作用の確実さをもって、換言すれば、われわれの器官の偉大な共感覚的教訓に耳を傾けながら想像する。すでにわれわれはエドガー・ポーの想像力の驚くほど直接的な特性に一驚したのであった。かれの地理学、つまり大地を夢想する方法にも同じ刻印が押されている。ゴードン・ピムの極地の海での冒険の深い意味を理解するためには、物質的想像力に正当な機能をもどしてやればいいであろう。この海にエドガー・ポーは一度も訪れたことがなかった、と付け加える必要があろうか。エドガー・ポーは次のようなことばで奇妙な海を記述している。「海水の温度は――いまはもうまったく驚くほどになっていて、その色も急激に変わってきており、もはや透明に澄んではおらず、乳のような濃度と色合いを帯びてきていた」。途中であるが、この箇所でなされた指摘によれば、水が透明さを失って、乳状になっていることに注目しよう。エドガー・ポーは続ける。「われわれのつい真近のところでは、海面も静かで、カヌーを危険に陥れるほど荒れることはなかった――が、われわれは、右手にも左手にも、あちらこちらの離れたところで、海面がいきなり広範囲にわたって激しく波立つのを見てたびたび驚いた……」(p.270)。三日後に、南極の探検家はまた次のように書く。「海水の温度は極度に達し(だがこれは極地の水のことなのである)、乳のような色合いは、ますます濃くなってきていた」(p.271〔大西尹明訳〕)。これで分かるように、海は一般的な様相で、全体的に捉えられているのではなく、その物質、その実体において捉えられたのであり、それが熱くて白かったのである。海水は暖かいから白いのだ。白色以前に暖かさが着目されたのである。

歴然としていることは、語り手の心を動かしているのが景観ではなく思い出であるということである。幸せな思い出、さまざまな思い出のうちでももっとも穏やかで、もっとも心なごむ思い出、つまり養う乳の思い出、母の懐の思い出である。終わりのページのすべてが証明しているのは、満ち足りた子供、乳母の胸で眠る子供の、欲も得もない安らかな状態である。「どうやら極地の冬が近づいているらしい──といって、そのことは、恐怖の念をもたらしはしなかった。わたしは、からだにも、心にも、しびれを感じた──いわば夢心地のような感覚である」〔大西訳〕。極地の冬の厳しい現実感は克服されている。想像の乳がその務めを果たしたのだ。それはたましいと身体をしびれさせている。これ以後、探検家は思い出にふける夢想家なのである。

直接的イマージュは、しばしばきわめて美しい──内密な美、母性的な美によって美しいイマージュである──が、その美の起源を他にもたない。たとえばポール・クローデルにとって、川とはなんであろうか。「それは大地の実体の液化であり、大地の一番深く隠された襞に根を下ろした流水の噴出であり、乳を吸う〈大洋〉の吸引による乳の噴出である[5]」。ここでまた命令しているものはなんであろうか。形体であろうかそれとも物質であろうか。川と砂州の地理的な模様であろうか、それとも液体そのもの、有機的精神分析の液体、すなわち乳であろうか。本質的に実体論的解釈によらないとすれば、乳を吸う〈大洋〉に結ばれた川口を、人間らしく力いっぱい変えながら、読者が詩人のイマージュに加担するには、どんな仲介者に頼ればいいのだろうか。

実体化されたすべての大きな価値が、価値化されたすべての人間的運動が、苦もなく宇宙的次元に上昇するのを、われわれはまた見ることになる。乳の想像力から〈大洋〉の想像力までには無数の通路が存在する。なぜなら乳はあらゆる機会をみつけて飛翔する想像力のひとつの価値だからである。またクローデルが書いている。「そして乳についてイザヤ〔前八世紀のイスラエルの預言者〕がいうように、それはあたかも海の氾濫のようにわれわれの中に存在している」(6)。乳は果てしない幸福でわれわれを満たし、浸したのではないだろうか。熱く豊饒な夏の豪雨の光景に人々は乳の洪水のイマージュが生きいきとしているのを見るのではあるまいか。

人間の心に深く碇をおろした同じ物質的イマージュは派生的なさまざまの形を限りなく変化させる。ミストラルは『ミレイユ』(第四歌)で次のように歌う。*3

Vengue lou tèms que la marino
Abauco sa fièro peitrino
Et respiro plan plan de touti si mamère…

大海原がおごった胸を静め、乳房を小刻みに上下させながら呼吸している。

〔杉富士雄訳〕

これは静かに鎮まった乳状の海の情景であろう。それは無数の乳房、無数の心臓をもった母なのであろう。

無意識にとっては水が乳であるゆえに、科学的思考史の途上で水はしばしば折り紙つきの滋養となる要素とみなされた。自然科学以前の精神にとって栄養摂取は説明すべき機能であるどころか、説明を施す《エクスプリカティヴ》機能であることを忘れてはいけない。自然科学以前の精神から自然科学的精神へ移るとき、生物学と化学の説明においてひとつの逆転がおこなわれるであろう。自然科学的精神においては生物的なものを化学的なものによって説明しようとこころみるであろう。無意識的な思考にいっそう近い自然科学以前の思考は、化学的なものを生物学的なものによって説明したのである。〈消化釜《ディジェストゥール》、溶解釜〉の中での化学的実体〈消化《ディジェスチオン》〉は、錬金術師にとっては素晴らしく明快な作用なのであった。このように単純な生物学的直観によって裏打ちされた化学は、いわば二重に自然的なのである。それは苦もなく小宇宙から大宇宙へ、人間から世界へと上昇する。人間の渇きを癒す水は大地を灌漑する。自然科学以前の精神は、われわれ現代人が単なる比喩とみなすイマージュを具体的な現実と考えるのだ。その精神は大地が水を呑むと本当に考えるのである。十八世紀の真っ只中にいたファブリキウスにとって、水は「大地と大気を養う」のに役立つものとみなされていた。したがって水は養う元素の列に進む。水は元素的物質的価値の最大のものなのである。[*4]

IV

飲み物の完全な精神分析は、アルコールと乳、火と水の弁証法を提示すべきであろう。つまりディオニュソス〔ブドウ酒の神〕対キュベレ〔農業の女神〕である。そのとき、意識的な生、文明化した生活のある種の折衷主義は、無意識の価値定立を再実行するや否や、物質的想像力の最初の価値に従うや否や、不可能になることを納得するであろう。たとえば『青い花』においてノヴァーリスはわれわれにこう語った。ハインリッヒの父親は住まいにおいて「ワインかそれともミルク一杯」を所望するだろうと。神話で盛りだくさんな物語なのに、動き出した無意識がまるで躊躇しているようだ。これでは雌雄同体の優柔不断ではないか。原初的要求を隠す儀礼的な生活の場でのみ「ワインかそれともミルク一杯」などと所望できるのだ。しかし、夢の中では、本当の神話の中では、ひとはつねに欲しい物を所望する。自分がなにを飲みたいのかをひとはつねに知っている。ひとは同じものをつねに飲むのだ。夢の中でひとが飲むものは、夢みるひとを間違いなく指し示すしるしなのである。

この研究より一段と深い物質的想像力の精神分析では、飲み物や媚薬の心理学を企てるべきであろう。かれこれ五十年前になるがモーリス・キュフェラートはすでにこういっていた。「愛の飲み物(Liebestrank 媚薬)は、実際に人生の大神秘のイマージュそのものであり、愛の可塑的表現、つまり愛の捕捉しがたい開花、愛の強力な生成、愛の夢から完全な意識への移行、ということの可塑的表現であり、それによって結局愛の悲劇的本質がわれわれに明らかになるのだ」[7]。ワグナーに対しこの〈医薬〉の導入を非難した文芸評論家に対抗して、キュフェラートは正当な反論をおこなったのである。「媚薬の魔術的効力はいかなる生理学的役割も果たしておらず、その役割はまったく心理学的である」(p.148)。この心理学的という語はしかしながらあまりにも包括的である。キュフェラートが執筆していたころは、心理学は今日の心理学のもつような多数の研究手段を駆使できなかった。今では忘却の領域も、五十年前には想像もできなかったほどずっと分化している。媚薬の想像力はしたがって多くの多様性を受け入れる。われわれはそれをことのついでに議論しようなどとは毛頭考えていない。本書におけるわれわれの課題は基本的な物質について述べることである。したがって基本的な飲み物についてだけ述べよう。基本的な飲み物についての直観、つまり乳のような糧となる水、栄養素として認められた水、ひとが確実に消化する元素として認められた水への直観はきわめて強力なので、おそらくこのように母性化された水でもって、ひとは元素の基本的な概念をもっともよく理解するのである。すると液体の元素は超《ウルトラ》＝乳《レ》、すなわち母たちの中でも傑出した母の乳として出現する。『五大讃歌』(p.48) の中でポール・クローデルは隠喩をいわば手荒に捻じ曲げ、奔馬に鞭をあてて、じかに本質へ赴こうとしている。

あなたの泉はまったく泉などではない。元素そのものだ。
第一物質だ。それは母なのだ、わたしにとってはなんとしても欠くべからざるものだ。

Vos sources ne sont point des sources. L'élément même !
La matière première ! C'est la mère, je dis, qu'il me faut !

〈宇宙〉における水の作用など知ったことか、と第一の本質に酔いしれた詩人はいう。水の変容も水の配分も知ったことか。

太陽によって整理され、収穫されたあなたの水、山のエネルギーによってフィルターとランビキにかけられ、配分された水をわたしは望まない。
腐りやすい、流れる水なんかいるものか。

Je ne veux pas de vos eaux arrangées, moissonnées par le soleil, passées au filtre et à l'alambic, distribuées par
l'énergie des monts,
Corruptibles, coulantes.

クローデルは、実体そのものの中に存在の弁証法をもちこみ、もはや流れない液体元素を捉えようとしている。かれが摑みたいのは、ついに所有され、大事にされ、保存され、われわれ自身に取り込まれた元素なのだ。視覚的形体のヘラクレイトス主義のあとに、本質的な液体、充実した柔軟さ、われわれと等しい温度の熱の、そうでありながらわれわれを暖める熱の、あふれ出るがしかし完全な所有の歓喜は残す液体の、たくましいレアリスムが続く。要するにそれは、現実の水、母乳、いついかなるときも母親たる、大文字で書かれた〈母〉なのである。

V

涸れることのない乳、母なる自然の乳を水によってつくる実体的なこの価値定立は、深い女性的性格を水に記す唯一の価値定立ではない。どんな男性の人生においても、あるいは少なくともすべての男性の夢の人生においても、第二の女性、すなわち恋人か妻が現れる。第二の女性はまた自然の上にも投影されるであろう。風景としての母親のかたわらに、風景としての女性が並ぶであろう。投影された二つの自然はおそらく干渉するか、重なり合うであろう。しかし両者を区別しうる場合がいくつかある。自然としての女性の投影がきわめて鮮明な例をあげてみよう。実際ノヴァーリスの夢は水の女性的実体性を確認するための新しい理由をいくつかもたらしてくれるにちがいない。

かれは夢の中でたまたま出会った水盤に、手を浸しそして唇を湿らせたあとで、「水浴したいという抑えがたい欲望」にとらえられる。いかなる影像《ヴィジョン》もかれをそこに招くものはない。かれを呼んでいるのは、かれの手と唇とが触れた実体そのものである。それは魔術的分有の力で――そうらしいのだが――、物質的にかれを呼ぶのである。

夢見る男は衣服を脱ぎ池に入っていく。そのとき初めてイマージュがいくつかやってくる。それらはひとつの萌芽から出てくるように、原初的官能的現実から、まだ投影するすべのない陶酔から、やってくるのだ。「いまだ目にしたこともない影像が新たに浮かんできたかと思うとまた溶けあうように消えていった。だがいつしかそれが肉眼にもとらえられる生きものの姿となって青年の肌をつつみこんだ。四大元素のひとつ、やさしい水がまわりじゅうからふくよかな乳房となってまつわりついてきたのだ。たゆたう池の水は、じつはなよやかな娘たちの溶液で、それが青年の体にふれる瞬間、本来の姿に変じるかのようであった」[8]〔『青い花』青山隆夫訳〕。

深々と物質化された想像力による素晴らしいページである。ここでは水が――その容積と量とがともに捉えられ――もはや反映の単なる妖精劇の中ではなく、水に溶けた若い娘、若い娘の液体化した本質

《eine Auflösung reizender Mädchen》として現れるのである。

女性の形が生じるのは、水の実体そのものが男性の胸と接触したためであり、そのとき男性の欲望がはっきりした形をとるようにみえる。しかし官能的実体は官能がさまざまの形態をとる以前に存在するのである。

ノヴァーリスの想像力の独特な性格の一面は、それをあまりに早く白鳥コンプレックスのせいにしてしまうと、誤解されることになろう。そうするためには、原初的イマージュが視覚的イマージュであるという証拠を出さねばならない。ところが視覚的影像が活発であるとは思われないのである。魅力的な若い娘たちはほどなく元素〔水〕の中にふたたび溶解するし、また夢見る男も「酔ったように恍惚として」その旅を続けるので、実際には、束の間にしか現れない若い娘たちとはいかなる恋の戯れもすることはないのである。

ノヴァーリスにおける夢の存在たちは、だからひとがそれに触れたときにのみ存在するのである。水は胸に当たったときにのみ女となる。水は遠く隔たったイマージュをあたえることはない。ノヴァーリスのある種の夢がもつきわめて興味ある物理的特徴は、ひとつの名前をつけるに値する。ノヴァーリスを、見えないものを見る〈千里眼《ヴォワイヤン》〉〈見るひと〉という代わりに、〈触れる人《トゥシャン》〉とわざと呼んでみたい。触れることのできないもの、感知しえないものに触れるからである。かれは他のすべての夢見る人よりも奥底まで行く。かれの夢は夢の中の夢である。それも天空の方向ではなく、深さの方向をとる。かれは眠りそのものの中で眠る、かれは眠りの中で眠りを生きる。人目につかない隠れた地下礼拝堂で第二の眠りを、たとえ経験しなかったとしても、それを望まなかった人がいるだろうか。そのとき夢の存在たちがわれわれに一段と接近してくる。かれらはわれわれに触りにくる、かれらは隠微な火のようにわれわれの肉体の中に住むためにやってくるのだ。

すでに拙著『火の精神分析』において示したように、ノヴァーリスの想像力は熱素主義《カロリスム》によって支配されている。いわば熱く、優しく、暖かく、包み込み、保護するひとつの実体への欲望によって、つまり存在全体を取り囲み、そして存在の内奥に浸透するひとつの物質への欲求によって、支配されているのである。それは深部において発展する想像力である。幻影たちは、実体から出てくるのだが、おぼろげな形のようではあるが、ずしりと充実しているし、束の間の存在のようではあるがひとが触れることのできるものであって、この幻影たちにひとは内密ないのちの深い熱をわずかながらでも伝達したのである。ノヴァーリスのすべての夢にはこの深さのしるしが押されている。ノヴァーリスがこの驚異の水、いたるところに若い娘を配置するこの水、若い娘を部分詞《パルティティフ》とするこの水をみいだす夢は、広々とした見晴らしの利く、大きな視野の夢ではない。驚異の湖、その熱と、その優しい熱を後生大事に守っている湖があるのは、大地の懐《ふところ》、洞窟の奥である。これほど深く価値定立化された水から生じる視覚的イマージュ群は、まずいかなる密度ももたないであろう。それらはお互いに溶け合う。そうすることでその起源の水の性質と熱の性質を保存するのだ。ただ物質だけが残るであろう。このような想像力にとって、形体的イマージュの領域ではすべてが失われるが、物質的想像力の領域ではなにも失われるものはない。実体から本当に生まれた幻影たちはその活動を遠くまで進める必要はない。水は「柔らかな胸のように」べったりと夢想家に貼りつけられても無駄なのだ。夢想家はそれ以上のことは要求しないであろう……かれは実際、実体的所有を楽しむだけなのだ。かれが形体についてなんらかの軽侮の念を抱かないことがあろうか。なぜなら、形体はすでに衣服であり、あまりも鮮明に描かれた裸体は氷のように冷たく、とりつくしまもなく、輪郭線の中に閉じこめられている。したがって、熱素的な夢想家にとって、想像力はまったく物質的想像力一色なのである。かれが夢想するのは物質であり、かれが必要なのは物質の熱なのである。夜こっそりと、真っ暗な洞窟でひとりになり、実在をその本質で、その重さ、その実体的な生命とともに捉えたとき、束の間の視覚像などもうどうでもいいのではないだろうか。

こういう優しくて熱く、人肌の温かさでじっとり湿っている物質的イマージュ群がわれわれを癒すのである。こういうイマージュはあの想像的医学に属するのだ。夢幻的な立場からすればじつに正しいこの医学は、はなはだ強力に夢見られるので、われわれの無意識の生活に甚大な影響を及ぼしている。数世紀にわたって人々は、健康状態とは〈根本的な湿気〉と〈自然の熱気〉との均衡であるとみなしていた。古い著者レッシウス（一六二三年没）は次のように述べている。「生命のこの二つの成分は少しずつ費消される。この根本的湿気が減少するにつれて、熱気もまた減少する。そして一方が費消し尽くされると、他方もランプのように消えるのである」。水と熱はわれわれの生命の活力源である。それを節約する術を知らねばならない。一方が他方を鎮めるということを理解しておかねばならない。ノヴァーリスの夢とその夢想はすべて、根本的湿気と拡散する熱気の合一を果てしもなく求めていたようである。ノヴァーリスの作品における夢幻的な美しい均衡はこのように説明することができる。ノヴァーリスの知っていた夢は、健康に生きている夢だったのであり、よく眠れる夢だったのである。

ノヴァーリスの夢があんなに深いところまで入ったのは例外的かと思われる。しかしながら、少し探ってみると、つまり形体的なイマージュの下を探してみると、ある種の隠喩の中にその下絵を見つけることができるかもしれない。たとえば、エルネスト・ルナン[*5]の一行に、われわれはノヴァーリス的幻覚の痕跡を認めるであろう。実際、かれの『宗教史研究』(p.32)で、ルナンは、川につけられた形容の χαλλιπάρθενος(美しい処女たちの)を注釈して、川の波が「若い娘たちに溶解してなり変わった」とさらりと述べている。このイマージュをあらゆる方向からひっくり返して調べても、いかなる形体的な特徴も見つけられないであろう。いかなるデッサンもこのイマージュを正当化できない。形体の想像力の心理学者に対して、あなた方にはこのイマージュを説明できないだろうと、われわれは挑戦できる。これは物質的想像力によってはじめて説明可能なのである。波が白さと透明さを受けるのは内在的物質によるからである。この物質が溶けている若い娘なのだ。水は溶解している女性的実体から特性を奪ったのである。もしあなたが無垢な水を所望されるなら、処女たちを水に溶かしなさい。メラネシアの海をお望みなら、黒人の女性を溶解させなさい。

　処女たちを水中に沈めるある種の儀式に、この物質的成分の残した跡が見つかるかもしれない。サンティーヴ(前掲書、p.205)が想起しているが、コート・ドール県のマニー＝ランベール Magny-Lambert では、「長い旱魃の時には、九人の若い娘がクリュアンヌ Cruanne の泉の貯水池に入ってそれを完全に空《から》にして雨を待った」。そしてサンティーヴはつけたす。「水浴の儀式はここでは純潔な存在による泉の貯水池の清掃も伴っている……泉に下りるこの若い娘たちは処女である……」。彼女たちは〈現実的強制力〉により、つまり物質的分有により、水に純粋さを押し付けるのである。

　エドガール・キネの『アースヴェリュス』(p.228)においても、視覚的イマージュに近い印象をもつが、しかしその物質の系統なのである。「幾度となく、広く開けた湾の中を泳ぎながら、波のうねりを強く胸に描き抱いたものでした！　首にまとわりつく狂乱の波浪、唇に接吻する飛沫の泡。周囲に噴出する馥郁たる燦《きらめ》き」〔戸田吉信訳〕。ご覧のように〈女性の形〉はまだ生まれないが、しかしそれはいままさに生まれんとしている。〈女性の物質〉がそこに何もかもそろっているからだ。ひとが熱烈な愛をこめてその胸に〈抱きしめる〉波は、やがてどきどきと鼓動する胸となるのである。

もしひとがこういったイマージュの生き方に必ずしも敏感ではなく、はっきりと物質的な観点から、じかにイマージュを受けとらないとするならば、今まで物質的想像力が、それにふさわしい関心を心理学者から受けていなかったからである。われわれの文学教育はすべて形体的想像力、明快な想像力を養成することにとどまっている。他方、夢も大半がもっぱらその形態の発展の面でのみ研究されてきたので、夢がなによりも物質を模倣する生き方であり、物質的元素に強力に根を下ろした生き方であることは念頭にないのだ。とくに、形体を連続させるだけでは、変形の力学《ディナミック》を測定するために必要なものはまったくもてない。この変形を外部から、純然たる運動学《シネティック》として記述するのが関の山である。この運動学では内側から力、衝動、憧憬を評価できない。夢がはたらきかけている物質的元素の力学から引き離して、ひとは夢の力学を理解することはできないのである。ひとが夢の内在的な力学を忘れるならば、夢の形体の可動性を間違った視野の中でとらえることになる。結局、形体の可動性は、無意識がそれに関心をもたなくなるからおこるのである。無意識を引き止めておくもの、イマージュの領域でダイナミックな法則に従わせるものは、物質的元素の根底にある生命である。ノヴァーリスの夢はひとつの水についての瞑想の中で形成された夢である。その水は夢を見るものを包み込み浸透する水であり、温かくたっぷりとした安楽さ、量の点でも密度からいっても安楽なものをもたらす水である。それはイマージュではなく実体による恍惚である。それゆえにノヴァーリスの夢を驚異的催眠剤として利用できるのである。それはどんな興奮した心的状態も鎮静させる心理的な実体に近い。ここで引用されたノヴァーリスの文章によくよく思いをこらすなら、ひとは夢の心理学の重要な一点を理解するために一条の新しい光がさしこむのを認めるであろう。

Ⅵ

ノヴァーリスの夢にはまた、ほとんど指摘されていない特質があり、この特質はそれにもかかわらず活発であり、含水《イドラン》の夢の完全な心理学をもつためには、この特質にそのすべての意味をあたえることが必要である。実際ノヴァーリスの夢は揺すられる夢のもつ多数の分野のひとつである。かれが驚異の水に入るとき、夢想家の最初の印象は「夕焼けの雲のあいだに憩う」という印象である。いったい夢想家を支えている本当の物質はなんであろうか。それは雲でもなければ柔らかな芝生でもなく、それは水なのである。雲や芝生は表出 expression である。水は印象 impression である。ノヴァーリスの夢の中では、水が経験の中心にあるのだ。夢想家が土手で休んでいるときでも、水はかれを揺さぶり続ける。これは夢の物質的元素の恒常的活動の一例なのである。

四つの元素のうち、揺することのできるものは水だけである。これは揺する元素である。これは水の女性的性格のもうひとつの特徴である。水は母親のように揺する。無意識は、そのアルキメデスの原理を公式化するのではなく、それを生きるのである。水浴者はその夢想の中でなにも探さないし、些細な発見に驚いた精神分析家のようにユーレカと叫びながら眼を覚ましたりはしない。「お気に入りの場」である夜になれば、水浴者は水の中で獲得された軽やかさを愛し親しむ。かれはそれを夢想的認識としてじかに楽しむのだ。それはわれわれがこれから見るようにひとつの認識であり、無限を開くのである。

仕事もなく繋がれている小舟は、同じ悦楽をあたえるし、同じ夢想をかき立てる。それは、ラマルチーヌがためらいもなく述べているように、「自然のもっとも神秘的な逸楽のひとつ[9]」をあたえる。魔法使いの舟、ロマンティックな舟はある意味では大人の手に取り戻された揺籃である。そのことを無数の文学的文献が容易に証明するであろう。暢気で静かな長い時間、仲間の舟もなく小舟の底に寝転んで空を眺めていたあの長い時間は、どんな思い出にわれわれを連れていくことだろう。あらゆるイマージュが不在である、大空はからっぽだ、だが運動がそこにはある、生きている、なんの障害もなく、リズミカルに――それはほとんど運動らしい運動のない、おそろしく静かな運動だ。水がわれわれを運ぶ。水がわれわれを揺する。水がわれわれを眠らせる。水がわれわれの母を返してくれるのだ。

揺られる夢のように、普遍的なテーマでありながら、形式上の詳細な情報が乏しいテーマについては、物質的想像力はまずその独自のしるしをつける。波の上で揺すられることは、夢想家にとって独特の夢想、つまり単調になることによってどんどん深まっていく夢想にふける機会なのである。ミシュレはそれを間接的に指摘している。「もはや場所もなければ時間もない、注意を引くような目だったところはどこにもない。もはや注意は存在しない。夢想は深まる、どんどん深まっていく……水の柔らかな大洋の上の夢の大洋である」[10]。ミシュレはこのイマージュで、注意を緩めるひとつの習慣の誘惑を描写しようとしている。この隠喩的見方を逆転することもできる。なぜなら水の上で揺られる生命は本当に注意力を緩めるからである。そうすれば小舟の中での夢想は、ロッキングチェアに掛けての夢想とは、同じでないことが分かるであろう。小舟の中でのこの夢想は、特殊な夢想的習慣、まさに習慣としての夢想を決定するのだ。たとえば、波の上で夢想する習慣を排除するとすれば、ラマルチーヌのポエジーから重要な構成要素が奪われることになろう。この夢想はときとして奇妙な深さを内密性にあたえる。バルザックは「身に快い小舟の動揺は心にたゆとうさまざまな思いにほのかに調子をあわせます」[11]（『谷の間の百合』〔宮崎嶺雄訳〕）とはばかることなく述べている。緊張の解かれた幸せな思索のなんと美しいイマージュであろう。

ひとつの物質的元素、つまり自然のひとつの力に密着したあらゆる夢、あらゆる夢想のように、揺られる夢想も夢もどんどん増えていく。それらの後から、この並々ならぬ優しさの印象を継承するほかの夢がやってくるであろう。それらは幸福感に無限の味わいを加えるであろう。水のほとりで、水の上で、ひとは雲の上を漕ぎ、大空を泳ぐことを学ぶのである。バルザックは同じページでまた次のように記している。「河はあたかも一筋の小道のように、私たちはその上を飛んでいるかと思われました」〔宮崎訳〕。水はわれわれを空想の旅に誘う。ラマルチーヌもまた水と空の物質的連続性について述べている。そのとき「光り輝く広漠たる水と、これまた光り輝く広漠たる空とがとけあふあたりに眼をさまよはせてゐた」ので、かれはもはやどこで空が始まりどこで湖が終わるのか分からなかった。「自分自身、澄みきった大空のなかを泳ぎまはり、はてしない大海のなかにひたってでもゐるかのやうな気がしてゐた。

しかし、かうして身も心もとけこんでゐたあたりの雰囲気にもまして、心のうちでひしひしと味はってゐた喜びのはうが、はるかに際限もなく、はるかに明るく、はるかに測り知れぬものだった[12]」（『湖畔の愛——ラファエル』桜井成夫訳、角川文庫）。

このような文章の心理的な尺度を示すためには、何事も忘れてはならない。このひとは運ばれている *porté* ゆえに、有頂天になる *transporté* のである。かれは空に駆け上る、なぜなら幸せな夢想によって本当に軽くされて *allégé* いるからである。力強く弾みをつけられた物質的イマージュの恩恵を受けたとき、つまり存在の実体といのちをもって想像するとき、あらゆるイマージュが勢いづく。ノヴァーリスはこうして揺すられた夢から、運ばれる夢へと移っていく。ノヴァーリスにとって、夜自体がわれわれを運ぶひとつの物質であり、われわれの生命を揺する大洋なのである。「〈夜〉はおまえを母のように運んでいくのだ[13]」。

第6章　純粋と浄化、水の倫理

こころが欲するすべてのものはつねに水の形象に還元されうる。
ポール・クローデル『立場と提案』[*1]

I

当然のことではあるが、われわれは純粋性と浄化の問題をその全般にわたってくまなく扱う意図はもっていない。そこには現時点であれば宗教的価値の哲学に属する問題がある。純粋性は価値定立の基本的なカテゴリーのひとつである。おそらくすべての価値を純粋性によって象徴することさえ可能であろう。この大問題をきわめて圧縮したかたちでの要約がロジェ・カイヨワ『人間と聖なるもの』にある。[*2]本書でのわれわれの目的はさらに限定されている。純粋性にかかわる祭儀的形式に手をのばすことなく、祭儀的な純粋性にかかわるすべてのことから解放されることによって、物質的想像力が水の中にとびぬけて純粋な物質を、つまり本来的に純粋な物質を見いだすということを、とくに証明したいのである。したがって水は純粋性のための自然の象徴として現れる。水は浄化作用の冗漫な心理学に明快な意味をあたえる。われわれが概略を示したいのは、物質的なモデルに結びつけられた純粋さの心理学である。

価値化の大きなカテゴリーの起原には、社会学者たちが多大の証明をもたらしたように、確かに社会的な主題がある——換言すれば、真の価値定立は本質的に社会的なものである。それは相互に交換を欲する諸価値からなっているし、それらの価値は集団のすべての構成員に知られており、また指示されているひとつの特徴をもっている。しかしわれわれは、だれにも打ち明けられない夢想、社会を逃れて世界を唯一の仲間とみなすとうそぶく夢想家の夢想、それらのもつ価値定立もまた考察しなければならないと考えている。もちろんこのような孤独といえども徹底したものではない。孤立した夢想家といえども言語に密着した夢の価値をとくに大事にしている。かれはその民族の言語に特有のポエジーを保存している。かれが事物にあてはめることばはその事物を詩に変える、つまり、伝統から完全に免れることのできないひとつの意味の中で、それらの事物に精神的な価値定立化をほどこすのである。社会的慣習からもっとも自由になった夢想を切り開く極端に革新的な詩人といえども、言語の社会的な基盤から生じるいくつもの萌芽をその詩篇の中に運びいれているのである。しかし形式と語が詩のすべてではない。それらを連鎖させるためにはある種の物質的な主題が不可欠である。本書における課題は、まさにいくつかの物質がその夢の力を、つまり本当の詩に統一性をあたえる一種の詩的連帯性とでもいうようなものを、われわれの中に運び込むことの証明なのである。もし事物がわれわれの諸観念を整理するのなら、元素的物質はわれわれのもろもろの夢を整理するであろう。元素的物質はわれわれの夢を受け止め、保存し、高揚させる。純粋さという理想を、そこらに打ちすてておくような者はいないし、どんな物質の中でもかまわずもちこむ者もいない。浄化の儀式がじつに強力であれば、その儀式を象徴化しうるひとつの物質を選び、それに頼るのは正常なことなのである。きれいな水は純粋さの安直な象徴作用にとっていつも変わらぬ誘惑を含んでいる。案内人がいなくとも、社会的慣習を知らなくとも、誰だってこのイマージュを自然だと思うのである。したがって想像力の物理学は、この自然で直接的な発見を説明しなくてはならない。このように、普通の経験よりも重要であることを示す物質的経験に、ひとつの価値をあたえることは、想像力の物理学によって注意深く検討されなければならないのである。

本書で扱う精確に限定された課題においては、したがって、方法上のしばりがあり、純粋性の観念から社会学的特性を除外せざるをえないのである。それゆえここでも、というよりここではとくに、神話学の文献の利用には大いに慎重になるであろう。こういう文献を利用するのは、詩人たちの作品とか孤独な夢想において神話がなおも強力に作用していると感じられる場合に限ることにする。こうすることによって、すべてを今現在の心理にまで立ち返らせることができるであろう。形式や概念がじつに早々と硬直化するのにたいし、物質的想像力は現在もなお機能する力であり続けているからである。伝統的イマージュをたえず再活性化できるのはこの想像力だけだ。ある種の古い形の神話をいつでも蘇生させるのは物質的想像力なのである。それは形体を変形させることによって、形体に生命をよみがえらせるのだ。形体というものはそれ自体では自己を変形できないのだ。形体が変身するのは、その存在に反することなのである。変形変貌にたまたま出会うことがあるとすれば、形体の戯れの下で確実に物質的想像力が活動しているのだといえよう。文化はわれわれに多様な形体を――たいていはただのことばを伝達する。こうした文化にもかかわらず、われわれがいささかでも自然な夢想を、つまり自然を前にした夢想を取り戻すことができるようであれば、象徴作用とは物質的なひとつの能力《ピュイサンス》であることが理解できるはずだ。われわれの個人的夢想がごく自然に隔世遺伝的象徴を作り直すとすれば、隔世遺伝的象徴は自然な象徴だからである。もう一度いうが、夢は自然のひとつの力《フォルス》だということを理解しなければならない。また繰り返す機会があるかもしれないが、だれも純粋さを夢みずには純粋さを知ることはできないのだ。しかもそれを力強く夢みるためには、自然の中に純粋さの徴《しるし》、証拠、実体を見ることが必要なのである。

II

われわれが神話の資料の利用に大いに慎重であるとするならば、合理的な知識を参照することもまったく拒否しなければなるまい。想像力の心理学を作るために、その基礎となる第一の必需品として理性の諸原理をもってきたのでは、組み立てようがないのだ。心理学上のこの真実は、これまでしばしば隠されてきたが、本章で扱われる問題にともなって、明白な事実として現れるであろう。

現代人の意識にとって、純粋な水と不純な水の相違は完全に合理化されている。化学者と衛生学者が見てまわったところでは、蛇口の上に張られた〔飲用可という〕張り紙が飲料水を示すことになる。それですべては言い尽くされ、すべての心配事は取り除かれるのである。合理主義的精神というものは――古典的教育がたんと養成したように、心理的知識が貧弱なので、古い文書について考察するときは、文書の資料の上にその狭いきっかりとした知識を探照燈のように当てるのである。おそらく水の純粋さについての知識がかつて不完全だったということは理解されるだろう。しかしそういう知識にしても、やはり明瞭に指定され、ごく明快な経験に対応していると思ってしまうのだ。こういう条件の下で古い文書を読むとたいていは過度に知的な読み方になる。現代の読者は古人の〈自然の知識〉を褒《ほ》めすぎることが多い。古人が〈直接〉得たものだと現代人が思いこんでいる知識は、ひとつのシステムに組み込まれており、しかもそのシステムはきわめて手の込んだ人為的なものかもしれないのだ、ということを忘れている。現代人はまた〈自然な認識〉が〈自然な〉夢想に組み込まれているということも失念している。この夢想こそ想像力の心理学がもう一度発見しなければならないものである。消え去った文明の文書を解釈するとき、なによりもまず再構成すべきなのはこの夢想なのである。事実を計るだけではなく、夢もまた重さを決めなければならない。なぜなら文学の次元では、もっとも単純な描写であろうと、すべて見られる前に夢みられているからである。

たとえば紀元前八百年にヘシオドスによって書かれた古い文章を読んでみよう。「海に注ぐ河の河口でも、水源でも／決して小便をしてはならぬ、心してそれを避けよ(1)」〔松平千秋訳〕。ヘシオドスはつけ加えていう。「そこで他の生理的要求も満たしてはいけない。それはやはり災いのもとだ」。こういう命令を説明するために、功利的見解の直接的性格を主張する心理学者は、すぐさまいくつかの理由を見つけるであろう。そして初歩的な衛生学の教育を気にかけているひとりのヘシオドスを想像する。まるで人間には自然の衛生学が存在するとでもいうようだ。絶対的な衛生学でも存在するというのであろうか。健康法にはおびただしい流儀があるのだ。

実際、ただ精神分析的な説明だけがヘシオドスの言明した禁止事項を明快に見ることができる。証拠は身近にある。いまあげた引用文は別の禁止事項、すなわち「陽に向かい、立ったまま放尿してはならぬ」〔松平訳〕と同じページにあるからだ。この禁止事項はなんら功利的意味をもたないことは明らかである。これが禁止している行為は光の純粋さを曇らせるおそれはない。

そうだとすれば、一方の項目に有効な説明は、他方にも有効である。太陽に対する、つまり父親の象徴に対する男性の抗議は、精神分析学者にとってはよく知られたことである。太陽を侮辱させないようにする禁止命令はまた川をも保護するのだ。原初的なモラルの規則がここでは太陽の父親的威厳と水の母性を擁護するのである。

この禁止事項は、いつなんどきでも起こりうる無意識のひとつの衝動に対して必要とされたのだ――それは依然として今でもなお必要であろう。純粋で透明な水は、実際には、無意識に対する汚染の呼びかけなのである。野原でなんと多くの泉が汚されたことだろう。それは、散策者を落胆させて、してやったりと快哉をさけぶ、歴然たるあの悪意の仕業だとは必ずしも限らない。この〈犯罪〉は、人間に対して犯す過失よりもっと上を狙っている。そのいくつかの特徴には瀆聖の響きがある。それは母なる自然へのひとつの凌辱なのである。

だからこそ伝説においては、擬人化された自然の権力によって、無作法な通行者に対する罰がうんざりするほどあるのだ。ここに例としてあげるのは、セビヨによって報告されたバス＝ノルマンディの伝説である。「妖精たちはその泉を汚した下種な男を捕まえたのでひそかに相談した。〈わたしたちの水をかき乱した者を、どうなさいますか。お姉さん。――あんなやつはどもりにさせて、一言もしゃべれなくすればいいわ。――ではあなたは、お姉さん。――いつも口をあんぐりとあけて歩き、通りかかるハエを呑みこめばいい。――それでは、あなたはどうですか、お姉さん。――あなたへの尊敬のしるしに、一発空砲をとどろかせずには、一歩も歩けなくしたらどうかしら〉」[2]。

　このような話からは、無意識への影響力、夢の力が失われている。こういう話は一風変わっているから、もはやにやにやしながら伝えられるにすぎない。したがってもはやわれわれの泉を守ることはできないのだ。第一、公衆衛生の禁止事項は合理性一本やりの雰囲気で展開されるので、おとぎ話の代用にはなりえないといっておこう。無意識の衝動に抗して闘うためには、活発なコント、夢の衝動の軸そのものに沿って筋が展開する寓話が必要なのである。

　こういう夢の衝動は良きにつけ、悪しきにつけ、われわれを苛むものである。だからわれわれは水の純粋と不純のドラマに人知れずひそかに反応するのである。たとえば汚い川に対して、下水や工場によって汚染された川に対して、独特の、いわれのない、無意識の、直接的嫌悪感をいだかないものがあろうか。人間たちによって汚されたこの偉大な自然の美は、恨めしさの感情を引き起こす。ユイスマンスはこの嫌悪感と恨めしい感情をもとに、いくつかの呪詛的長文の調子を高め、その画面の何点かを悪魔的に仕上げた。その見本が、現代のビエーヴル川であり、かれは都市によって汚染されたそのビエーヴル川の絶望的なたたずまいをさらけ出したのである。「この襤褸《ぼろ》をまとった川」、「この奇怪な川、ありとあらゆる垢の吐き出し口、スレートと溶けた鉛の色をした汚水溜め、あちらこちらに青みがかった渦が沸き立ち、薄汚い痰つばが点々と浮き、下水の仕切りの上にごぼごぼと流れ込み、石垣の穴の中へしゃくりあげながら消えていく。ところどころ、水は半身不随で動けなくなりまた癩《らい》を病んでいるように見える。それは澱み、それから流れる煤をまた動かし、泥で一段とのろくなったその動きをまたぞろ始めるのである[3]」。「ビエーヴル川はのろのろと動く堆肥である」。ついでながら、水のもつ本来の素質というものが、こうした有機的な隠喩をとらせるのだということを指摘しておこう。

他にも多くのページがこのように、純粋な水に附加された無意識的価値の、背理法 absurde による証拠を供給できる。清らかな水、水晶のような水が危機に出あうたびに、小川や泉や川という自然の透明性のこの貯蔵庫のすべてを、新鮮で若々しい状態で受け入れたい、というわれわれの切実な思いを測ることができる。透明さや新鮮さの隠喩が、これほど直接的に価値定立化された現実に適用されるやいなや、この隠喩がひとつのいのちを確実に宿していることをわれわれは即座に感じるのである。

Ⅲ

もちろん純粋さの自然で具体的な経験は、視覚によるデータ、ユイスマンスのレトリックが取り組んだ熟視だけのデータより、さらに感覚的な因子をまだ含んでいる。清らかな水の価値をよく理解するためには、歩きまわった夏の日、裏切られた喉の渇きという恨みを爆発させる経験が必要である。家族が使う泉水に柳の枝を漬けておいた〔他家の〕ブドウ作りの男に対して、あるいは水を飲んだあと小川の泥を掻きまわしてサディスト的快感をおぼえるすべての野蛮人――泉の冒瀆者たちに対して、けしからんといわねばならない。だれよりも田舎の人が清らかな水の価値を知っているのは、それが危機にさらされている純粋さだ、ということを承知しているからである。それにまた澄んだ爽やかな水を、格好のころあいに、無上の瞬間に飲むことを心得ているからである。そのときはまさに無味が美味になり身体全体が純粋な水を望んでいるときなのだ。

この単純だが全身的な快感に対立させて、苦いそして塩辛い水、つまり悪い水でもって驚くべき多様で多数の隠喩の心理学を作ることができよう。こういった隠喩はひとつの嫌悪感の中に統合されるが、それには無数の差異が隠されている。自然科学以前の思考をちょっと照合しただけで、合理化のうまくいかない不純の本質的複雑さが理解できよう。あらかじめ注意しておきたいのは、現在の科学の次元ではまったく事情が違うということである。今の化学的分析は悪い水、飲めない水の成分を正確に示している。もし分析が飲料水の欠点を示すとすれば、水が硫酸カルシウムを含むのか、石灰質なのかそれとも細菌を含むのかを明言することができよう。欠点が重なるとしても、限定することばはまだ単に並置されるだけである。それらの性質はそれぞれ孤立したままである。人々が別々の実験によって見つけたからだ。その反対に前科学的精神――まるで無意識のような――は、さまざまの形容詞を寄せ集めて一緒くたにする。たとえば十八世紀のある本の著者は、悪い水を検討した結果、その判断――かれの嫌悪感――を六個の限定詞に投影する。その水は同時に「苦味分、亜硝酸分、塩分、硫黄分、タール分を含み、嘔吐を催させる」と述べられている。これらの形容詞は罵詈雑言《ばりぞうごん》以外の何物でもない。それは物質の客観的分析というよりむしろ嫌悪感の心理学的分析にあたる。それは水を飲んだひとの示すさまざまの顰《しか》め面の総和を表している。それは経験的認識の総和――科学史家があまりに安易に信じるような――を表すものではない。研究者の心理学を学んだあとではじめて前科学的な探求の意味がよく理解できるのである。

お分かりのように、無意識の目からすれば、不純性はつねに多様であり、つねに多量であり、それは多目的な有害性をもつ。だからこそ不純な水はあらゆる悪業について告発されることがありうるのだ、ということが理解されるであろう。意識的な精神にとって、不純な水が悪の単なる象徴として、つまり外在的な象徴として受け止められるとしても、無意識にとってそれは積極的な、まったく内的な、まったく実体的な象徴作用の対象なのである。無意識にとって不純な水は悪の受け皿、あらゆる悪を受け入れる集積所であり、それは悪の実体なのである。

それゆえ、悪い水には際限なく呪詛をつみ上げることができるのだろう。ひとは不純な水を呪詛化《マレヒシエ》できる。換言すれば悪い水によって、悪にひとつの活発な形体をあたえることができるのである。その点では、ひとつの行動を理解するためにはひとつの実体を必要とする、という物質的想像力の必然性に従っている。このように呪詛された水の中では、ひとつの記号で万事ことたりるのだ。というのは、ひとつの観点からみて、つまりその特性のうちのひとつでも悪であるものは、その総体でも悪となるからだ。悪は性質から実体へと移行するのである。

したがって最小の不純物が、純粋な水の価値を完全に下落させることの説明がつく。不純は呪詛の契機なのである。不純は悪意ある思考を自然に受け入れるのだ。絶対的な純粋さという道徳的公理が不健康な思考によって永久に台無しにされる事情を、透明さや新鮮さをほんの少し失った水が完全に象徴するということがお分かりであろう。

注意深く目を凝らし、あるいは催眠術にかけられた目で、水の不純さを検討するならば、あるいは良心に問うように水に問いかけるならば、ひとりの人間の運命を読み取ることが期待できるであろう。水占いのいくつかの手段では、水に漂うあの雲を参照するのだが、(4) それは卵白か液状の物質を注いでおいたもので、枝状に棚引き、ともかくとても不思議なものである。

濁った水にも夢想家はいる。どぶの黒い水や、あぶくを盛んに発する水や、その実体の中にいくつも水脈を顕《あら》わにする水や、まるで自分から盛り上がってくるように底の泥を持ち上げる水に、現《うつつ》をぬかす者がいる。そのとき夢見ているのは水であり、水が悪夢の肥大増殖によって覆われているのだと思われる。この夢幻的肥大増殖は水の植物を熟視した場合にすでに夢想によって誘発されていた。水生植物は、ある種の人々にとって、本当の異国趣味、つまり太陽の下の花々から遠く離れ、明快な生活からも遠く離れ、彼方の国を夢見ることへの誘いなのである。なんと多くの不純な夢が、水の中で花を開き、水面で物憂げに伸びていくことか。あたかも睡蓮の大きな水かきのある手のように。不純な夢も無数にある。眠りこけた人間はわが身の中に、その周りに、黒いどろどろの流れが、悪を積み込んだ重い波のステュクス川〔地獄の川〕の流れが巡っているのを感じる。そしてわれわれのこころは、この黒の力学によって掻きまわされている。そしてわれわれの眠り込んだ眼は黒から黒へ、この暗黒の生成を果てもなく追い続けるのである。

ところが純粋な水と不純な水の二元論は均衡のとれた二元論からはほど遠いのである。道徳的な秤は間違いなく純粋さの側に、善の側に傾く。水は善に加担する。水にまつわる膨大な民間伝承を探索したセビヨは呪われた泉の少ないことに驚いた。「悪魔はめったに泉とは関係をもたないので、悪魔の名をもった泉はごくわずかである。それに対し大多数の泉が聖人の名前でもって呼ばれており、また妖精の名前をもつものも多い[5]」。

しかしまた水による浄化作用の多数の主題に性急に合理的根拠をあたえてはならない。自己を純化することは無条件に自己を清潔にすることではないのである。清潔さを要求することは、人間が生まれながらの知恵として認める原初的な要求だ、などということを正当化するなんの根拠もないのだ。きわめて経験豊かな社会学者でさえも何人もしてやられている。たとえばエドワード・タイラーは、ズールー族が葬儀に参加したあとで身を浄めるために、何度も何度も沐浴すると報告したあとで、こうつけ加えた。「この沐浴は単なる清潔さがもつ意味とはいささか区別されるべき意味合いをもって終わる、ということに注目すべきである[6]」。しかしこの行事が元の意味とは違った「意味合いをもつにいたる」と断定するためには、この元の意味についての資料を提示しなければなるまい。ところがたいていこの慣習の考古学には、有効で、合理的で、健康な行動を開始へと導くようなその本来の意味を捉えうるものは何もないのだ。もっと詳しくいえば、水の浄化作用が清潔さへの配慮とはなんの関係もないという証拠をタイラー自身が出しているのである。「儀礼上の穢れから身を清めるために身体を洗うカフィール人は、日常生活で身体を洗うことは全然ない」。したがってカフィール人はたましいが汚くなったときしか身体を洗わない、というパラドックスが使えそうである。水によって浄化をおこなうことに細心の注意を払う民族は、衛生上の清潔さに留意するものだ、ということを人々はあまりに気安く信じてしまっている。タイラーはさらに次のような指摘をしている。「ペルシャの信徒は（浄化の）原則をさらに遠くまで推し進め、あらゆる種類の穢れを沐浴によって祓うため、不信心者を見て汚されたときには、眼を洗うまでになっている。かれは禊《みそぎ》ができるように、いつも長い口のついた水入れの小さな壺を肌身離さず持ち歩くのである。しかしこの国は衛生学のもっとも単純な法則さえ守らないので人口が減少している。しかもたびたび目にするのは、多数の信者がかれの前に沐浴した小ぶりな池のふちで、水に浮かんだ泡を手で払うことを余儀なくされながら、掟が推奨する純粋さを手に入れる信者の姿である」(前掲書、p.562)。ここでは清らかな水にはじつに強力な価値定立化が施されているために、なにものも損《そこ》なうことができないようである。清らかな水は善の実体なのである。

ローデもまたある種の合理化からなかなか抜けられない。浄化のために湧き水や川で水を浴びることを薦める原理を報告しながらかれはいう。「悪をもたらしまき込む力は、この流れから汲んだ水の中になおも残存しているようにみえた。とくに重大な汚染の場合には、湧き水を何箇所かめぐって身を清めることが必要である(7)」。「殺害から身を清めるには十四の泉が必要である」(*Suidas*)[*3]。ローデはあまりはっきり強調していないが、流れる水、湧き出る水はもともと生きている水なのである。浄化作用を決定するのはこのいのち、実体に付着したままのこの生命である。合理的価値——流れがごみを運び去るといったような——は、それになんらかの価値をあたえるにはあまりにも簡単に打破されるであろう。それは合理化の結果である。実際は、いかなる純粋さも実体化される。一切の浄化作用は実体の作用として考えられるべきである。浄化作用の心理学は物質的な想像力に属するのであって、外的経験に属するのではないのである。

したがって、元来、人々は純粋な水に対して、純粋さが活発であると同時に実体的であることを要求しているのだ。浄化作用によって人々は多産な力、革新的な力、多価値の力を分かちもつのである。この内密な能力の最良の証拠は、その能力が液体の一滴一滴の雫に込められているということである。浄化作用が単なる聖水撒布に過ぎない例は数え切れない。フォッセイはその著『アッシリアの魔術』(pp.70-73)において、水による浄化作用では、「水に沈めることは全然問題にならず、普通は聖水撒布だけである。一回か、七回か、七回を二度繰り返すかである」ということを力説している。[8]『アエネーイス』[*4]には、「コリュナエウス〔トロイア人の祭官〕。……〔この人〕浄福の／オリーヴの枝、手にもって、軽い露を散らしつつ、／清めの水で勇士らを、めぐって三たび、見まわって／勇士を浄め」(『アエネーイス』VI、pp.228-231〔泉井久之助訳〕)とある。

多くの点で、洗うは比喩なのであり、明らかな言い換えであり、そして聖水撒布のほうが現実の行事であり、それはつまり、行事の現実〔浄化作用〕をもたらす作業なのである。だから聖水撒布が第一の行事として夢想されている。これこそが心理的な最大限の実在性をもつのである。『詩篇』五〇〔実際は五一〕には、散水の理念が実在として、洗浄の比喩にはっきり先立って現れている。「ヒソプの枝でわたしの罪を払ってください／わたしが清くなるように」。ヘブライ人のいうヒソプ[*5](ヤナギハッカ)とは、かれらの知る限り、最小の花であった。それはおそらくベッシュレルのいうように、灌水用として使用される一種のコケであったろう。したがって何滴かの水が純粋さをあたえるのである。預言者は続いて歌う。「わたしを洗ってください／雪よりも白くなるように」。それは水が内密の存在を浄化できる内密の能力をもつからであり、罪のないたましいに、雪の白さをふたたびあたえることができるからである。身体に聖水撒布を受けたものは倫理的に洗われたのである。

そのうえここにあるのは例外的な事実ではなく、物質的想像力の基本的な法則の典型なのである。つまり物質的想像力にとって価値定立化された実体は、たとえとるに足らぬ微量であっても、ほかの実体のきわめて大きな量塊にはたらきかけることができるのである。それは能力《ピュイサンス》についての夢想の法則そのものであり、掌の窪みのような小さな容積の中に宇宙を支配する手段を握ることである。これは具体的な形では、さりげないことばに鍵があり、それを知れば秘中の秘を発見できるというあの理想のことである。

水の純粋と不純という弁証法的主題についても、物質的想像力のこの基本法則が二つの意味ではたらいていることを見ることができる。そしてこれが実体のとびぬけて能動的な特性、たとえば純粋な水一滴は大洋を純化するに足りる、の保証である。こういうことはすべて物質的想像力によって選ばれた行動の倫理的意味に左右されるのである。もしこの想像力が悪を夢想するなら、不純を伝播させ、悪魔的な萌芽を開花させるであろうし、もし善を夢想するのであれば、純粋な実体の一滴に信頼を込め、恩恵を施す純粋さを光り輝かせるであろう。実体の活動は、実体の内密さの中に望まれた実体的生成として夢想されている。それは結局のところ、ひとつの人格の生成なのである。だからこの活動はあらゆる状況をひっくり返し、あらゆる障害をのり越え、あらゆる障壁を打破することができる。意地悪な水は巧みにひとのこころに取り入るが、清らかな水は微妙でとらえがたい。いずれの場合も水はひとつの意志となっている。すべての慣用的性質、すべての表面的価値は副次的な特性の段階に移行する。命令するのは内部である。実体の活動が光を放つのは中心点から、凝縮した意志からである。

純粋と不純のこの作用を深く考えることにより、ひとは物質的想像力が力動的想像力に変貌するのを捉えるであろう。純粋な水と不純な水はもはや実体のような単なる思考ではなく、それらは力《フォルス》としての思考である。たとえば純粋な物質は、ことばの物理的な意味で〈光を放つ〉、つまりそれは純粋さを放射するのである。逆に、それは純粋さを吸収することも可能である。だから純粋さを凝集するのに役立つのである。

ラベ・ド・ヴィヤール著『ガバリス伯爵との対話』から一例を借用しよう。たしかにこの対話はふざけた調子であるが、まじめな調子のページも存在する。そして物質的想像力が力動的想像力になるのが、まさにそのまじめなページなのだ。夢らしい価値のない、ごく貧弱な空想の中で、奇妙なやり方で純粋さを価値づける推論が介入するのである。

ガバリス伯爵は宇宙を放浪する精霊をどのようにして喚起するのだろうか。カバラの呪術方式を用いるのではなく、立派に定義された化学操作によるのである。かれは精霊たちがそれぞれ対応する元素を純化するだけで足りると考える。凹面鏡を用いて、太陽光線の火をガラスの球に集中する。火は「太陽粉を」形成し、「おのずと純化し他の元素とのいかなる混合をも取り除かれる。……〔そしてこの手法に則《のっと》り調合されると〕それは極く短時間のうちに我らが内なる火を高め、そして我らをいわば火の性質にならしめるのに極めて適したものに変成する。しかる後にはあの火圏の住人たちは我らより劣った者となる。そして我らとの相互の調和が再び築き上げられるのを見、我らに再び心引き付けられるのを感じ、狂喜する。同族に対するのと変わらぬ友愛、〔自身の創造者に対するのと同じ尊敬の念〕を我らに捧げる……」(9)〔田中雅志訳〕。太陽の火が分散しているかぎり、その火はわれわれの生命の火に作用することはできなかった。その凝縮がまずその火の物質化をうみだし、それからその純粋な実体にダイナミックな価値をあたえるのだ。元素的精霊たちは元素によって引き寄せられる。ひとつ比喩をいえば、この引力は友情であるということが分かる。このように一連の化学のあとで、心理学に到達するのである。

同様に、ガバリス伯爵にとって（p.30）、水はニンフを引き寄せる「驚異の磁石」となる。純化された水はニンフ化される。したがって水はその実体においてニンフたちが物質的に出会う場なのである。こうして「儀式もなく、野蛮なことばもなく」、「悪魔もなく、禁じられた技法もなく」、純粋という物理学だけで、賢者は原子的な精霊たちの絶対的な主となる、とラベ・ド・ヴィヤールはいう。精霊たちを支配するには、手際のよい蒸留技術者となればよいのである。「元素から元素を分離」できるや否や、精神的精霊と物質的精霊のあいだに血縁性が回復する。フラマン語のGeist〔生気、精霊、エキス〕から派生したgaz〔ガス〕という語の使用が物質的な思考を決定しているので、[6]その隠喩的な行程がこのようなかたちで遂行されるのであり、姉妹語はその場合冗長語《プレオナスム》の上に根拠を置くのである。精神的精霊は物質的精霊である、あるいはもっと簡単に、ひとつの精霊は精神的であるというかわりに、ガバリス伯爵の直観を分析して、元素的な精霊は元素となったというべきであろう。形容詞から実体詞へ、性質から実体へと移行するのである。その反対に、このように完全に物質的想像力に服従しているなら、元素的な能力の中で夢想された物質は、ひとつの精神〔精霊〕、ひとつの意志となるまで高揚するであろう。

V

澄んだ水が暗示する浄化作用の夢と比較すべき特色のひとつは、新鮮な水が暗示する改革刷新の夢である。ひとが水に跳びこむのは一新して蘇るためである。シュテファン・ゲオルゲは『空懸かる園』*7において波の囁《ささや》きを聞く。「わたしの中にとびこめ、わたしから浮かび上がれるために」。それは浮かび上がるということを意識するためだと理解すべきだ。回春の泉はきわめて複雑な隠喩であり、それだけでも長い研究に値するであろう。この隠喩の精神分析に属することはすべて脇に置くことにして、かなり特殊な考察をいくつかするにとどめよう。爽やかさ《フレシュール》というきわめて明快に身体的な感覚《サンサシヨン》が、いかにしてその生理的な基盤から遠く離れた隠喩となり、爽やかな風景とか、爽やかな絵画とか、爽やかさに満ちた文学的一ページといえるようになるのかを、示したいのである。

この隠喩の心理学は――巧妙に隠されているので――、固有の意味と比喩的意味の間に照応関係《コレスポンダンス》があるといわれるときには成立しない。するとこのような照応関係は観念の連合にすぎないのであろうか。実際にはこの照応関係は知覚的な印象の活発な結合なのである。物質的想像力の発展を身をもって体験したひとにとって、比喩的意味など存在しない。すべての比喩的意味が感受性のなんらかの重さを宿し、なんらかの知覚的な物質を保っているからである。肝心なのは、存続するこの知覚的物質を明確にすることである。

だれでも元気溌剌たる朝、冷たい水を満たした洗面台という回春の泉をわが家に持っている。しかもこのささやかな経験がなくては、詩的な回春の泉のコンプレックスはおそらく形成され得ないだろう。爽やかな水が顔を目覚めさせそして若返らせる。顔こそ人間がわが老いを見るところであり、ひとからわが老いを見てもらいたくないと願うところではないか。しかし爽やかな水は他人よりもわれわれ自身をすこぶる若返らせるのである。目覚めた額の下で新しい眼が活気づく。爽やかな水は眼差しに再び炎をあたえる。これが逆転の原理であり、水の熟視の本当の爽やかさを説明するのだ。リフレッシュしたのはこの眼差しである。もしひとが物質的想像力によって、水の実体に本当に参入しているなら、ひとは爽やかな眼差しを投影する。眼に見える世界があたえる爽やかな印象は、眼が覚めた人間が事物に投影する爽やかさの表現である。知覚的投影の心理学を利用しないでこのことを説明することはできない。早朝、顔を洗う水は見るエネルギーを覚醒する。それは視覚を能動状態にし、視線によってひとつの行動を起こす、明快で鮮明で楽々とできる行動を起こすのだ。そのときひとは見るものに対し、若々しい爽やかさをあたえたくなるのだ。ヤンブリコス[*8]がいうように、コロフォノスの神託は水をもって予言していた。「しかしながら、水は霊感をもらさず伝達することはない。だが水は望まれた適応能力《アプティチュード》を供給し、そしてわれわれの内部で光る息吹を浄化する……」[10]。

純粋な水による純粋な光、これが浄めの式の心理学的原理であるように思われる。水のそばでは光が新しい調子をおびるのであり、光は澄んだ水に出会うと一段と澄み渡るようである。「〔画家〕メツゥはその色合いを満遍なく保つために泉水のまんなかに置かれた小亭で絵を描いていた」とテオフィル・ゴーティエは述べている[11]。われわれの投影の心理学に忠実に従って、かれの視線を満遍なく保つためにとむしろいうべきだろう。ひとのこころに透明さの蓄えがあるときは、澄んだ眼で風景を見る傾向がある。

風景の爽やかさとは、風景を見るひとつの見方である。もちろん風景はそのもてるものをそこに提供しなければならない、つまりいくらかの緑とかいくばくかの水をそこに連ねる必要があるが、しかしもっとも長い仕事を引き受けるのは物質的想像力なのである。この想像力の直接的な作用が歴然と現れるのは、文学的想像力を相手にするときである。つまり文体の爽やかさは特質のうちでもっとも難しい特質だが、それは扱われる主題ではなく、作家の素質にかかわることだからである。

〈回春の泉〉コンプレックスには治癒の希望が自然に結びついている。水による治癒はその想像的な原理からみれば、物質的想像力と力動的想像力の両方の視点から考察できる。前者からすると、主題はじつに明快で、病人の病気とは正反対の効力が水にはあるのだというだけでこと足りる。人間は治癒の願望を投影し、病に同情的な実体を夢想する。十八世紀にミネラル・ウオーターや温泉水を扱った医学的業績の膨大さにひとは仰天するであろう。二十世紀はそれほどの量ではない。容易に分かることは、こうした前科学的な研究は化学よりも心理学に属しているということだ。そういう業績には水の実体に病人と医者の心理学が刻み込まれているのである。

力動的想像力の視点はさらに一般的でより単純である。水の力学第一課は、まさに元素的《エレマンテール》〔初歩的〕である。ひとは泉に出かけていき、エネルギーの覚醒による治癒の最初の証拠を求めるのである。この覚醒のもっとも卑俗な根拠は、またしてもそれを供給する爽やかさの印象なのだ。水はその新鮮で若々しい実体によってわれわれがエネルギーに満ちていると感じるようにしむける。荒れ狂った水を扱う章では、水がエネルギーの教訓を何度も繰り返す情景を見るであろう。しかし、今から、水による治療《ヒドロテラピー》がとるに足らぬ末梢的なものではない、ということを理解しておくべきである。それは中心的な成分をもっている。それは神経中枢を覚醒する。それは倫理的な成分をもつ。それは人間にエネルギーの生命を目覚めさせるのだ。そのとき衛生学はひとつの歌《ポエム》なのである。

純粋さと新鮮さはこのように協力して独特の歓喜をあたえる。水を愛するひとなら誰でも知っている歓喜だ。感覚的なものと官能的なものとが結合して倫理的なひとつの価値を支えるのである。水の熟視と水の経験はさまざまな道を伝ってわれわれをひとつの理想に導いていく。われわれは原初的物質の教訓を過小評価してはならない。そういうものがわれわれの精神の青春に刻み込まれているのだ。だからそれは必然的に若さの貯蔵庫なのである。われわれは内密な記憶と絡み合ったそれらと再会する。またわれわれが夢みるとき、われわれの夢想に本当にわれを忘れているとき、われわれはひとつの元素の植物的なしかも刷新的な生命のもとにあるのだ。

そのときだけわれわれは〈回春〉の水の実体的特性を実感するのだし、われわれ自身の夢の中で生誕の神話と再会する。つまりユングが示したように、死の中で、死のかなたで、生きさせる水、母性的な機能における水、と再会するのである（前掲書、p.283）。そのとき、この〈回春〉の水の夢想はいかにも自然な夢想なので、それをなぜ合理化しようとするのか著作家の努力の理由が理解できないほどである。たとえばエルネスト・ルナンの凡作ドラマ『回春の水』（1880）を思い出してもらいたい。そこに見られるのは明晰な作者が錬金術の直観を実感する能力を欠いた姿である。かれは蒸留という現代的な考えをせいぜい寓話で包むにすぎない。プロスペロという名の下に登場する〔主人公〕アルノー・ド・ヴィルヌーヴはそのオー・ド・ヴィ〔生命の水＝ブランディ〕をアルコール中毒という非難から救い出す必要があると思っている。「われわれの極上で危険なこの製品は、唇の先でちびりちびり飲まれるべきなのです。われわれがぴんぴんしているのに、もしもビンの口からがぶ飲みして酔いつぶれる奴がいたところで、それがわれわれの咎でしょうか」（第四幕）。ルナンは錬金術がまず魔術的心理学に属することを見ていなかったのだ。錬金術は詩に近く、客観的な経験よりも夢に隣接している。〈回春〉の水とは夢の力である。この水は、ほんの一瞬だけ時代錯誤を演じる歴史家――それにしてもなんと不器用なことだろう――の口実としては役に立たないのである。[*9]

VI

本章のはじめに述べたように、われわれのこういった考察は浄化作用と自然の純粋さの諸関係という問題に徹底的にかかわるものではない。自然の純粋さはそれだけで多岐にわたる展開を要する問題であろう。そこでわれわれとしては、この自然の純粋さを疑うひとつの直観を引き合いに出すにとどめたい。グアルディーニの『典礼の精神』を研究して、エルネスト・セイエール氏はつぎのように書いている。「たとえば、じつに陰険でまたじつに危険でもある水を、呪文か魔法にも似たその逆流や渦巻きの中で、その永遠の不安状態で眺めてみなさい。すると祝福の典礼的儀式が水の奥深く隠された悪意を祓って無効にし、また水の悪魔的な能力に鎖をかけ、水の中でその（善良な）自然にぴったり一致する諸力を目覚めさせ、水の捉えがたい神秘的な能力を訓練して、魂に奉仕させます。それと同時に水の中にある魔術的、魅惑的、悪意あるものを無力化するのです。こういうことを経験しなかった者は自然を知らないのだ、とキリスト教の儀式を説く詩人は力説します。だが典礼は水の秘密を見抜いており、水の中には人間のたましいの中にあると同じ潜在能力が眠っていることをわれわれに明らかにします[12]」。そしてエルネスト・セイエール氏は水の実体の悪魔化が深いところでクラーゲスの直観を超えていることを示している。クラーゲスは悪魔的な影響力をこれほど遠くまで推し進めることはしなかった。グアルディーニの見解では、まさに物質的元素こそその実体においてわれわれ固有の実体を象徴しているのである。グアルディーニはフリードリヒ・シュレーゲルの直観にたどりつく。後者にとって邪悪な精神はじかに〈物理的諸元素に〉作用する。こういう見方をすれば、罪あるたましいはすでに悪い水である。水を浄める典礼行為は対応する人間の実体を浄化のほうに傾かせるのだ。したがって同質的浄化作用 *purification consubstantielle* という主題の出現をみるのである。それは全自然から悪を根絶やしにするという要求であり、人間のこころの中の悪も、事物の核心にある悪も、ともに根絶やしにするという要求である。したがって倫理的生命もまた、想像的生命と同様に宇宙的生命なのである。世界全体が革新を望んでいる。物質的想像力は世界を深く劇化する。それは実体の深い根底において内密な人間的生命のすべての象徴を発見するのである。

したがって純粋な水、実体＝水、即自的水は、ある種の想像力の目からすると、ひとつの根源的物質の位置を占めうることが分かる。するとそれはいわば実体の実体のようなものとなり、他のあらゆる実体が属性となると思われる。ポール・クローデルはその『シカゴ地下教会』計画において、〈大地〉の懐に本物の本質的な水、実体的に宗教的な水が見つかるはずだという確信を述べている。「もし大地を掘るならば水が出る。聖水盤のまわりには渇いたたましいが折り重なってひしめいているから盤の底にはひとつの大きな池があることだろう……ここは〈水〉の果てしない象徴作用を云々する場ではないが、この水は〈天空〉を主に意味するのである……」[13]。幻視する詩人の夢想したこの地底の大きな池はこのように地底の天空を示すであろう。水はその象徴作用によってあらゆるものを統合することができる。クローデルはさらにいう。「こころが欲するすべてのものはつねに水の姿に還元できる」。欲求のうちでも最大の欲求たる水は本当の意味で涸れることのない神の賜物なのである。

祭壇がせり上がってくるこの地底の大きな池、この内面の水は「汚染された水を取り除いた水盤」であろう。それはただ存在するだけで巨大都市を浄化するだろう。それはいわば物質の修道院として、その唯一の実体の内密さと永続をたえず祈り続けるであろう。この〈神学〉にはひとつの実体の形而上学的純粋さを証明するおびただしい証拠が見られよう。われわれは想像力の形而上学にかかわるものを取り出したにすぎない。生まれながらにして大詩人は、深い生命の中にその自然な場所をもつさまざまな価値を想像するのである。

第7章　淡水の優位

エジプト人にとってはどんな水も淡水であった。しかしとりわけオシリスから湧き出る川から汲まれた水はそうであった。

ジェラール・ド・ネルヴァール『火の娘たち』*1

I

この研究においてわれわれが望んだことは、物質的想像力についてはいくつかの本質的に心理学的な考察に限定しておくということであり、したがっていくつかの物語からは、自然で活発な夢想の中で現在も再現しうる例だけをとりあげたのである。できるだけ型にはまった記憶の例からは離れ、いつでも創意に溢れた想像力を示す例だけが、物質的イマージュの適応能力《アプティチュード》、つまり形体をのり越え、物質そのものに到達するイマージュをあたえるこの能力を、説明できるのである。そのためここ一世紀以来、神話学を二分してきた論争には立ち入る必要はなかった。周知のように、神話理論のこの分裂の始まりは、図式的にいえば、神話を研究するために必要なのは、いったい人間たちの尺度なのか、それとも事物の尺度なのか、という問いであった。換言すれば、神話とは、英雄の華々しい活動の記憶か、それとも世界の動乱の記憶なのか、ということである。

さて、さまざまの神話ではなく、神話の断片を、つまり多少とも人間化された物質的イマージュを考察してみると、この論争はただちに微妙な色合いをおびてくるし、両極端の神話学的教義を妥協させる必要を痛感するであろう。夢想が現実と密着しているならば、夢想はそれを人間化するだろうし、大きく膨らまして、偉大にする。実在する事物の特色は、夢想されるや否やことごとく英雄的な性質をおびてしまうことだ。たとえば、水の夢想において、水は優しさと純粋さの花形となる。したがって夢想された物質は、客観的な状態にはとどまらないのであり、それは神格化されると本当にいえるのである。

逆に神格化 évhémérisme は、それが全般的に不十分にしかおこなわれなくとも、ありふれた物質的印象に対し、輝かしい人生の連続性と関係をもたらすのである。川はそれが無数の容貌をとるにもかかわらず、たったひとつしか運命を受けない。川の源流が川の流れ全体に責任と功績をもつのである。力は源流からくるからである。想像力はさまざまの支流についてはほとんど一顧だにしない。想像力の望みはひとつの地方の地理がひとりの王の歴史であることである。水が流れていくのを眺めている夢想家は、川の伝説的起源、つまり遠い水源を喚起する。自然のすべての大きな力の中には潜在的な神格化説《エヴェメロス》が存在する。しかしこの二次的神格化説は物質的想像力の深くて複雑な感覚論《サンシュアリスム》〔官能性〕を忘れさせることはない。この章では水の心理学の中の感覚論の重要さを示してみたい。*2

この原初的な感覚論は、神話の中にはたらくイマージュの自然主義的学説の論拠となるものだが、大洋の水に対し源泉の水の想像的優位の理由でもある。こういう官能性にたつと、直接感じたいという欲求、触れたい、味わいたいという欲求が、見る楽しみにとって代わるのである。たとえば、飲み物の物質主義は影像の理想主義を消し去ることができるのだ。一見とるに足らぬ物質的構成要素でも宇宙論を歪めることがありうる。学問的な宇宙論は、素朴な宇宙論が直接の官能的輪郭をもつことを忘れさせてしまう。空想の宇宙発生論《コスモゴニー》において、物質的想像力に適切な位置をあたえるならば、たちまち淡水〔真水〕が本当の意味で神話的な水であることが理解されるであろう。

II

海の水が非人間的な水であるということ、つまり尊重されるべき元素の第一の義務——人間に直接役立つ——に反する水だということ、これが神話学者たちのとんと失念してきたことである。もちろん海の神々は多彩きわまりない神話体系に息を吹き込んでいるのだが、海の神話は、そのすべての場合に、そのあらゆる様相において、原初的神話体系なのかと問う余地が残されている。

まずなによりも明らかなのは、海の神話体系が地域的に限定された神話体系であるということである。それが関心を引くのはもっぱら海岸の住人だけである。さらに歴史家は、論理の誘いにさっさと従ってしまい、海岸の住人は宿命的に船乗りであるとあっさり決めてかかるのだ。なんの根拠もないのに、これらの人々に、男女を問わず、子供らにさえも、海についての現実的で過不足のない経験があると決めてかかるのである。それでは遠くへの船旅、海の冒険が、まずなによりも物語られた航海であり冒険である、ということが理解できないであろう。旅人の話に耳を傾ける子供にとって、海の最初の経験は物語《レシ》の次元のものなのである。海は夢をあたえる前に作り話《コント》をあたえるのだ。したがって、作り話と神話の区別は——これは心理学的にはじつに重要なのだ——海の神話体系にかんしてはうまい具合にはいかないのだ。おそらく作り話がしまいには夢と分かちがたくなってしまう。夢は——ほんのわずか——作り話を取り込むだけである。しかし作り話は自然の夢の寓話力《ファビュラン》には本当の意味であずかっていない。海の作り話はほかのどの物語よりも寓話力の関与が少ない。というのは、航海者の話は、聞く人によって心理的に真否が確かめられないからである。遠方から戻ってきたひとは嘘をつく必要がない。海の英雄たちはいつでも遠方からはるばるやってくる。つまり彼方からやってくるのだ。かれは決して海岸のことは話さない。海が寓話的なのは、海がまずもっとも遠くまで旅をした航海者の口から語られるからである。海は遠方を寓話化する。ちなみに、自然の夢というものはひとが見たり、触ったり、食べたりするものを寓話化するのである。心理学的研究では、この最初の表現主義《エクスプレッショニスム》——夢と物質的想像力の本質的印象作用を損なうもの——を誤って消去してしまっている。雄弁家はしゃべりすぎるので聴衆は深く感じることができない。海の無意識はだから語られた無意識である、つまり冒険物語の中にばら撒かれた無意識であり、眠らない無意識なのである。そのため夢の力をたちまち失ってしまう。それは普通の経験をめぐって夢想し、夜の夢の中で昼の果てしない夢想の続きをみる無意識の深さには及ばない。海の神話体系はだからめったなことでは寓話化の源泉に達することはないのである。

もちろん、神話の正確な心理学的研究の障害となるような、教えこまれた《アンセニエ》神話体系の影響についてはくどくどというべきではないだろう。教えられた神話体系は個別的なものから始めるのではなく、一般的なことから始めている。人々は手間ひまかけて感じさせなくとも、理解させることができると思っているのだ。宇宙の各領域は名前のついた神を受け入れている。海を治めるのはネプチューンであり、空と光を治めるのはアポロンである。ここで神々はもはや名称しか問題にならなくなっている。そのため神話の心理学者は、こうした名前の背後にある事物を再発見し、また物語や作り話以前の原初的な夢想、自然な夢想、孤独な夢想、つまりあらゆる意味で経験を受け入れ、そしてあらゆる事物にわれわれのすべての幻想を投影するような、あの夢想というものを体験する努力を払わねばならないのだ。涯てしない海に乗り出す以前に、もう一度この夢想は、普通の水、日常的な水を前に置いてみなければならないのである。

Ⅲ

大地の水が海水に対して優位であることは、現代の神話学者であれば当然見逃すことはなかったのである。この点については、もっぱらシャルル・プロワの業績に頼ることにしよう。プロワの神話学の自然主義は、もっとも普遍的な宇宙現象の尺度で測られた、壮大で素朴な自然主義であるだけに、一層興味があるのである。この例は物質的想像力のわれわれの理論を試すのに格好のものとなろう。というのはわれわれの理論は逆の道をたどり、眼に見えるものと遠くにあるものの傍らに、手に触れるものやまた官能的なものの場所をあたえようとするからである。

シャルル・プロワにとって基本的な神話のドラマは、——あらゆる変奏をともなう単調な主題であり——それは周知のように、昼と夜のドラマである。あらゆる英雄は太陽のものであり、あらゆる神々は光の神である。あらゆる神話は同一の物語を語る。それは夜に対する昼の勝利である。神話を活気づける感動はとりわけ原始的な深い感情である。すなわち暗闇の恐れという、夜明けが最後に癒す不安である。神話が人々に好まれるのは、終わりが良いからである。神話が良い終わりを迎えるのは、ちょうど夜が終わるように終わるからだ。昼の成功によって、良い英雄の成功によって、つまり勇敢な英雄が夜のとばりを引き裂き、切り刻み、不安から解放することにより、まるで地獄の中にでも落ち込んだように闇の中に迷い込んでいた人間たちに、いのちを戻してやるからである。プロワの神話理論では、あらゆる神が、地底に生きる神々でさえ、神であるという理由で、夜明けを迎えるのだ。かれらはたった一日であろうと、ほんの一時間に過ぎなかろうと、神の喜び、つねにぱっと輝く行為である昼の行為にあずかるためにやってくるであろう。

　水の神は、この一般的な命題に即応するなら、みずからも空の分け前をもたねばなるまい。ゼウスが青い、明るい、晴れた空を取るであろうから、ポセイドン〔ゼウスの弟〕は灰色の、覆われた、雲の多い空を取るであろう。[1] こうしてポセイドンもまた常時空のドラマに一役買うことになる。密雲、雲、靄はしたがってネプチューン〔ローマ神話の海の神。ギリシャ神話のポセイドンと同一視された〕的心理学の原初的概念となるであろう。ところでそれはまさしく水の夢想によって熟視される物体《オブジェ》ではないか。この夢想は空に隠されている水を搾り出すのだ。雨の先駆的記号は特殊な夢想を呼び覚ます、それはきわめて植物的な夢想であり、慈雨に対する牧場の願いを本当に生きている夢想である。時によっては、人間存在は空からの水を欲しがる一本の植物なのである。

　ポセイドンが原初的に天上的性格をもつというその命題を支持するために、シャルル・プロワはおびただしい論拠を提示している。この原初的な性格の結果、ポセイドンに大洋の諸力を付与することは、そのあとのこととなる。ポセイドンが海の神としてはたらくためには、別の人格神がきて雲の神のいわば代理をする必要がある。「真水の神と塩水の神がたった一人の同じ人格神であることは絶対にありえない」とプロワはいう。しかもポセイドンは天から海へと赴く前に、天から大地に向かうであろう。したがってかれはまもなく真水の神に、大地の水の神になるであろう。トレゼーヌ〔ギリシャの都市 Troizen〕においては「人々はポセイドンに大地の初物の果物を捧げる」。人々はこの神をポセイドン・ピタルミオス Poseidon Phytalmios という名前で崇めている。したがってポセイドンは〈植物の神〉である。どんな植物神も淡水の神であり、雨や雲の神々と縁続きなのである。

原初的神話体系においては源泉を噴出させるのもまたポセイドンである。そしてシャルル・プロワは（ポセイドンの）三叉鉾を「同様に水源を発見させる魔法の杖」と同列においている。しばしばこの《杖》は男性的な暴力を振るう。サチュロスの攻撃からダナオス〔アルゴスの王〕の娘を守るためにポセイドンは三叉鉾を投げるが、岩に刺さってしまう。「それを引き抜くと三本の水が噴き出したが、それがレルネ Lerne の泉[3]となった」。水脈占者[4] sourcier の杖はきわめて古い歴史をもつことが分かるであろう。それはまたきわめて古くまたごく単純な心理学にあずかっているのだ。十八世紀にはこの杖をヤコブの竿 la verge de Jacob と呼んだが、その磁力は男性的なのである。この仕事に男女が参加している今日でも、〈女水脈占者 *sourcières*〉とはあまりいわないであろう。また逆に、水源が英雄のはなはだ男性的な行為によって挑発されるので、水源の水はとりわけ女性的な水であることに誰も驚きはしないのである。

シャルル・プロワの結論。「ポセイドンはしたがって淡水である」。これは広く淡水全体のことをさすのだ。野原の無数の泉に振り分けられた水はすべて「みずからの物神《フェティッシュ》」(p.450) をもつからである。したがって、最初の一般化の状態でのポセイドンこそ、水源や河川の神々を一般化する一柱の神なのだ。ポセイドンを海と連合させたとき、人々はこの一般化を延長しただけなのである。それからローデが示したことは、ポセイドンが広い海を所有したとき、もはや個々のどの川とも結ばれていなくなったとき、ポセイドンはすでに神格化された一種の概念なのだ、ということである。(2) その上、大洋自体にもこの原初的な神話体系の記憶が依然として貼りついている。オケアノス Okeanos〔ギリシャ神話。円盤状の大地をとりまく大河、大洋の神〕ということばによって「意味すべきなのは海ではなく、世界の果てに位置する淡水の大貯水槽 (potamos) である」(p.447) とプロワはいう。

淡水〔真水〕の夢想的直観が敵対的状況にあるにもかかわらず存続していることを、これ以上うまくいえるであろうか。天からの水、慈雨、友のように渇きを癒す泉水は、海の水すべてよりも直接的な教訓をあたえる。海を塩辛くしたのは堕落なのだ。塩は夢想を妨げる。あの甘露への夢想、ありうるかぎりもっとも物質的でもっとも自然な夢想を、塩は邪魔するのだ。自然な夢想というものは、淡水に、爽やかにしてくれる清水に、渇きを癒す水に対する特権をいつまでも守るであろう。

IV

淡水については、清水についてと同様に、あらゆる鎮静作用を水に付与する隠喩の構造をほとんど物質的に追うことができる。口蓋に淡水と感じられた水は、ある種の直観においては物質的に真水となるであろう。ブールハーフェの化学から取られた例がこの淡水の実体化の意味を示してくれよう。ブールハーフェにとって水はきわめて穏やか douce である。実際「水はとても穏やかであり、健康な人間の中で生じる熱の温度まで調整されて、それから身体の部分、感覚がもっとも鋭敏なところ（眼の角膜、鼻の粘膜）に適用されても、いかなる苦痛も引き起こさないどころか、自然の状態において……体液によって惹起される違和感さえも生じさせないのである」。「さらにいくらか炎症を起こして緊張し、ちょっとしたことにも敏感な神経に軽く流しても、まったく影響がない。潰瘍のある部分とか生傷の上に注がれても……いかなる刺激にもならない」。「潰瘍化した癌によって露出され半ばなった神経の上におこなう温水の湿布は激しい苦痛を増すどころか緩和する」。隠喩のはたらきは、水は苦痛を和らげる、ゆえに水は穏やかであるというふうに進むのが分かる。ブールハーフェの結論はこうである。「人体のもつほかの体液と比較してみても、水は他のいかなる体液よりも穏やかであり、人間の香油 Huile といえども及ばない。それはきわめて穏やかであるにもかかわらず、ただその粘着性だけで、使いにくいが途方もなく神経に作用し続けるからである。……結局、あらゆる種類の苦しみを受けている肉体 corps âcres において、人体にじつに有害なその自然の苦しみ âcreté を失わせるという点で、水はその偉大な穏やかな性質を証明するのである」。[3]

ここでは、穏やかさ douceur（甘さ）と苦しさ âcreté（苦さ）はもはや味覚の印象とはいかなる関連ももたず、相互に闘争しうる実体的な質なのである。この闘争では水の穏やかさが勝利する。それがその実体的な特徴のしるしなのである。[4]

今ここで最初の感覚から隠喩にいたるまで経由した過程を見渡すことができる。渇いた喉や、からからの舌が受け取る真水の印象はもちろんきわめて鮮明である。しかしその印象は水による諸実体の柔軟化や溶解の視覚的印象とはなんの共通性もない。それにもかかわらず物質的想像力ははたらいている。それは実体に原初的な印象を届けなければならないのだ。したがってそれが水に飲料水の性質、しかも最初の飲み物の質を付加しなければならないのである。だから新しい視点からみて水は母乳であり、水は母乳のように真水でなければならないのである。淡水は人間の想像力の中ではいつでも特権的な水なのであろう。

第8章　荒れる水

自然、それは夢想だ、それは怠惰だ、それは倦怠だというふうに心に描くことは、われわれの時代のはなはだ忌まわしい傾向である。

ミシュレ『山』

大洋は恐怖で煮えたぎっている。

デュ・バルタス[*1]

I

力動的な心理学にその正当な役割をもどしてやるや否や、また、すべての物質を、それが人間の労働を挑発するかそれとも労働を要求するかによって区別するや否や――われわれが水や大地の構成について考察したときにこころみたように――たちまち分かってくることは、現実《レアリテ》というものが人間の眼に本当に構成されてくるのは、人間の活動が十分に攻撃的であるとき、知能を駆使して攻撃的である場合に限るということである。そのとき世界のあらゆる物体は敵対係数 coefficient d'adversité を受け取るのだ。こういう積極的行動の微妙な色合いは〈現象学的志向性〉[*2]によって十分に表現されたとはわれわれには思われない。現象学者の出す例は志向性の緊張の度合いを十分に明確にはしていないのだ。その例はあまりに〈形式的《フォルメル》〉で、あまりに知能的な状態にとどまっている。意図と物質を評価する諸原則はその場合、力ではなく形式を対象化する客観化の理論に違反している。対象をその力と、その抵抗と、その物質において、つまり全体としてまとめて把握するためには、形体の意図と、力動的意図と物質の意図を同時に必要とするのである。世界はわれわれの時代の鏡であるとまったく同様にわれわれの力の反作用でもあるのだ。もし世界が私の意志であるなら、世界はまた私の敵対者である。意志が大きくなればなるほど敵も大きくなる。ショーペンハウアーの哲学をよく理解するためには、人間の意志に主導的《イニシアル》特性を保持させねばならない。人間と世界の闘争において口火を切るのは世界ではない。したがってショーペンハウアーの教訓を完璧なものにするには、「世界は私の挑発である」という公式を表明しつつ、『意志と表象としての世界』の知的な表象と明快な意志とを本当に合算しなければなるまい。私が世界を把握する〔理解する〕*comprendre* のは、私が自らの切り込む力、自分の攻撃に正確に釣合うよう制御された力をもって、世界を急襲する *surprendre* からであり、それはちょうど私の陽気な怒り、つねに勝利し、いつでも征服者である私の怒りの現実化のようなものなのである。エネルギーの源泉である限り、存在はアプリオリにひとつの怒りなのである。

　積極的な行動の見地からすれば、物質の四元素は挑発のそれぞれ異なった四つのタイプであり、怒りの四つのタイプである。反対に、心理学が人間の行動の攻撃性について十分な関心をもつべきだとするなら、物質的想像力の諸研究の中に、怒りの四つの根を見いだすであろう。そこで心理学は、表面上は主観的に見える爆発が客観的な行動であることを見るであろう。陰険な怒り、激しい怒り、執拗な怒り、報復の怒りを象徴するための諸元素をそこで手に入れるだろう。心理学的調査にあたって象徴という十分な富なしに、象徴の森なしに、いかにして繊細な精神に到達できようか。またもし力《ピュイサンス》への夢想の勝利のじつに多様な客観的な機会について、いかなる注意も払わないとすれば、力への夢想が決して満足せず、決して飽きることなく、繰り返され、舞い戻ることを、どのようにして理解させるのであろうか。

もし挑発《いどみ》*provocation* ということが、われわれの世界認識の積極的役割を理解するために不可欠な概念であるとすれば、それは敗北の上には心理学が構築されないからである。穏やかで、受動的で、安らかな認識をしている状態では、ただちに世界を知ることはできないのである。構成的夢想はすべて――そして力への夢想ほど本質的に構成的な夢想はない――逆境を克服する希望の中で、敵の敗北の光景において活気づくのだ。ひとがさまざまの客観的概念に、生き生きした筋肉質の現実的な意味を見いだすのは、敵対的元素に打ち勝った誇らしい勝利の心理学的な物語をつくる場合のみである。人間存在にダイナミックな統一性をあたえるのは誇り〔自尊心〕orgueil であり、神経繊維を作り伸ばすのも誇りである。生の飛躍に直線的道程つまり絶対的成功をあたえるのも誇りである。反射運動にその矢を、至上の歓喜を、実在に穴を開けるという男性的な歓喜をあたえるのも、確実な勝利のこの感情である。意気揚々として元気な反射運動は以前の射程を全面的に跳び越える。それはずっと遠くまで行く。反射運動がもし以前の動作ぐらいしか遠くへ行けないのであれば、それはすでに機械化しているし、動物化しているのであろう。人間の徴《しるし》を本当にもつ防衛の反射運動、人間が準備し、磨き上げ、機敏に維持する反射運動は、攻撃しつつ防衛する行為である。それらは常時ひとつの攻撃＝意欲によって力動化されている。それらはひとつの侮辱に対するひとつの反撃なのであって、ひとつの感覚への応答ではないのである。しかし、間違わないでもらいたい。侮辱する敵は必ずしも人間であるわけではない。すでに事物がわれわれに問いかけているのだ。その反対に、人間は大胆な実験において、現実を手ひどく扱っているではないか。

挑発によって、つまり事物を攻撃したいという欲求によって、あるいは攻撃的な仕事によって、正式に力動化された人間の反射運動の、こういう改善進化的定義 définition anagénétique を人々がはっきり採用したいと願うなら、物質的四元素に対する勝利はどれをとっても、とくに健康的、強壮的、革新的であるということが分かるだろう。こういった勝利は健康の四タイプを決定する。それは四つの気質の理論よりもおそらくもっと重要な特徴を、つまり諸行動の分類に基づいて供給しうる活力と勇気の四タイプを決定するのである。積極的衛生学は、人間の行動が展開されるところの物質によって規定される——行動がおこなわれるところの物質、労働が加えられる物質にどうして第一級の位置をあたえないのであろうか——したがって自然の生命の中に当然四つの根をもつであろう。四元素は、物質的というよりも、いっそう力動的に、四つの治療タイプを明示するであろう。

II

物質の諸元素を打破して獲得した行動様式や健康におけるこの相違をはっきり感じさせるために、打倒した敵意の印象を、深い物質的な痕跡を残すようにしつつ、できるだけ密着して研究してみよう。ひとつは風に向かって歩く人の機能昂進の例であり、もうひとつは流れに抗して泳ぐ人の機能昂進である。本書における目的は、文学の創作心理学への寄与ということであるから、われわれの考察を例示するために直ちにふたりの文学的ヒーローを選ぶことにする。歩く人がニーチェ、泳ぐ人がスウィンバーンである。

ニーチェが力への意志を辛抱強く鍛えたのは、山の中を長く歩きまわり、頂上を吹く風にいのちを晒すことによってであった。山頂でかれが愛したのは、

野生の岩の険しい神(1)〔手塚富雄訳〕

L'âpre divinité de la roche sauvage

風の中の思索。かれは歩行によって闘う。もっといえば歩行がかれの闘争なのである。歩行こそがツアラトゥストラの断固たるリズムをあたえているのだ。ツァラトゥストラは座して話すことはなく、逍遥学派のように散策しながら話すのでもない。断固たる足取りで歩きながらその教義をあたえるのだ。かれは四方八方に教義を撒き散らすのである。

それゆえ、この活気溢れた力はなんとやすやすと発揮されることか。風に立ち向かうこの闘争は、ほとんどつねに負けを知らない。突風にひっくり返されるような風の英雄は敗軍の将のなかでも一番の物

笑いの種となるであろう。風に向かって挑発する英雄は〔風にそよぐ〕葦の金言「撓《たわ》めども折れず」を認めない。いうまでもなくそれは受身の金言であり、権力の前で待つこと、身を屈することを勧める金言だからである。それは歩行者の積極的な金言ではない。なぜなら大胆な歩行者は、風と真正面から向き合い、風に対抗して前方に傾くからである。かれの杖は旋風を貫き、大地に穴を穿ち、疾風を切る。ダイナミックな観点からいえば、風の中の歩行者は葦とは正反対の者である。

もはや悲哀はない。北風に吹き飛ばされる涙は、もっともわざとらしくて、もっとも外面的で、もっとも苦しみのない涙である。それは女性的な涙ではない。闘いながら歩く人の涙は苦痛の次元にあるものではなく、激怒の次元のものである。その涙は嵐の怒りに対して怒りをもって応答するのだ。その涙を拭うのは敗北した風であろう。今は、ダンヌンツィオのように、その戦いの興奮のさなか歩くひとは「旋風の硫黄の匂いを」[2]嗅いでいる。

嵐のまっただなかを突っ切るひとは、まるでサモトラケの勝利[*3]をやすやすと象徴しているようではないか。かれはそっくりそのままで、団体の旗、軍旗、国旗なのだ。かれは勇気のしるしであり、力の証拠であり、広大な野原の占領者なのだ。突風にあおられるマントはこうしていわば肌身から離れることのない旗、だれも奪うことのできない風の英雄の旗となるのである。

風に逆らっての歩行、山の中を歩くことは、おそらく劣等コンプレックスをもっともうまく打破するようにもっていける訓練である。また逆に、目的を目指さないこの歩行、純粋詩のようなこの純粋歩行は、不変で直接的な力の意志の印象をあたえる。それは主題からそれた状態にある力への意志である。ひどく内気なひとは大歩行者である。一歩ごとに象徴的な勝利を獲得し、杖を振るたびに自分の内気さを補償する。街から離れ、女たちから離れ、かれらは山頂の孤独を求める。「のがれよ、わたしの友よ、君の孤独のなかへ」[3] (*Fliehe, mein Freund, in deine Einsamkeit*)。人間に対する闘争を避けて、純粋な闘争を、元素に対する闘争を発見したまえ。風に対して闘いながら闘争を学びたまえ。そしてツァラトゥストラは次のことばで詩節を結んでいる。「のがれよ、強壮な風の吹くところへ〔あの高みへ〕」〔手塚富雄訳〕。

III

今度は一対の絵の二枚目を見ることにしよう。

水の中では、風の中よりも勝利はもっと稀であり、もっと危険で、もっと賞賛に値する。泳ぎ手はその性質からかけ離れた元素を征服する。若い泳者は早熟な英雄である。しかもまず若い泳者でなかったような本物の泳者がいるだろうか。水泳の最初の練習は恐怖克服の場である。歩行には入り口のこのヒロイズムはない。新しい元素へのこの恐れのほかに、水泳教師に対してのいわば畏怖の念がつけ加わるからだ。水泳教師が生徒を深みに突き落とすことがよくある。だから泳ぎの教師が父親の役割を演じる軽いエディプス・コンプレックスが現れても驚くことはない。伝記作者のいうところでは、エドガー・ポーにしても、のちには大胆な泳者となるはずなのに、六歳のころは水を怖がっていたのである。この恐怖を克服すると、いつでも誇り〔自尊心〕がそれに呼応して生じる。ボナパルト女史はエドガー・ポーが泳ぎを自慢する手紙を引用している。「ぼくはドーヴァーとカレーの間のドーヴァー海峡を横断しようと試みたところで大変なことをやり遂げたとは思わないでしょう」。女史はまたエドガー・ポーが別の情景で、かれがおそらく古い思い出をたどりながら、元気な泳ぎの先生、つまり泳ぐ父親の役を演じ、ヘレンの息子、つまり愛する女性の息子を波の中に放り込むことに言及している。別の少年が同じような手ほどきを受けているうちに、溺れかかったので、エドガー・ポーは水に跳び込んでその生徒を助けなければならなかったのだ。そこでボナパルト女史は結論する。「こういった思い出は、それぞれ別個に生じていたのだが、そこで無意識の底から生じた深いエディプス的欲求、父親に取って代わりたいという欲求がつけ加わる」[4]。おそらくポーにおいては、もっと重要な原因をエディプス・コンプレックスはもつのであろうが、しかし無意識が父親のイマージュをいくつも増殖させるということ、また手ほどきのさまざまな形態がすべてエディプス問題を抱えているということを確認するのは、われわれにとって興味ぶかいことに思われる。

そうはいっても、エドガー・ポーの水の心的現象はじつに特殊であることに変わりはない。泳ぎの教師としてのポーにおいて今見たばかりの活発な構成要素は、ポーの詩法における水にまつわる諸直観の支配的特性であるメランコリックな構成要素を支配するには至らないのだ。したがってわれわれとしては、水泳の男性的な経験を例証するために、別の詩人を挙げなければならない。スウィンバーンであれば荒れ狂う水の英雄を示してくれるであろう。

スウィンバーンが扱った一般的な水の詩的イマージュや思索については、多くのページをさくことができよう。スウィンバーンは幸福な幼少期をワイト島の海辺ですごした。祖父母の別な領地がニューカッスルから二十五キロのところにあり、湖と川の地方に大きな庭園を広げていた。ブライス川の流れが領地の境界となっていた。(5) 領地がこのように〈自然の境界〉をもつのは、まさに地主の名にふさわしいことではないか。幼年のスウィンバーンは、自分に属する川をもつという所有のもっとも甘美な味を知ったのである。そのときこそ水のイマージュが本当にわれわれに属するのである。水のイマージュがわれわれのものになり、われわれが水のイマージュになるのである。スウィンバーンは自分が水に、海に属していることを理解していた。海への感謝の辞はこうである。

Me the sea my nursing-mother, me the Channel green and hoar,
Holds at 〔the〕 *heart more fast than all things, bares for me the goodlier breast,*
Lifts for me the lordlier love-song, bids for me more sunlight shine,
Sounds for me the stormier trumpet of the sweeter stran to me…

(*A Ballade at Parting*)

わたしを育てた海、緑の泡立つ英仏海峡に、わたしの心は世界中の何ものよりも固く結びついている。海はわたしのために寛大な胸を開き、荘重なる愛の歌を鳴り響かせ、わたしのために太陽がその光の輝きをもっとたっぷり広げるように命じ、耳になんとも心地よい勇ましい喇叭をわたしのために吹き鳴らしてくれるのだ。

(「別離のバラード」)

ポール・ド・ルールはこうした詩篇のもつ生命力の重要性を認めた。「詩人が自分のことを海や大気の息子と呼び、生活と一体化して、子供を青年に、青年を大人に結合する自然のこのような印象を祝福するのは、単なる比喩ではない」とかれはいう。[6] そしてポール・ド・ルールは「サイモドス Gymodoce〔水生植物の一種〕の庭園」の次の詩句を註に引用する。

Sea and bright wind, and heaven and ardent air
More dear than all things earth-born; O to me
Mother more dear than love's own longing. Sea...

地上に生まれたなにものよりも、海や陽気な風や、大空や勢いのよい大気ほど私にとって親しいものはない。おお海よ、おまえは愛の渇望そのものよりも身近であり、おまえは私にとっては母なのだ。

元素の呼び声が鳴り響くとき、事物も物体も形体も、つまり自然の多彩な風景がすべてばらばらに分散して姿を消すことを、これ以上うまくいえようか。水の呼び声はいわば完璧な供物、内密な供物を要求する。水は住むひとを欲しがっている。水は故郷のように呼んでいる。ラッフルカードが引用したスウィンバーンのW・M・ロセッティ宛[*4]の書簡にはこう書かれている（前掲書、第一巻、p.49）「ぼくは水の中に入りたいと願わずに水の上にいるなんて絶対にできませんでした」。水を見たら、「その中に」

入りたくてたまらないのである。五十二歳になってもスウィンバーンはなお血気盛んである。「子供みたいに走りながら服を脱ぎ捨ててさっと飛び込むのだった。しかもそんなことはほんの数分しか続かなかったが、ぼくにとっては天国だったのだ」。

だからこれ以上かかわることなく水泳の力動的美学に向かおう。スウィンバーンとともに波浪からの活発な招待のことばを聴いてみよう。

まず跳躍、跳び込み、大洋の中へ最初の跳躍、最初の跳び込みである。「海についていうなら、海の塩はぼくが生まれる前からぼくの血の中に入っていたに違いない。ぼくは父の腕の先につかまえられ、両手で振り回され、それから投石器の石のように空中に放り出され、絶叫しつつも幸せな笑い声を立てながら、突進してくる波の中に真っ逆さまに跳び込んだときの快感、これより以前の快感を思い出すことはできない。――これは年端も行かぬほんの子供によってしか感じられない楽しみなのである」[7]。この手ほどきの情景こそは人々が絶対に正確な分析をしてこなかったものである。スウィンバーンの信じていることに基づいて、人々はそこから苦しみと敵意とを生み出すすべての原因を取り除き、そこに最初の快感の特性があるとしたのである。スウィンバーンが三十八歳のときに、友人に書いたことばを人々はそのまま信じたのだ。「ぼくは他のことでは臆病だったと思うが、海を怖がったことは一度もない」。こんなふうな断定は、最初のドラマ、つねに最初の行為に結びついているあのドラマを忘れさせてしまうことになる。それは、記憶そのものの中において、初心者の内密な恐怖を覆い隠している入門式を、実体化された喜びとして受け取るからだ。

実際、海中への跳びこみは、他のすべての身体的種目にもまして、危険をはらんだ入門式、敵意に満ちた手ほどきのこだまを蘇らせる。それは未知の中への跳躍の、唯一の正確で合理的なイマージュであり、人々が体験可能な唯一のイマージュである。〈未知の中〉への跳躍となる具体的《レール》なイマージュは他に存在しないのである。未知の中への跳躍とは水の中への跳躍のことなのである。それは泳ぎの初心者の最初の跳び込みである。〈未知への跳躍〉というこれほど抽象的な表現が、実際の経験の中にその唯一の根拠を見出すのだから、それはこのイマージュの心理的な重要性の確実な証拠なのである。文芸批評〔研究〕はさまざまのイマージュの現実の元素に十分な注意を払ってこなかったと思われる。この例によってわれわれが理解してもらえるだろうと期待するのは、〈未知への跳躍〉のようにこれほど具体的に使われてきた成句が、物質的想像力によってその元素に引き戻されたとき、どれほど大きな心理的重さを受け取るか、ということである。人間たちも落下傘で降下したのだから、いずれこの面でも新しい経験をするであろう。その経験に物質的想像力がはたらきかけるなら、やがてそれは隠喩の新しい領域を開拓することであろう。

　それでは入門の手ほどきについて、本当の意味で最初の、本当に劇的な特性を再現してみよう。ひとが父親の手を離れて、〈投石器の石〉同然に未知の元素の中に放り込まれるとき、ひとはまず敵意の苦い印象しかもつことはできない。ひとは〈ほんのちっぽけな人間〉だと自分を感じる。笑う者、あざ笑い、傷つける笑いを発し、手ほどきするひととしての笑いを笑う者、それが父親である。もし子供が笑うなら、それは無理にした笑いであり、それは作り笑いであり、それは驚くほど複雑な神経質な笑いである。試練のあと、試練といってもあっという間のものであるはずだが、子供の笑いはその無邪気さを回復し、戻ってきた勇気が最初の反抗的態度を隠してしまうのだ。たやすく手にいれた勝利、手ほどきされたうれしさ、父親同様、水の存在となった誇らしさが、〈投石器の石〉を恨みっこなしにするのであろう。水泳の幸せが最初の恥辱を跡形もなく消してしまうのである。エウヘニオ・ドルスは〈水の笑い〉の多面的な価値をしっかり見抜いていた。ガイドがザルツブルグ近郊のヘルブルン邸をみせ、ペルセウスとアンドロメダの水浴像を観賞させたとき、隠されていた仕掛けが動いて「百本の噴水」を訪問客の頭から足まで振りかけたのである。エウヘニオ・ドルスは「悪ふざけの作者の笑いとその犠牲者自身の笑い」が同じ調子ではないことをはっきり感じ取っていた。「不意打ちの水浴は自己を笑いものにするスポーツの変種である」とドルスはいったのである(8)。

スウィンバーンもまた『レスビア・ブランドン』の中で「かれを水の厳しい経験に惹きつけて離れなくしたのは勇気であるよりもむしろ欲望であった」と書いたとき、生きていく間に積み重ねられた印象を最初の印象と取り違えたのだ。かれは欲望と勇気の正確な構造を見ていない。欲望などなかったときにおこった、最初の勇気ある行動を思い出していながら、泳者というものが勇気が欲しいという欲望に従っているのだということを見ていないのである。水泳のようなエネルギーを要する経験においては、欲求から勇気へというような交互的な動きは存在しない。存在するのは所有格の力強い行動である。精神分析以前の夥しい心理学者と同じように、スウィンバーンは、快楽や苦痛を、それぞれ個別的で、分離しうる、対立的な、自立存在であるかのように扱い、単純な分析に傾いている。水泳は両面感情である。最初の泳ぎは悲喜劇なのだ。

一方、ジョルジュ・ラッフルカードは荒々しい暴力的行為の共感覚的歓喜をはっきり評価していた。その立派な研究は全体として、精神分析的な多数の主題に適切な場をあたえている。ラッフルカードの主張をたどりながら、海洋体験のダイナミックな特色の分類をしてみよう。客観的生活の要素がどのようにして内面生活の要素を象徴するのか見ることになる。水泳の筋肉運動には独特の両面感情が介入し、それが特殊なコンプレックスを認識させるのである。このコンプレックスはスウィンバーンの詩学の多様な特性を圧縮しているので、われわれはスウィンバーン・コンプレックスという名称にしたいと思う。

いつでもコンプレックスとは両面感情の蝶番《ちょうつがい》である。コンプレックスのまわりには、喜びと苦しみがつねにその熱気を交換しようと待ち構えている。だから水泳の経験においても両面感情の二重性がいくつか積み重なっているのが見て取れる。たとえば冷たい水は、ひとが勇気をふるってそれに勝ったときは、熱気の循環を実感させる。そこから独特の爽快さ、身の引き締まる爽快さの印象が生じるのである。スウィンバーンはいう。「海の味わい、波の接吻は辛くて爽やかだ」と。しかしすべてを支配するのは、力への意志を左右する両面感情である。ジョルジュ・ラッフルカードがいうように、「海は打ち負かそうと仕掛けてくる敵であり、だからそれに打ち勝たねばならない。あの波浪も敢然と対決すべき打撃の連続なのだ。泳者は全身をあげて敵の肢体にぶつかるのだという印象をもっている[9]」。ともかく、じつに的確なこの擬人化のきわめて独自な性質についてよく考えてもらいたい。ひとは闘士たちより以前に闘争を見ているのだ。より正確にいえば、海は目にみえる身体などではないし、ましてや抱きしめる身体などではないのだ。それはわれわれの攻撃の力学に対応する力動的環境である。とはいいながら、これらの視覚的イマージュが想像力から浮かび上がり、〈敵の肢体に〉ひとつの形をあたえるときでも、これらの視覚的イマージュは、本質的に力動的なイマージュによって読者に表現する必要から生じた、二次的な、副次的なものなのである。一次的で直接的な本質的イマージュは当然、力動的想像力、勇敢な運動の想像力に属する。この基本的な力動的想像力はしたがっていわば即自的な闘争である。だから泳者が、他の誰よりも世界はわが意志であり、世界はわが挑発である、ということができるのだ。他ならぬこのわれこそ海を逆巻かせるものなのである。

この〈即自的な闘争〉の味わい、熱気、無上の男っぽい歓喜を感じるためには、結論を急いではならない。練習の目標にあまり速く行かないようにしよう。そのとき泳者は自分の成功を楽しみ、健康的な疲労に安らぎを見いだしているのだから。力動的想像力の特色を定めるには、逆に、どこでも同じだが、ここでも行動をその前提において捉えてみよう。しかも〈純粋な泳ぎ〉のイマージュを〈力動的純粋詩〉の特殊なタイプとして構成しようとするならば、来るべき快挙を夢想する泳者の誇りというものを精神分析してみるべきだろう。この泳者の考えはイマージュ化された挑発であると理解しよう。すでに泳者はその夢想において海に語りかけている。「もう一度ぼくはおまえに向かって泳ぐぞ、おまえの無数の波頭に向かって、ぼくは闘うぞ、ぼくの新しい力を見せつけてやるぞ、ぼくの有り余る力をぼくは十分意識しているんだ」。意志によって夢想されたこの武勲こそ、怒濤の詩人たちによって歌われた経験である。それは過去の思い出よりも、多くは先取りした予想によってつくられる。荒れ狂う水は勇気をためすひとつの図式なのである。

そうはいってもラッフルカードの場合、古典的精神分析のコンプレックスへの取り組みはいささか性急である。おそらく精神分析はこういった一般的なコンプレックスを再発見することが必要なのである。というのはもちろん個々のコンプレックスはすべて原初的コンプレックスの作り出したものに違いはない。しかし原初的コンプレックスが美的機能をもつのは、宇宙的経験において個別化し、精彩に富む特徴で覆われて、客観的な美として表現される場合のみである。もしスウィンバーン・コンプレックスがエディプス・コンプレックスを発展させるのであれば、背景も人物に合わせる必要がある。それゆえに、自然の水の中での遊泳、湖の中、川の中の遊泳がコンプレックスの力を活気づけるのである。じつに滑稽な響きのあるピッシーヌ〔水泳プール、もともとは養魚池という意味。ピッス（小便）という音の連想のことか〕ではコンプレックスの力の発揮にふさわしい縁取りをあたえないであろう。またコスミックな挑戦の心理に欠くべからざる孤独という理想も不足している。意志をはっきりと投影するためには、ひとりでいなければならない。自己の意志による水泳の詩は孤独な詩である。プールには水泳を倫理的にも有益なものにする基本的な心理的要素がつねに不足しているようである。

　意志が水泳のポエジーの支配的主題を供給するとしても、感受性はひとつの役割を当然のこととして守っている。感受性がはたらくからこそ、水に対する闘争の特別な両面感情、つまり勝利と敗北、苦痛と快感という古典的両面感情に組み込まれるのである。まずこの両面感情が均衡していないことを見ておこう。泳者にとって疲労は免れることのできないものである。つまり遅かれ早かれサディスムがマゾヒスムに取って代わらねばならない。

　スウィンバーンにおける怒濤との闘争という興奮状態では、サディスムとマゾヒスムはまずよくまじりあっていて、これがコンプレックスをもった自然にふさわしいのである。スウィンバーンは大波に向かっていう。「ぼくの唇はおまえの唇の泡を祝ってやるさ……おまえの甘くて辛い接吻はワインのように濃厚だろう、おまえの広々とした抱擁は激しくて苦しいほどだ」。しかし敵方がぐっと強くなるときが訪れ、その結果マゾヒスムが居座る。そのとき「波は打ち寄せるたびに苦しませ、一回ごとに革紐のように鞭打つのだ」。「大波による鞭打ちの刑は肩から膝まで痕をつけ、海の鞭で全身の皮膚を真っ赤にして岸辺に送り返した」(『レスビア・ブランドン』)。そして、たびたび繰り返されるこういう隠喩を前にして、ラッフルカードがマゾヒスムに典型的な鞭打ちの両面感情的苦痛を喚起するのは当をえたことである。

この鞭打ちが、物語られた水泳において、ということはつまり隠喩の隠喩として、現れてくるのだということを、いま思い起こすならば、文学的マゾヒスム、潜在的マゾヒスムがどういうものか分かるであろう。マゾヒスムの心理学的現実においては、鞭打ちは快楽の先駆的条件であるが、文学的〈現実〉において鞭打ちはもはや結果としてしか、過度の幸福に続くものとしてしか出現しないのである。海は打ち負かした人間を鞭打ち、岸辺に投げ出す。とはいっても、この逆転はわれわれの眼を欺くことはない。快楽と苦痛の両面感情は、それが人生に痕を残すように、詩にも痕を残しているのだ。一篇の詩が両面感情的でドラマティックな調子をもつとき、それは価値定立化された瞬間の、つまり詩人のこころにひとつの世界全体の善と悪が絡み合っている瞬間の、無数のこだまだとひとは感じるからだ。もう一度いえば、想像力は個人的な生活のとるに足らぬできごとを宇宙的なレヴェルにまで上昇させるのだ。想像力はこういう支配的なイマージュによって活発になる。スウィンバーンの詩法の大半は波浪による鞭打ちという支配的なこのイマージュによって説明される。したがってわれわれはスウィンバーンという名前で特別なコンプレックスを示すことに根拠をえたと思うのである。スウィンバーン・コンプレックスは、すべての泳者から認められるものだと、われわれは確信している。それはまず誰よりも、その水泳を物語る泳者たち、その泳ぎで一篇の詩を作るすべての泳者から認められるであろう。それは水泳のもつ詩化コンプレックスのひとつだからである。したがってそれは心理的なある状態やある種の詩篇を特徴づけるために有効な説明の主題となるであろう。

バイロン[*5]も類似した研究の対象となりうるかもしれない。かれの作品には水泳の詩法に属する金言、格言の類がたくさんある。そういうものは基本的な主題の多彩な変奏を提供するであろう。たとえば『フォスカリ家の父と子』で読まれるのはこうだ。「何度となく頑丈な腕でぼくはあの波を断ち割ったことだろう。波の抵抗に大胆不敵な胸を立ち向かわせて。ぬれた髪の毛をすばやく後ろに払いのけながら……ぼくは逆巻く泡を見下すようにしてしりぞけた[(10)]」。髪の毛を後ろに払いのける仕草はそれだけでも意味が深い。それは決断の瞬間であり、闘争受諾のしるしなのである。頭のこの動きは、ひとつの運動の先頭にいたいという意志のしるしである。泳ぎ手は波浪と本当に対決している。そのとき「波浪はかれらの指導者を認めるのである」と『チャイルド・ハロルドの遍歴』でバイロンは述べている。

もちろん、この節で調べてきたような激しい活発な水泳のほかにも多くの水泳のタイプがある。水の完全な心理学は文学の中で泳者と波浪のダイナミックな交流が現れる文章を見つけることができよう。たとえばジョン・シャルパンティエはコールリッジについてとてもいいことを述べている。「かれは夢想の誘惑に身をまかせた。かれはぱっと輝き海のクラゲのように花開く。海ではクラゲが軽やかに遊泳し、海のリズムとその落下傘の膨らむリズムとが一体化して、その柔らかな傘の骨を漂わせながら海の流れを愛撫しているようであった[(11)]」。物質的想像力の諸力にじつに忠実にしたがって、力動的に見事に体験されたこのイマージュによって、ジョン・シャルパンティエは柔軟で量感のある水泳を、受動と能動のぎりぎりの境界で、また遥動する夢想と合流する衝動と浮遊の境界線上で――なぜなら無意識の中ではすべてが縁組みするから――われわれに理解させてくれる。しかもこのイマージュはコールリッジの偉大なる真実を示している。コールリッジは一八〇三年ウェジウッドに宛ててこう書きはしなかっただろうか。「わたしの存在は大波で満たされている、打ち寄せる大波はここかしこで崩れ落ち、まるで共通の主人を持たないもののようである……」。こういうことでは世界を挑発することを知らない男の夢想となるのではないか。こんな水泳では海を挑発する術を知らない男の泳ぎとなるであろう。

この方向をもっと進めて研究すれば、水泳の諸タイプから魚形のさまざまな変身への過程をたどりうるかもしれない。そのとき空想的魚類の自然史を確立できるであろう。空想的魚類が文学においてはあまり多くないのは、われわれの水のダイナミックな想像力がすこぶる乏しいからである。ティークはそのコント『水の人』*Wassermensch*において、元素的な水に捧げられたひとりの男の変身を誠実にたどろうと試みた。その反対にジロドゥーの『オンディーヌ』は神話的な誠実さに背いており、深い夢幻的経験の恩恵に浴していない。[*6] それゆえジロドゥーがその〈魚の隠喩〉から、まるで疲れる遊びからぬけ出すように、さっさと逃げ出していることは納得できる。かれは隠喩から変身へ移行することができなかったのだ。人魚に向かって大股開きをするように頼むことは、動きのとぼしい形式的な悪ふざけにすぎず、水のダイナミックな想像力とは共鳴していないのである。

コンプレックスの心理学は、コンプレックスが弱くなるかあるいは逸脱した場合の研究でしばしば解明されることがあったので、今度は衰弱したスウィンバーン・コンプレックスを研究してみよう。実際、海への挑戦にも空威張り屋がいるのだ。たとえば、岸の上からなら挑発はぐっとたやすくなるので、どんどん話が雄弁になる。そのとき挑戦は潜在的スウィンバーン・コンプレックスを示すのであり、きわめて多様な美的構成物で飾られる。そこでこれから水の夢想と文学の新しい様相をいくつか検討しよう。

IV

〈大洋〉の怒りという主題ほど月並みなものがあろうか。穏やかな海が突如として怒り狂うのである。海は唸り叫び吼えまくる。それは激怒狂乱のあらゆる隠喩、激昂と激怒のあらゆる動物的象徴を受け取る。それはライオンのたてがみを振り立てる。海の泡は「リヴァイアサン〔『ヨブ記』の水中の巨大怪物〕の涎《よだれ》」に似ており、「水は蹴爪《けづめ》で満ちている」。ヴィクトル・ユゴーがこう書いたのは『海に働く人びと』においてであり、それは嵐の素晴らしい心理学である。[12] 民衆のたましいに向かってあんなにも語ったこのページでヴィクトル・ユゴーは思いっきり多彩な隠喩を積み重ねたが、それでも理解されるという自信があった。怒りの心理学は、結局のところ、もっとも内容豊かでしかも微妙な差異に富む心理学のひとつだからである。それは欺瞞や臆病から破廉恥や犯罪にまでおよぶ。投影されるべき心理状態の量は怒りのほうが愛よりももちろんはるかに多い。幸せで善良な海の隠喩はだから不幸な海の隠喩よりもずっと少ないのである。

以下のページではとくにダイナミックな投影の原理を取り出したいと思うので、激怒狂乱の投影のはつきり限定されたケースのみを検討してみよう。できるかぎり視覚的イマージュの影響を離れ、宇宙のダイナミックな内密性に参入しているある種の態度を追及してみたい。

たとえば、バルザックは『呪われた子』の中で何度か折を見て、海のダイナミックな生命と完全な照応状態にあるたましいを示してみせる。

エティエンヌという呪われた子供は怒れる〈大洋〉にいわば捧げられているのだ。その誕生にあたっては「恐ろしい嵐が唸り叫んで通ったこの家の煙突は、それに不吉な意味をあたえながらほんのわずかな突風にいたるまで繰り返し、またその煙突の太い筒は大空との交流をしやすくしていたので、炉のたくさんあった熾《おき》はいわば呼吸をはじめ、きまぐれな風にあわせてぱっと燃え上がったり消えたりしていた」[13]〔私市保彦訳〕。奇妙なイマージュ。煙突の筒が、太い出来損ないの喉でもあるかのように、不器用に嵐の怒り狂った呼吸を合理化している——もちろん計算済みの不器用さだ。この荒っぽい手段で大洋はその予言的な声をぴったり締め切った家の中に持ち込んだのだ。恐ろしい嵐の夜のこの誕生は呪われた子供の人生に宿命的なしるしを永久に刻んだのである。

さらにバルザックは物語のさなかでその内密な考えをわれわれに明かそうとする。つまり怒りの状態にある元素の生と不幸な意識の生のあいだにスウェーデンボリー的な意味の照応が存在する、というのである。「すでに何度か自分の深い感動と大洋の運動との間に神秘的な照応があることを見つけていた。かれの神秘学によって授けられた物質の思想への直観力は、この現象をだれよりもかれに対して雄弁に語りかけたのである」(p.60)。ひとつの物質がひとつの思想、ひとつの夢想をもつこと、そして物質はわれわれの内部にやってきて考え、われわれの内部で夢想し、われわれの内部で悩むだけにとどまらないということをこれ以上明瞭に認めることができようか。また忘れてならないことは、呪われた子供の〈神秘学〉が器用な魔術ではないことである。それはファウストなみの〈博識〉な学とはなんの共通点もない。それは内密な生、諸元素の直接の認識であり同時に漠たる予知である。それは実験室で、実体を作用させて獲得されるのではなく、自然と向き合い、大洋と向き合い、孤独な瞑想において獲得されるのである。バルザックは続けていう。「かれが最後に母に会いに行った運命の夜の間中大洋は動き荒れたがかれにはいつもにはないことのように思われた」。いつもにはないような嵐とは、いつもにはないような心理状態にあった観客から見られた嵐だ、ということを強調する必要があろうか。そのとき本当に宇宙から人間にいつもにはない別の照応があるのであり、内面の、内密の、実体的な交流があるのだ。照応は稀な厳粛な瞬間に結ばれる。内密な熟考はひとつの熟視をあたえるが、そこでひとは世界の内密さを暴いている。眼を閉じた瞑想と眼を大きく見開いての熟視は突如として同じいのちを生きる。たましいはものの中で悩み、たましいの悲嘆には大洋の辛い叫びが照応する。「水の転々反転が海の五臓六腑が揉まれていることを示していた。海は巨大な波によって膨れ上がり、波は遭難した犬の群れの吼え声のような悲痛な音を立てて岸に打ち当てていた。エティエンヌは驚いて自分に向かっていった。〈海はぼくになにを望んでいるのか。まるで生きた人間のように躍起となって訴えている。お母さんはよく言って聞かせた。大洋はぼくが生まれた夜、恐ろしい痙攣にとりつかれたと。これからぼくの身に何が起こるのだろう〉」。劇的な誕生の痙攣は大洋の痙攣となるまで潜在的にこうして上昇するのである。

　そうすると万物照応はページからページへと強化されていく。「自分の考えを打ち明け、その人の命が自分の命となるようなもうひとりの自分自身を大いに探したあげく、とうとう大洋と共鳴し合うにいたった。かれにとって海は生きて考えるひとりの存在となった……」（p.65）。もしここに、擬人化して背景を活気づけるための、月並みなアニミスムとか文学的技巧だけしか見ないとすれば、これらのページの深さを取り逃がすことになろう。実際にバルザックはごく稀にしか記述されない心理的機微を発見しようとしているのであり、その新しさが観察の心理的な実在性を保証しているのだ。ダイナミックな想像力の心理学のためにいかにも示唆に富む観察として、われわれは記憶に留めておかねばならない。

　力への意志が登場するのを実際に見てみよう。エティエンヌと〈大洋〉の間には、漠然たる共感、もやもやした同情だけがあるのではない。なによりも怒りに駆られる共感、暴力行為の直接的かつ可逆的コミュニケーションが存在するのだ。そのとき暴風雨の客観的な記号は、呪われた子供が嵐を予言するためにはもはや必要ではないように思われる。この予言は徴候学的 sémeiologique な次元ではなく、心理学的な次元のものである。それは怒りの心理学に属するのである。

　怒り狂う二つの存在の間で、最初の記号は取るに足らぬもの――まぎれもなくつまらぬものである。怒れる二者の間の対話ほど内密な対話がほかにあろうか。怒れるぼくとおまえは、平穏な同じ環境のなかで、同じ瞬間に、生まれる。ふたりの最初の兆候は、ふたりとも直接的であると同時に覆われていることである。怒れるぼくとおまえはともに暗黙の生活を続けており、ふたりは隠されているし、また歴然としており、ふたりの偽善は共通のシステムであり、型にはまった礼儀のシステムである。ついに、怒れるぼくとおまえが一緒に爆発する、まるで戦闘を告げる喇叭のように。二人の呼吸はぴったり合っている。呪われた〈子供〉と〈大洋〉のあいだには怒りの同じ運行表、暴力の同じスケール、力への意志の同じ協定が確立する。エティエンヌは「(海が) 怒り狂うとき、自分のたましいの中に本物の嵐が立ち騒ぐのを感じた。海の鋭く吼える声のさなか怒りを吸い込み、大波とともに駆け出し、波は岩礁に無数の液体の総となって砕け散った。かれは波のように大胆不敵で猛烈だと感じ、そして、おびただしい返す波によってまた波のように飛び跳ねていた。かれは海の陰気な沈黙を守り、突如示す寛大さを真似たのである」(p.66)。

バルザックはここで単独な行動の普遍性を証明する心理的な現実の特徴を発見したところなのだ。実際、海辺で、リンパ質の子供が波に向かって命令している姿を見なかったものはないだろう。子供は波が服従する瞬間を測ってその命令を口に出すのだ。かれはその力への意志を、砂浜の上に寄せては返す波動の周期に一致させている。かれは自分の中に巧みなリズムをもつ一種の怒りを組み立て、容易にできる防衛とつねに勝利する攻撃とを交互に繰り返すのである。勇敢にも、子供は退却する波を追うのであり、立ち去ろうとする敵の波に向かって挑戦し、逆襲する海から逃げながら嘲弄する。人間のあらゆる闘争はこの子供の遊びと一致する。何時間にもわたって波に命令する子供は、潜伏性の スウィンバーン・コンプレックス、つまり陸地にいるものの スウィンバーン・コンプレックスをこうして養成するのである。

一度スウィンバーン・コンプレックスのすべての形体をはっきり分離すれば、文学研究はじつに特徴的な文章に対して、従来認めていない重要性をあたえるはずだと思われる。ミシュレはいつもの心理的な深みをこめて同じ情景を書き留めている。「ごく若い想像力が (怒濤の中に見るものは) 戦争、闘争のイマージュであり、そして最初のうちは怯える。それから波の恐ろしさに限度があり、波がそこで立ち止まるのだということを観察し、安心した子供は、かれを恨んでいると思われる野生のものを、怖がるというよりは憎むのである。今度はかれが吼えている大きな敵に向かって石を投げるのだ。一八三一年七月、わたしはル・アーヴルでこの決闘をじっくり見たのだった。わたしがそこに連れて行ったひとりの女の子が海を目の前にすると若々しい勇気がみなぎるのを感じ、こんな風に挑戦してくる海に憤然としたのだ。彼女は戦いには戦いで応えた。か弱い生き物のほっそりした腕と、彼女のことなどに眼もくれない恐るべき力との不釣合いな闘争は微笑を誘うものだった[14]」。

その上きわめて明瞭なことは、ひとつのコンプレックスをこれほどよく理解するためには、その人自身がそのコンプレックスを分かちもつことが必要だということである。そしてこれについてはミシュレが良い例である。〈大洋〉が人間たちの勇気を「ものの数に入れていない」という事実にかれは哲学的に悩んだのであろうか。

こうした相互の挑戦では、作家のことばが貧しくなればなるほど、大洋はますます多弁になる。しかし逃げていく波を前にすると自尊心はいつも同じように掻き立てられるのだ。われわれの前から尻尾を巻いて逃げるどんなものも、たとえそれが勢いのない死んだ水であってもわれわれを勇者にする。ジュール・サンドーの小説には同じ潜在的スウィンバーン・コンプレックスがいたるところできめ細かに描かれている。「マリアンナが好きだったのは、大洋が岸辺を離れるとき、逃げていく波を追いかけそしてそれが彼女の元に戻ってくるのを見ることであった。今度は逃げるのは彼女のほうだった……彼女は逃げる、だが一歩また一歩としぶしぶ後退するような足取りなので、追いつかれたがっているみたいであった」[15]。時には海岸の監視員の叫び声が「彼女に食らいつきそうになっている波の抱擁から」逃れさせた。さらに読みすすむと、ますます危険が強まり、あたかも波がマリアンナの上に「ハイエナのように」跳びかかり、大波が「彼女の体を踏みつける」かのようである。海が動物的な怒り、人間のような怒りをもつことが誰にも分かるであろう。

それゆえ今こそ小説家が、傷ついたたましい、人生に裏切られ、この上ない不実な裏切りに苛まれた恋する女の反抗を描かねばならないのだ、しかもきわめて内面的な反抗を描くために、作家にとって〈大洋〉に向かい挑戦する子供の遊び以上の題材はない。なぜなら想像力が最初に想像したイマージュ群はわれわれの一生を支配するからである。こういった最初のイマージュ群は人間のドラマの中軸におのずと現れるかのように位置するのである。嵐は情熱《パッション》の自然なイマージュをあたえる。ノヴァーリスはずばりと表現する才能をふるってこう述べた。「嵐は情熱を助長する」と。

それゆえ、イマージュの起源に向かうとき、つまりイマージュをその物質の中で、その最初の力の中で追体験するとき、朗唱ふうの大げさな表現として不当に非難されたページの中に、人々はある感動を見いだすことができるのだ。あたかも朗唱がその美しい特色においてすでにことばの嵐ではなく、表現の情熱ではなかったとでもいうように。たとえばスウィンバーン・コンプレックスの現実の意味を理解したとき、ひとは次のようなページに切実な調子をまた感じるのではないだろうか。「ああ　空しい苦悩よ！　マリアンナは海を目の前にしていると、岸辺を永遠の嘆きで満たしているこの大きな悲しみの前でもくじけることはなかった。彼女のたましいのすすり泣きに応えてくれるたましいの声を聞いたと思ったのだ。両者の間によく分からない不思議な交流が確立した。波が持ち上がり怒り狂って跳ねた——白いたてがみの駿馬のように——彼女は青ざめ、髪振り乱して砂浜へ行った。そしてそこで〈嵐の精霊〉さながら暴風の怒号に彼女の叫びを合わせた。——波頭に向かって歩きながら彼女はいった。——すてき、すてき、わたしのように苛まれている、だからわたしはおまえが好きなの！——そして風が顔にたたきつけた冷たい波の泡に暗い喜びを感じながら身体をさらし、彼女の絶望した姉妹から接吻を受けているのだと思っていた」[16]。

この強烈なメランコリー、積極的なメランコリー、人間たちの攻撃を受けたあとで、事物から繰り返される攻撃を望むこのメランコリーの微妙な違いは指摘するまでもあるまい。エドガー・ポー的な死んだ水のメランコリーとはまったく別の暴力的な水のメランコリーなのである。

もっとも優しいたましいがけなげに〈補償している〉さなかに出会うことだってある。情の濃いマルスリーヌ・デボルド゠ヴァルモールが——その長女の名はオンディーヌであった——十五歳でアメリカからひとりで帰国するとき、「暴風雨の感動的情景と、鎖を解かれた諸元素と男たちの闘いを」哀願も絶叫も呻き声すら洩らさず、間近で見るために水夫たちにたのんで支《し》檣索《しょうさく》に自分を堅く結びつけさせたのである[17]。作家の手になる「子供のころの思い出」に頻繁に出てくる回帰性のあのヒロイスムの一端が、そこに顔を出していないかどうか問うことはせず、われわれはこの遠い思い出の真実性を判断することはさけて、むしろことのついでに想像力の心理学の大特権を指摘しておこう。つまり確実《ポジティフ》な事実を誇張することは、想像力による事実に対して——逆に——何も証明しない、ということである。想像された事実のほうが実際の事実よりも重要なのである。マルスリーヌ・デボルド＝ヴァルモールの思い出の中で、記憶はドラマ化をおこなっている。したがって作家が想像しているということは間違いない。若い孤児の娘のドラマは大きなイマージュに組み込まれてしまった。人生に踏み出したばかりの彼女の勇気は、怒り狂う怒濤を前にした彼女の勇気にその象徴を発見したのである。

そのほか、一種のスウィンバーン・コンプレックスが、見張られ、抑えられた形で作用しているのが分かるケースがある。われわれのダイナミックな想像力の主張に貴重な確証を提供できるかもしれないと思う。いったい人間の本当の冷静さとはどんなものだろう。それは自己自身を抑制して獲得された冷静さであって、自然の冷静さではない。それは暴力に抗して、憤怒に抗して獲得された冷静さである。冷静さは敵を無力化する、冷静さはその冷静さを敵に押し付ける。それは世界に平和を宣言する。ひとは世界と人間のあいだにまったく相互的な魔術的照応を夢想する。エドガール・キネは魔術師メルランを歌った長詩において独特の力を込めてこの想像力の魔術を表現している[18]。

狂乱する海を鎮めるにはどうするのか？
われとわが怒りを押さえつけるのさ

Que fais-tu pour apaiser une mer en fureur ?
Je contiens ma colère.

怒りがダイナミックな想像力の最初の認識であることを、これ以上うまくいえるだろうか。ひとは怒りをあたえ、そしてひとはそれを受け取り、宇宙に伝達し、そしてひとは宇宙と同様こころの中でそれを停止する。怒りは人間とものとの取引のうちでもっとも直接的な取引だ。怒りは空しいイマージュをあたえることはない。怒りは最初のダイナミックなイマージュをあたえるからである。

暴力的な水は宇宙的な怒りの最初の図式のひとつである。それゆえ、暴風雨の情景をもたない叙事詩は存在しない。J・ルーシュ Rouch 氏はそれを指摘し、『フランシヤッド』にロンサールが描いた嵐を――気象学者として――研究した。(19) 人間の偉大さは世界の大きさによって測られる必要がある。「高貴な考えは高貴な風景から生じる」とは、『殉教者たち』の嵐の描写のあとに述べられたシャトーブリアンのことばである。

実際に、スウィンバーン・コンプレックスが気宇壮大な哲学に息を吹き込み、人間がその超人的力を意識し、支配的ネプチューンの役割にまで高まっていくページさえある。人も知る地質学の水成論《ネプチュニスム》の支持者であるゲーテが、もっとも明白な心理学的ネプチューンのひとりであることは、偶然の一致であろうか。『ファウスト』第二部では次のページが読まれる。「私の眼は遥かな海原《うなばら》に引きつけられた。／それはふくれ上がって、おのずから聳《そび》えたち、／やがて低くなったかと思うと、波を逆巻《さかま》かせて、／広々とした平たい岸辺に襲いかかる。／それが私の癪《しゃく》にさわったのだ。それは丁度、／不遜《ふそん》な心が、情熱にはやる血気《けっき》にまかせて、／すべての権利を尊重する自由な精神を傷つけ、／これを不快な気分に変えてしまうようなものだ。／それは偶然のことだと思い、なおも眼を鋭くすると、／波は停《と》まって、うねりを返し、／得意然《とくいぜん》と、到達した目的から遠のいてゆく。……不生産的な波は、その不生産的な性質を／いたるところに拡げようとて忍びよる。／ふくれたり、高くなったり、転《ころ》がったりして、／荒涼《こうりょう》たる一帯の、見るもいやな地域《ちいき》を覆《おお》うのだ。／相次《あいつ》ぐ波は、意力をはらんでそこを支配するが、／引き去ったあとには、私を不安にして　／絶望させるようなことは何もし遂《と》げていない。／抑制を知らぬ四大の無目的の力だ。／そこで私の精神は自分の力に余ることを敢《あ》えて企てる。／ここで私は戦いたい、あいつを征服したいのだ。〔一行空き〕そしてそれは可能なことだ。――波はどれほど漲《みなぎ》っても、／丘があれば、寄り添うようにこれを回って通りすぎる。／どんなに波が傍若無人《ぼうじゃくぶじん》にあばれようと、／わずかの高みも誇りかにこれに対抗してそばだち、わずかの凹《くぼ》みも力強くこれを引きつける。／そこで私は早速心の中でいろいろと計画をめぐらした。／あの横暴《おうぼう》な海を岸からしめ出し、／湿《しめ》っぽい地帯の境界をせばめ、／波を遠くの海の中へ追いたてる、／こういう貴重な楽しみを得たいものだと。／……これが私の願いだ」[20]〔相良守峯訳〕。

ファウストの意志が望むように、騒然たる海を視線で停めることも、ミシュレの子供がするように敵対的な上げ潮に石を投げることも、ダイナミックな想像力の同じイマージュである。力への意志の同じ夢である。ファウストと子供の思いがけない関連づけは力への意志にはつねに幾分かの無邪気さが存在することを理解させる。実際、力への意志の運命は実効のある力を超えた力を夢想することである。この夢の総飾《ふさ》りがなくては、力への意志は無力であろう。力への意志がもっとも攻撃的になるのはそのさまざまの夢によるのである。したがって、超人でありたいとするひとは、大人になりたいと願う子供と同じ夢をごく自然に見つけるのである。海に命令することは超人の夢である。それは天才の意志であると同時に子供の意志である。

V

スウィンバーン・コンプレックスにはマゾヒスム的要素が多い。この暴風雨の水の心理学のコンプレックスに、クセルクセス・コンプレックスという名前の下により明白にサディスム的なコンプレックスを連合できるであろう。

読者にヘロドトスの物語る逸話をお目にかけることにしよう。[21]「クセルクセス〔古代ペルシャの王〕はセストスとアビドスという町の間にいくつか橋を架けるように命じた。この橋が完成すると、恐ろしい嵐が起こって索具を断裁し船をめちゃめちゃに壊した。この知らせを受けて立腹したクセルクセスは、ヘレスポントスの海に三百回の鞭打ちを与え、一組の足枷を海に投じさせることにした。かれはまたこの命令の執行官とともに、灼熱の鉄で海水に焼印を押すための人員も派遣した、と聞いている。ともかく鞭で海を打たせながら、次のように野蛮で常軌を逸した文言を述べさせたことは確かである。《苦い波動よ、汝の主がかくも汝を罰するのは、理由もなく汝の主に無礼をはたらいたからである。クセルクセス王はなんとしてでも汝を渡るであろうぞ。汝に生贄を捧げないのは当然なのだ。汝は嘘つきの汚い川なるがゆえに》。王はこのように海を処罰し、そして橋建造の指揮者たちの首を刎ねたのである」[22]。

もしこれが孤立した逸話であり、例外的な狂気であれば、想像力の研究にとってはほとんど取るに足らぬページであろう。しかし事情はまったく別である。もっとも極端な錯乱ですら決して例外ではないのだ。メディアのこの王の振る舞いを繰り返す伝説はざらにある。なんと多くの魔女たちが、その魔術に失敗して、沼の水面を叩いてわが恨みを客観化したことか[23]。サンティーヴの報告も、プウクヴィル*7のいうことにもとづき、イナコス川*8 Inachus 沿岸に住むトルコ人の慣行を扱っている。その慣行は一八二六年ごろもまだ存在していた。「トルコ人たちは書式にのっとり作成され署名された請願書を裁判官に提出した。それによれば、イナコス川が境界標から出て、人々の畑を荒らしており、ついては川に対しその川床に戻るよう裁判官が命令するように請願するというものである。裁判官は申し立ての趣旨にそった判決を下し、そして人々はその宣告に満足する。しかしひとたび川が増水すれば、裁判官は住民をともなって現地におもむき、川に退去を勧告する。裁判官の勧告書の写しが川に投じられる。人々は川を侵略者、略奪者として扱い、川に石を投げつける……」。同じ慣行がアシル・ミリアン*9の『ギリシャおよびセルヴィアの民謡』(1891, p.68) にもふれられている。海に消えた船乗りの妻たちが海岸に集まって、銘々が歌う。

上げ潮の面をかわるがわる鞭で打て
ああ　海よ、泡立つ波の　性悪な海よ
わたしたちの夫はどこよ、いとしい人はどこにいるのよ。

Flagelle tour à tour la surface des flots.
O mer, méchante mer à la vague écumante,

Où sont-ils nos maris? Où sont-ils nos bien-aimés ?

このような暴力的行為はすべて恨みの心理、象徴的で間接的な報復の心理に従う。水の心理学の中には、類似した暴力が怒りを刺激する別の形を利用することもみられる。それらを注意深く調べると、怒りの心理のあらゆる細部が宇宙的な次元で再発見されることが分かるだろう。実際、嵐祈禱師 *Tempestiaire* のやり方には明らかに意地悪なからかいの心理が見られる。

望んだ嵐を呼ぶために嵐祈禱師つまり嵐をつくるひと *homo faber* は、子供が犬をじらすように水を刺激する。かれには泉がひとつあればそれで足りる。かれは水のそばにハシバミの棒、つまりかれのヤコブの杖をもってやってくる。杖の先で泉の透明な水鏡を引っかき、急に引っ込める。手荒にまた突っ込む、かれは水を刺すのだ。

水は平静で穏やかで、休息中であり、まったく

水は　だれも傷つけることのできない
皮膚のよう〔だ〕〔佐藤巌訳〕

L'eau, telle une peau
Que nul ne peut blesser,

ということについに苛立ってくる。[24] 水の神経がいまやぴんと張り詰めている。そこを見計らって嵐祈禱師が棒を水底まで突き刺し、泉の五臓六腑まで鞭打つ。今度は元素が立腹し、その怒りは宇宙的になる。雷雨がうなり、雷が炸裂し、霰がはぜ、水は地面に溢れる。嵐祈禱師はその宇宙論的使命を成就したことになる。そのために揶揄の心理学を投影したのだ。水の中に普遍的（宇宙的）な心理学の全性格があるということを確信していたからである。

サンティーヴの『水の民間伝承』をみれば嵐祈禱師の振る舞いの多数の例が出ている。[25] そのいくつかを要約しよう。ニコラ・レミの『悪魔崇拝』[*10]（1595）には次の文が読まれる。「二百人以上の人々の自由で自発的な断定的証言によって、二人の男が魔法使いとして火刑を宣告された。かつて二人は池や川の岸に何日か集まり、悪魔から授かっていた黒い棒を備えて、水を打ち続けたところ、もうもうと湯気が沸き、二人を空高く引き上げた。そして二人の魔術が成就すると、盛んに降る雹とともに地上に降り立った……」。

きわだって興奮しやすい湖もいくつかある。それはほんのちょっとしたからかいにもたちまち反応する。フォワ Foix[*11]、ベアルヌ Béarn[*12]、ナヴァール Navarre[*13]の伯爵領の老歴史家の報告では、ピレネー山脈には「二つの湖があり、炎と火と雷とを育てている……もしひとが何かを投げ入れるならば、たちまち空中が騒がしくなり、この怒りの目撃者たちの多くは、この池からいつも発する火に焼かれ雷に引き裂かれるのだ」。別の年代記作者は「バーデン[*14]から四マイルのところに小さな湖があり、土くれとか石ころとか何かものを投げ込むと、空がにわかに曇り、雨か嵐が来ないことはなかった、と記している」。ポンポニウス・メラ[*15]もまたとりわけ〈傷つきやすい〉泉のことを知らせている。「たまたま人の手が（その縁の岩に）触れたりすると、たちまち泉はとめどなく溢れ出し、砂を渦巻かせ、嵐に見舞われた海の波のようになる」(26)。

ご覧のように、敏感な皮膚をもつ水が存在する。わたしは色合いの違いを増やすことができる。たとえば水に加えられた侮辱が、荒れる水の反応を無害に抑え、物理的に減少させることも示しうるし、水に対する攻撃が鞭打ちから単なる脅かしに移行しうることも示しうるのである。爪で一度引掻くだけでも、もっともわずかな穢れだけでも、水の怒りを呼び覚ますことができるのだ。

文学の心理学としての課題は伝承や昔の話を引用するだけでは果たせまい。実際、クセルクセス・コンプレックスはある作家たちの夢想においては現在も活発なのだ、ということを示すことができる。これからそのケースをいくつか報告しよう。

まず最初に出すのはごく目立たないケースで、水に対する攻撃は単なる軽蔑の域をこえない。それはエドガール・キネの『アースヴェリュス』（p.76）に見いだされる。傲慢尊大な王はみずからの権力意志にあぐらをかき、洪水をおこそうと膨れ上がった大洋に向かって次のようなことばで挑戦する。「大洋よ、遥かな海よ、汝はわが塔の階段の数を予めしかと数えたか……怒れる哀れな幼児よ、汝の足はわが敷石に滑るやもしれぬ、汝の唾《つばき》はわが勾欄《こうらん》を濡らすやもしれぬぞ。わが階段を半分も登らなぬうちに、羞《は》じ入り、息を切らせ、泡にまみれて、汝は家に引き返えすであろう、『もうくたびれた』と心の中で思いながら」〔戸田吉信訳〕。『オシアン』*16 の中では嵐と闘うのはしばしば剣をもってである。第三歌でカルマールは打ち寄せる波に太刀を抜いて立ち向かう。「雲が垂れ込めかれのそばに差し掛かったとき、かれは黒い綿雲を摑み、そして真っ黒な靄の中にその刃をぐさりとさした。嵐の精は風を見捨てたいのだ。

……」。人々は人間と闘う場合とまったく同じようにして闘うのである。闘争の精神の中味は変わらないのだ。

ときには隠喩の方向が逆転することがある。海への抵抗が、人間に対する抵抗へのイマージュとなるのだ。ヴィクトル・ユゴーはルチェリ親方をこのように描いている。「荒天候を前に尻ごみしたことはただの一度もなかった。それは、彼が人の反対などにはほとんど動じないからだった。人間だろうと大海だろうと、自分に反対することは認めないのだった。言うとおりにすることしか望んでいなかった。たとえ海が反抗しても、海のほうが悔しがることになる。というのも、仕方なく諦《あきら》めるのは、いつも海のほうだったからである。ルチェリ親方はいささかの譲歩もしなかった。反抗する波も、反論する隣人と同じように、彼を押さえることはできなかった」[27]〔金柿宏典訳〕。この男は一枚岩で成り立っているのだ。かれはいかなる敵にも同じ意志で立ち向かう。いかなる抵抗も同一の意欲を覚醒する。意志の領域では、ものと人間を区別することはないのだ。わずかひとりの男の抵抗に不機嫌になって引き下がる海のこういったイマージュは、読者の側からいかなる批判も引き起こさない。よく考えてみれば、このイマージュにしたところでクセルクセスの狂気じみた行為の単純な隠喩なのである。

ひとりの大詩人が原初的なものの考え方を再発見する、そうするとかれのペンの下で伝承の素朴さは、よく分からないが伝説的美みたいなものの前で消えてしまう。クセルクセスはヘレスポント海峡が反逆したので灼熱した鉄で烙印を押させたのであろうか。ポール・クローデルはこのイマージュをまた見つけるが、ヘロドトスの原文は念頭になかったらしい。『真昼に分かつ』第一幕の冒頭で、あの壮麗なイマージュが出てくる。わたしは記憶しているまま引用する。「海、光り輝く背骨よ、地面に打ちのめされた牝牛さながら、真っ赤に焼いた鉄で烙印を押されるものよ」[*17]。このイマージュは、胸にジーンと来るような夕べの空の美しさが、驚いた海に傷をつけ血を流したようだというのではあるまいか。このイマージュは、自然の前で、詩人の自然によって——書物や学校での教えから遠くはなれたところで、作られた。こういうページはわれわれの主張にとってはきわめて貴重である。それはポエジーというものが、一見人工的なイマージュ群の自然なしかも持続的な統合であることを証明している。征服者と詩人はいずれもその力の烙印を周囲の世界に押すのである。いずれも手に烙印をもち、赤く焼いた鉄を、支配した世界の上に押し付ける。歴史の中で、過去の中で、常軌を逸したと思われることが、今、永遠の現在において、自由な想像力の深い真実となっているのである。物理的には認めがたい、心理的には狂気じみている隠喩が、しかしながら、詩的には真理なのである。それは隠喩が詩的たましいの現象だからである。それはなおも自然の現象であり、普遍的自然の上におこなわれる人間的自然の投影なのである。

Ⅵ

したがって、すべてのこういう伝承、錯乱、詩的なかたちを全部アニミスムの名称の下に包括しても、すべてを述べたことにはならない。実際、問題になっているのは、本当にいのちをあたえるアニミスムであり、隅々まで、どこまでも繊細なアニミスムであり、それが生命のない世界の中で、感覚と意志をもった生命をあらゆる微細な陰影をこめて安定的に再発見し、自然を人間の表情豊かな顔として読み取ることだからである。

想像力の心理学というものを、もはや教育された能力としてではなく、自然の能力として捉えて理解しようとするなら、この多弁なアニミスムにひとつの役割をあたえねばならない。このアニミスムは、すべてを生き物にし、すべてを投影し、どんなものについても欲求と影像、内密な衝動と自然の力とを混ぜ合わせるからである。そのとき、人々はイマージュを観念以前に、そのほうが好ましいからだが、置きなおすだろう。自然なイマージュ、つまり自然が直接あたえるイマージュ、自然の力と同時にわれわれの自然の力に従うイマージュ、自然の元素の物質と運動を受け取るイマージュ、われわれ自身の中で、われわれの器官の中で活動していると感じられるイマージュを、ひとはそれにふさわしい最高位に置くだろう。

人々は人間のどんな活動でも考察することができる。人間の活動は人々の間と野原の真ん中では同じ色合いをもたないことに気がつくだろう。たとえば子供は運動場のおが屑の中で幅跳びをやっているときなら、人間としての競争心だけを感じるであろう。この競技で一番になれば、かれは人間たちの間で一番である。ところが別の素晴らしい誇りがある。自然の障害物を跳び越えること、小川をひと跳びで越えるという超人的な誇りである。かれは一人でいるのだけれど、一番なのである。だれでも自然の序列の第一位にいるのである。そして子供は、柳並木の木陰でいつまでも遊び呆けて牧場から牧場へと歩き、二つの世界の主人として、荒れ狂う水に勇敢に立ち向かう。なんと多くのイマージュがここにその自然の起源を求めにくることか。なんと多くの夢想がそこに権力の味わいを、勝利の味わいを、また克服したものに対する軽蔑の味わいを求めにくることか。広い牧場で小川の上を跳び越えた少年は、冒険を夢想することができる、力、跳躍を夢想することができるし、大胆さを夢想することができる。かれは七マイルを行く魔法の靴を本当に履いたのだ。

自然の障害としての小川を跳び越えることはしかも、われわれの夢の中でわれわれが好んでおこなう跳躍にもっとも類似した跳躍である。もしひとが、われわれの勧めるように、実際の経験に取り掛かる前に、われわれの睡眠という大国の中でするような、想像的経験を再発見するようにやってみるならば、想像的なものと夢想の領域においては、昼はわれわれの夜の経験を検証するためにあたえられたのだということを納得するだろう。シャルル・ノディエはその『夢想』に次のように記した。「われわれの時代のもっとも気のきいたしかももっとも深遠な哲学者のひとりがぼくに語った……かれは若いころ、空中で身を支え動き回る驚異的な能力を獲得したという夢をいく晩も連続してみたので、小川や溝のそばを通りかかるたびにそれを試みなければ、この印象から決して醒めなかったであろう、と」(p.165)。小川の眺めは遠い夢を蘇らせる。それはひとびとの夢想に生気をあたえるのである。

逆に、正しく力動的にされた文学的イマージュは読者を力動的にする。そういうイマージュは共鳴するたましいの中で読書のいわば生理的衛生法、想像的体操、神経中枢の体操を引き起こすのである。神経システムにはこういう詩篇が必要なのだ。なんとも不幸なことにフランスの混乱した詩法の中ではわれわれの個人的な処方は容易には見つけられない。修辞学も、美の色あせた百科事典と、明晰さの幼稚な合理化だけでは、われわれがわれわれの元素に本当の意味で忠実に従うことが許されないのだ。修辞学が、われわれの想像的自然の現実的な幻影を、その最高の飛翔の場で追うことを妨げているのである。

われわれの想像的自然は、もしそれがわれわれの人生を支配しているのだとすれば、われわれの存在の真実を、われわれの固有の原動力のエネルギーを、われわれに返してくれるのではあるまいか。

むすび　水のことば

ぼくは川浪をヴァイオリンのようにもてあそんだ。
ポール・エリュアール『開かれた本』「メデューズたち」

鏡というよりは戦慄……小休止と同時に愛撫、液体の弓が苔の合奏へ移るんだ。
ポール・クローデル『朝日の中の黒い鳥』[*1]

I

この結びでは、川《リヴィエール》がわれわれにあたえる抒情性の教訓をすべてまとめたい。これらの教訓は根底にきわめて大きな統一性をもっている。それは根源的なひとつの元素の本当の教訓なのである。

水のポエジーの調音的統一性〔単位〕unité vocale をうまく示すために、ただちに極端なパラドックスを述べることにしよう。[*2] つまり、水は流動的言語活動、障害のない言語活動、連続した連続される言語活動、リズムを柔軟にする言語活動、さまざまなリズムに均一な物質をあたえる言語活動の主人である。したがって、われわれは流動的で生き生きしたポエジー、つまり源泉から流れ出るポエジーの質を述べる表現にその十分な意味を躊躇せずあたえることになるであろう。

いまわれわれがしているように、調子を誇張することなく、ポール・ド・ルールはスウィンバーンが流音の子音〔l, r〕に愛着していたことを正確に観察している。[*3]「流音を使用する傾向は、他の子音の繰り返しや衝突をさけるためだが、ほかの中間音の増加をもたらした。簡単な一語の代わりに冠詞や派生語を使用することにはしばしばその他の動機がないのである。たとえば *In the june (sic) days — Life within life in laid*」[1]。ポール・ド・ルールが手段を見ているところに、われわれはひとつの目的を見る。われわれの考えでは流音は言語活動の欲求そのものなのである。言語活動は流れることを望んでいる。それは自然に流出するものである。言語活動がとんだりはねたり、ごてごて飾ったり、耳障りな生硬さを示すことは、一層手の込んだ試みであり、それを自然に戻すことはむしろ困難なのである。

われわれの主張は、擬音的《イミタテイヴ》ポエジーの教訓にとどまるものではない。擬音的ポエジーは実際には、どうしても表面的に終わらざるをえないように思われる。それは生きた音から粗削りの不細工さしか取り出していない。それは音を発する仕組みをあたえはするが、人間的な生き生きした音の響きをあたえないのだ。たとえばスピアマンは次の詩句からいまにも馬のギャロップが響いてきそうだという。

I sprang to the stirrup, and Joris, and he,
I galloped, Dirck galloped, we galloped, all three.

わたしは鐙《あぶみ》に跳びついた。そしてヨリスもそしてかれも、
わたしは駆けた、ダクも駆けた、われらは駆けた、三人そろって。(2)

ひとつの物音をうまく再現するためには、その物音をさらに一層深く作り出さなければならない。つまりその物音を作り出す意志を生きなければならないのだ。この詩についていえば、詩人はわれわれに足を動かすように、ギャロップの非対称的運動を十分生きるために向きを調整しながら走るように、われわれを誘わねばならない。この力動的な準備がここでは不足しているのだ。この力動的な準備が積極的な聴力を、つまり話し出させ、身体を動かし、形を見せるような聴力を、生みだすのである。実際、スピアマンの学説は全体としてみればあまりにも概念的である。かれの推論は、視覚に驚くほどの特権をあたえ、図柄《デッサン》に根拠をおいている。こうすると最後に落ち着くのはもっぱら再現的な想像力の定式化ということであろう。ところがそういう再現的想像力は創造的想像力を目隠ししたり、妨害したりするのである。とどのつまり、想像力の研究の本当の領域は絵画ではなく、文学作品であり、語であり、文章である。だから形式はまったく取るに足りないものなのだ。物質はなんと強く支配することか。小川はなんと偉大な師匠であることか。

バルザックはいう、「およそ人間の話し言葉なるものにひそむ神秘〔はこの古代の精霊の賜物であろうか〕(3)」〔水野亮訳〕と。しかし本当の神秘が必ずしも起源に、根源に、古い形体にあるとは限らない……ことばには満開の花、わが世の春を謳歌するものもあれば、過去に完成をみなかったものや、古人がこれほど美しいとは知らなかったものや、ひとつの国語の神秘的な宝石のようなものまである。〔フラン

ス語の〕rivière《リヴィエール》（川）もそういうことばである。それは他国の言語に伝達不可能な現象である。英語の *river* という語の荒々しさ brutalité〔唐突さ、急激さ〕を、発音の面から考えてほしい。rivière〔rivjɛ:r〕という語はすべてのフランス語のうちでもっともフランス的であることを理解するであろう。それは動かない *rive*〔岸〕という視覚的なイマージュから作られた語であるが、それにもかかわらず、流れることを止めない語なのである……。[*4]

ある詩的表現が純粋でかつ支配的なものとして姿を現すやいなや、それがその国の言語の元素的な物質的源泉とじかに関係をもつということは、誰にでも確信できることである。私がいつもおどろいたのは、詩人たちが水のポエジーに（グラス）ハルモニカを結合させたことである。ジャン・パウルの『巨人』の優しい盲目の女はグラスハルモニカを演奏していた。[*5]『ポカル』で、ティークの主人公はコップの縁をハルモニカのように鳴らしている。そこで私は鳴り響く水のガラスはいかなる威信によってそのハルモニカという名を受けたのかと不思議に思っていた。ずっと後になってバッハオーフェンの中で、母音aは水の母音であるということを読んだ。母音aは aqua〔ラテン語の水〕、apa〔ルーマニア語の水〕、wasser〔ドイツ語の水〕を支配している。それは水による創造の音素である。aは最初の物質のしるしである。それは普遍的な詩篇の頭文字だ。それはチベットの神秘神学の中ではたましいの休息の文字なのである。

ここで、単なることばの類似 rapprochements verbaux を堅固な根拠として認めている、という非難が出てきそうである。流音の子音は音声学者の物好きな隠喩を想起させるにすぎない、といわれることだろう。しかしこのような反対意見は、ことば《ヴェルブ》と現実の照応関係をその深いいのちとして感じてはいけない、という拒否的意見だとわれわれには思われるのだ。こういう反対意見は創造的想像力の一分野を丸々切り離してしまえという意志の表明である。パロールによる想像、話すことによる想像、筋肉的に話すことを楽しむ想像、流暢に話して存在の心的な容積をふくらます想像力を、遠ざけようとする意志の現れだ。この想像力は、リヴィエール〔川〕というものが句読点のないパロール〔はなしことば〕であり、リヴィエールがその物語《レシ》に〈句読点をつける人〉を認めないエリュアール的な一個の文である、ということをはっきり心得ている。おお、リヴィエールの歌よ、子供である自然の他愛の無いおしゃべりの素晴らしさよ。

そしてまた、液体の話し方、喉をふるわす話し方、小川の隠語をどうして生きてはいけないことがあろう。

話している想像力というこの観点を容易に把握できない人々は、擬声語《オノマトペ》の機能にあまりにも狭い意味しかあたえようとしないのである。人々は擬声語がいつもひとつのこだまであることを望み、そして擬声語が聴覚から出ないように完全に導かれるように望んでいる。ところが実際の耳は、ひとが想定している以上に自由であって、模倣においてもある種の転調をしっかり認めようとするのであり、やがて最初におこなった模倣をさらに模倣するようになるのだ。人間は聞く喜びに、積極的に話す喜びをつけ加えるのである。つまり模倣家としての自己の才能を発揮するすべての表情の喜びをつけ加えるのだ。音は擬音擬声術 *mimologisme* の一部分に過ぎないのである。

シャルル・ノディエはその純真な学問によって、擬声語の投影の特性をよく理解した。それはブロス院長のいう意味で豊かなのである。「多くのオノマトペは、それが表わす運動のひきおこす物音によって形成されるが、そうでない場合は、少なくとも、その運動を同種の別の運動と類比して考えるか、その運動が生みだす普通の効果を勘案して、その運動が生じさせるにちがいないと思われるような一定の物音に従って形成される。たとえばまばたき *clignoter*《クリニヨッテ》 の動作は、それについてかれ〔ブロス〕がこの推測を作り上げるのだが、現実にはなんの物音も生みださない。しかし同種のさまざまな動作は、それにともなう物音によって、この語の語源として役立った物音を、きわめて明瞭に想起させるのである」[4]。したがってそこには聞くために生産しなければならない、投影しなければならないという、いわば代理オノマトペが存在するのだ。一種の抽象的なオノマトペが震えるまぶたにひとつの声をあたえるのである。

　夕立のあと木の葉からしたたる水の粒々はこのように瞬きし、そして水の光や水鏡を震わせる。ひとはそれを見ると、それが震えるのが聞こえるのだ。

　したがって、われわれにいわせれば、詩的活動には一種の条件反射、奇妙な反射が存在する。なぜならそれには三つの根があるからだ。つまりそれは視覚的印象、聴覚的印象、発声（調音、口腔）的印象 impressions vocales を統合しているのだ。そして表現の喜びは大いに横溢するので、最終的には発声的表現が風景に優勢的な〈筆触《トウシュ》〉をつけるのである。声が影像を投影するのだ。そうすると唇と歯は別々の光景を生みだす。拳と顎で構想される風景がある……発音するのにじつに容易な、じつに柔らかな、じつに心地良い唇形の風景がある……なかでも、もしかして流音の音素をもつ語をすべてまとめることができるとしたら、ごく自然に水の風景が得られるのではあるまいか。逆も真なりで、水の心的状態、水のことばによって表現された詩的風景には、ごく自然に流音の子音が見いだされるのである。音、生来の音、自然の音――すなわち肉声――はものごとを本来のあるべき位置に置く。この肉声という付属品が詩人の想像力を決定する例をこれからあげてみよう。

それはわたしにとって、次のようなものである。小川の打ち寄せる波の音を聞いているうちに、詩人たちの多くの詩句の中で、小川 ruisseau がユリ lys やグラジオラス glaïeul を花開かせるのはごく自然なことだと思ったのである。この例をもっと詳しく調べるならば、視覚的な想像力に対することば《ヴェルブ》の想像力の勝利が、あるいはもっと簡単に、レアリスムに対する創造的想像力の勝利が理解されるだろう。同時に語源が詩的に無力であることも理解されるだろう。

グラジオラス glaïeul はこの名称を――視覚的に、受動的に、――両刃の長剣《グレーヴ》 glaive から受け取った。それは振り回さない剣、切らない剣であるが、その切っ先はいとも鋭く、じつに見事な形であるが、じつに折れやすく、刺すことのできない剣である。その形は水のポエジーには属さない。その色もまたしかり。その花の色は派手で、暑苦しい色であり、それは地獄の炎である。ある地方では、グラジオラスは〈地獄の炎〉と〔本当に〕いわれている。どういったところで、小川のほとりで実際に見かけることはほとんどない。しかしひとが歌うとなると、レアリスムはつねに間違うのである。視覚はもはや命令しない、語源はもはや考えない。耳は、耳もまた花々に名前をつけたいのである。つまり耳に聞こえるものが、花を開き、直接開花し、言語活動の中で花開くことを望むのである。流れる優しさもまた見せるイマージュが欲しいのだ。聞きたまえ。グラジオラスは川の特別な溜息なのであり、われわれの中で、かすかな、ごくかすかな悩みと同時に起こる溜息であり、それは流れてそして二度と呼ばれることはないであろう。グラジオラスはメランコリックな水の半喪服 demi-deuil である。思い出して水に反映させせる派手な色であるどころか、ひとが忘れた低いすすり泣き sanglot である。昔の思い出に一瞬止められたイマージュたちを〈流音〉の綴りが柔らかに揉解《もみほぐ》し運び去るのだ。それは悲しみに流動性《フリュイディテ》を少しずつ戻してやるのである。(5)

だからまた、水の音のポエジーによらなければ、こんなに多数の、呑みこまれた鐘 *cloches englouties*、今もなお鳴り響く沈める鐘楼、水晶の声に荘重さを加味した黄金の竪琴 harpes d'or をどうして説明できよう。シューレの報告したあるドイツ歌曲では、川の水魔《ニックス》 Nixe に攫《さら》われた乙女の恋人が、彼女に代わって黄金の竪琴を演奏する。(6) 水魔は美しい演奏にしだいに征服され、婚約者に乙女を返してよこす。つまり魅惑は魅惑によって征服され、こうして魔法にかけられた語らいが進んでいく。

同じように、水の笑いには全然乾いたところがない。そしてそんな笑いを表現するには、いささか狂った鐘のように、ある種の緑色をもって鳴る〈青緑色《グローク》 glauques〉の音が必要である。蛙《グルヌイユ》 grenouille は音声学的には――本当の音声学である想像上の音声学においては――すでに水の動物である。蛙が緑色なのはおまけなのである。善良な民衆はそのことを誤りなく見抜いているから、水のことを蛙のシロップというのだ。そんなものを飲む奴は間抜け《グリブイユ》 gribouille なのだ。(7)

暴風雨《タンペット》 tempête の a《ア》 のあとで、北風《アキロン》 aquilon の大音響《フラカ》 fracas のあとで、水《オー》 eau の O 音、つまり音のつむじ風《トロンブ》 trombe や美しい円み《ロンドゥール》 rondeur を耳にすることはまた幸せなことだ。陽気さがまた戻ってくるとパロールがふざけて逆立ちする。だから小川《リュイソー》はふざけちらし《リゴル》冗談《リゴル》が流れ出す《リュイセル》〈le ruisseau rigole et la rigole ruisselle〉。*6

もしも、つむじ風や突風に耳を傾け、雨水落し《ガルグーユ》 gargouille の出す叫びとカリカチュアをまとめて研究してみるようなことがあれば、水の想像的音声学のあらゆる姉妹語の探索は際限なく続くであろう。にわか雨を罵るように吐き出し、水の喉音的呪詛を嘔吐するためには、樋に対して、分厚い唇をもたせ、角を生やし、あんぐりと口を開き、全身が口という怪物の形をあたえねばならなかったのだ。雨水落し《ガルグーユ》は溢れる水と果てしなくふざけている。ガルグーユはイマージュである前はひとつの音であった、あるいは少なくとも、ただちにその石のイマージュを見つけた音だったのである。*7

泉《スルス》は、喜びにつけ苦しみにつけ、またざわめいていようと静かであろうと、そしてまた冗談とか悲嘆とかにおいても、ポール・フォールのいうように、まさに〈水になりつつあることば《ヴェルブ》〉である。(8) じつに美しい、じつに単純な、じつに爽やかなその音に耳をかたむけ、あますことなく聞いていると、水が「口に湧いてくる」ようである。濡れた言語の幸せを結局はすべて黙らせるべきなのだろうか。それでは湿り気の深い内密性を思い出させるある種の警句をどう理解すればよいのだろうか。たとえばリグ＝ヴェーダの賛歌は二行で海と舌を結びつける。「海がつねに水で溢れ、舌がたえず唾液で濡れているように、インドラ〔帝釈天〕の胸はソーマに渇くのでつねにそれに満たされていなければならない」(9)。流動性は言語活動の原理である。言語活動は水で溢れているべきである。ひとが話すことを知るや否や、トリスタン・ツァラがいうように「群がる激流が渇いた口を満たす」(10) のである。

また緊張の緩和と休息の長い間合をもたない偉大なポエジーもないし、沈黙をもたない偉大な詩篇もない。水はまた静寂と沈黙のモデルである。眠る静寂な水はクローデルがいうように「歌の池」を風景の中に置く。静かな水のかたわらで詩的荘重さが深まっていく。水は物質化された大きな沈黙のように生きている。メリザンドの泉のかたわらで、ペレアスはつぎのようにつぶやく。「いつ来ても、ふしぎに静かです……水の寝息が聞こえそうなくらい」*8（第二幕）〔杉本秀太郎訳〕。静寂をよく理解するためには、われわれのたましいは何か黙っているものを見る必要があり、確実に休息をとっていると思うためには、自らのかたわらに眠る自然の大きな存在を感じる必要がある。メーテルランクはポエジーと静寂の境目にあって、最少の声で、眠れる水のかそけき音の中で詩作をしたのである。

II

水にはまた間接的な声がある。自然は存在論的なこだまを鳴り響かせる。諸存在は元素的な声でそれを模倣する。あらゆる元素のうち水はもっとも忠実な〈声の鏡〉(11)である。たとえばツグミの歌は澄んだ水の流れ落ちる滝である。『ウルフ・ソレント』と題する偉大な小説では、〔作者〕ポウイス*9はこの隠喩、この音の類比 métaphonie によってつきまとわれているように見える。例をあげると、「黒歌鳥〔ツグミ〕の独特のさえずりかたは、地上にあるなににもまして空気と水の霊気がみなぎっている。それはいつも神秘的な魅力によって彼を惹きつけてきた。それは、物質の領域でいえば、小谷渡《こたにわたり》〔ウラボシ科の羊歯〕の繁みに囲まれた琥珀を敷きつめられたプールに湛えられているものを、音の領域で保有している。それは悲哀が悲惨に変わる境域を画す微妙な一線を踏み越えることなく、経験し得るたぐいのすべての悲哀をうちに包んでいるようにも思われた」〔鈴木聡訳〕。わたしがこういうページをたびたび読み返して納得したことは、ツグミのさえずる声が水晶の落ちる音であり、滝の落ちて消える音だということである。ツグミは天上のために歌うのではない。それは近くの水のために歌うのだ。少し先でポウイスはまた水との親近性を強調するツグミの歌の中に「この涼やかに澄んだ、顫動する旋律がいったん停止しそうになる〔らしい〕」のを聞くのである。

もし自然の音声の中に、オノマトペの類似的反復がなければ、もし落下する水がツグミの歌の音調を再びあたえないとするなら、われわれは自然の声を詩的に聞くことはできないと思われる。芸術は反射反映《ルフレ》について学ぶ必要があり、音楽はこだまについて学ぶ必要がある。ひとは模倣しながら独創するのである。ひとは現実を忠実にたどっていると信じていながら、しかも現実を人間的に翻訳しているのである。ツグミもまた川を模倣しながらいささか清らかさをふやして投影するのである。ウルフ・ソレント〔主人公〕はまさに模倣の犠牲者であり、また川の上に延びた枝の茂みの中で聞かれるツグミは、美しいガーダ〔ウルフの恋人〕の澄んだ声〔口笛〕だという事実は、自然の音のミメティスムにさらなる意味をあたえるにすぎないのである。

〈世界〉《ユニヴェール》においてはすべてがこだまである。もし鳥たちが、ある夢想的な言語学者の意見のように、人間にヒントをあたえた最初の発声体 phonateur だとすれば、鳥たちはみずから自然の声を模倣したのだ。エドガール・キネはブルゴーニュ地方とブレス地方の鳥の声にかなり長い間耳を傾け、「水鳥の鼻にかかった鳴き声の中に、岸辺にひたひたと寄せる波の音を、クイナの鳴き声の中に蛙の鳴き声を、ウソの鳴き声の中に葦のそよぐ音を、グンカンドリの鳴き声の中に嵐の叫びを」聞き分けている。夜の鳥たちは、廃墟における地下のこだまの反響そっくりの、トレモロ風の戦慄する音を、どこで獲得したのだろうか。「このように、自然の情景——静物であろうと動きのあるものであろうと——のすべての音調は、生きている自然の中にそれぞれのこだまと協和音を有するのである」(12)。

アルマン・サラクルーもまたツグミと小川のうっとりするような心地よい親近性を見つける。海鳥が歌わないことを指摘したあとで、アルマン・サラクルーは、森の鳥たちの歌がどんな偶然から起こったのかを自問している。「沼のほとりで育ったツグミはそのメロディーにしゃがれ《ローク》てぎくしゃくした《サッカデ》声を加えるのをわたしは知っている。ツグミは蛙たちのために歌っていたのであろうか。それともひとつの固定観念のせいだったのだろうか」とかれはいう。[13] 水はまた広大な統一体《ユニテ》である。それはヒキガエルの鐘の音とツグミの鐘の音を調和させる。少なくとも詩化された耳は、根本的な音として水の歌に従うとき、不調和な声を統一に導くのである。

小川、大河、滝はしたがって人間たちが自然に理解する話し方をもっている。ワーズワースのいうように「人間性〔人類〕の音楽」なのだ。

The still, sad music of humanity.
(Lyrical Ballade)

人間性の静かで悲しい音楽
（「抒情的バラード」）〔金田眞澄訳〕

このようにいかにも根源的な共感を込めて聞かれた声がどうして予言的声でないことがあろうか。ものにその神託的価値を戻してやるためには、ものの近くで耳を傾けるべきか、それとも遠くで耳をすますべきだろうか。ものがわれわれに催眠術をかけるべきなのか、それともわれわれがものを熟視すべきなのか。想像的なものの大きな二つの動きが、対象をめぐって発生する。自然のすべての物体が巨人と小人を生み出し、波の音が広大な空を満たすかあるいは貝殻のくぼみを満たすのである。活発な想像力が生きなければならないのはこの二つの運動である。想像力は近づいてくる声か遠ざかる声しか聞かない。ものに耳を傾けるひとは、ものがあまりにも強く語りかけるか、あるいはあまりにも優しく語るか、よく知っている。急いでもののいうことを聞きとらねばならない。すでに滝はなにかを砕いている、あるいは小川はなにかをつぶやいている。想像力は擬音係であり、音を拡大するかあるいは弱めるべきなのだ。想像力がひとたび「ひとりの乙女が、小川に身をのりだし、その顔の中を小川のさざめきから生まれた美しさが通過するのを感じている」という次の詩句を深く考えるならば、イマージュと音とのこの照応関係を理解できるであろう。[*10]

And beauty born of murmuring sound
Shall pass into her face.
(Wordsworth, *Three years she grew* 〔*in sun and shower*〕)

また、さざめく音から生まれ出る美しさを
この子の顔に忍びこませよう
(ワーズワース「三年間彼女は〔陽ざしと雨を浴びて〕育った」〔金田訳〕)

このようなイマージュとパロールとの照応関係は真の意味で有益な照応関係である。苦悩する心的深層、狂乱する心的深層、虚ろな心的深層を慰めるには爽やかな小川や川の手助けがいるだろう。だがこの爽やかさは話されなければならないであろう。不幸な存在は川に話しかけなければなるまい。

さあ、友だちの皆さん、晴れた朝に、小川の母音を歌いにやってきませんか。われわれの第一の悩みはどこにあるでしょうか。それはわれわれが口に出して言うか言うまいかとためらったことですよ……言えずに黙っていたものをわれわれが心の中に溜め込むたびに悩みが生まれたのです。そんなことだとしても、つらいことやさまざまな忘れがたいことがあったところで、小川があなたがたに、どうしたらうまくことばに出せるか話し方を教えてくれますよ。小川ははなやかな語り口によってあなたがたを幸せ一杯な思いにさせ、美しい歌で力づけてくれますよ。小川は小石の上をはずみながら流れる丸くなった美しいことばを、途切れることなくあなたがたに語ってくれますよ。

ディジョン　一九四一年八月二十三日

原註・訳註

一、各章ごとに、原註のあとに訳註をおいた。
一、原註は（1）、訳註は＊1のように表した。
一、原註の内容に対する訳註は、＊ではじまる形で、それぞれの原註の直後に置いた。
一、各章冒頭に掲げられたエピグラフについては、訳注内に原文を採録した。
一、原注において、欧文表記中〔 〕に入れ補足した箇所は、主として次の英訳書によるものである。Gaston Bachelard, *Water and Dreams : An Essay on the Imagination of Matter*, translated from the French by Edith R. Farrell, The Pegasus Foundation, Dallas, 1983.
一、訳註のなかの『フ・文』は『フランス文学辞典』（白水社）、『平・哲』は『哲学辞典』（平凡社）、『新・世』は『増補改訂新潮世界文学辞典』（新潮社）、『岩・人』は『岩波西洋人名辞典増補版』（岩波書店）、『作品辞典』はLaffont-Bonpiani, *Dictionnaire des œuvres de tous les temps et de tous les pays* の略であり、それぞれ事項の解説にあたって参照・引用させていただいた。

序

（1）ポール・クローデル『五大讃歌』。Paul Claudel, *Cinq Grandes Odes*, p.49.〔「精霊と水」、プレイアド版 p.237〕

＊クローデル（1868-1955）フランスの詩人、劇作家、外交官。一九二二年から二六年まで駐日大使。十九歳からマラルメの火曜会に出る。そのときマラルメは四十五歳であった。二人ともバシュラールが愛好する詩人である。『五大讃歌』（1910）はクローデルの『詩法』を「その実存的ドラマと織りなして歌いあげた五つのピンダロス的勝利歌ふうの賛歌からなる」。第二歌「精霊と水」*L'Esprit et l'Eau* は「天地創造以来の精霊と水とのアナロジーに立脚して、〈無尽蔵にして閉ざされた〉神の被造物としての宇宙の詩的認識の歌（北京、一九〇六年）」（『フ・文』）である。これについては栗村道夫『ポール・クローデルの作品における聖徒の交わり』（発売所サンパウロ、二〇〇〇年）にカトリシスムの立場から一章が割かれている。またすでに渡辺守章『ポール・クローデル——劇的想像力の世界』（中央公論社、一九七五年）がある。なお渡辺守章「クローデルとテクストとしての日本」（『フランスの誘惑・日本の誘惑』中央大学出版部）や、『クローデルと日本』（クローデ

ル歿後50年国際会議・シンポジウム論文集、七月堂）中の芳賀徹「日本におけるポール・クローデル」は必見の論文である。

（2）ポール・クローデル、同書、p.64.〔同前、p.243〕

（3）クロード＝ルイ・エステーヴ『文学的表現にかんする哲学的研究』。Claude-Louis Estève, *Études philosophiques sur L'Expression Littéraire*, p.192〔Avant-propos de M.Guéroult〕(Vrin, 1939).

＊エステーヴ（1890-1933）　フランスの文学者。エコル・ノルマル・シュペリウール在学中に応召、四年間の捕虜生活。帰国後高等教員の資格をとり、カルカソンヌのリセ教授。南仏の作家ジョー・ブスケと『カイエ・ド・シュッド』誌の現代詩時評を担当した。一九三三年十月パリのサン・ルイ校に転勤、十一月急死。本書は遺稿集で「純粋詩」、「アンドレ・ジッドに向かって」、「マラルメをめぐって」、「意味論一瞥」を収めている。その外に『ノヴァーリスに向かって』*Vers Novalis*（1930）がある。

（4）とくに水の心理学の歴史はわれわれの主題ではない。この主題は次の著作において扱われている。マルチン・ニンク『古代人の祭式と生活における水の意味。ひとつの歴史的象徴の調査』。Martin〔Herman〕Ninck, *Die Bedeutung der Wassers im Kult und Leben der Alten, Eine symbolgeshichtliche Untersuchung*, Philologus,〔Leipzig〕1921.

＊ニンク（1895-1953）　ドイツの筆跡鑑定学者、人文科学者。

（5）ガブリエーレ・ダンヌンツィオ『死の凝視』仏訳。〔Gabriele〕D'Annunzio, *Contemplation de la Mort*, trad., p.19.〔*Contemplazione della morte*, 2nd ed. Milan, 1912)〕

＊ダンヌンツィオ（1863-1938）　イタリアの詩人、小説家。代表作『死の勝利』（1894）にはニーチェの超人思想への共鳴がみられる。『死の凝視』（1912）は「散文による抒情的エッセイ」だとヴァン・ティーゲン『文学辞典』にある。「第一次大戦に従軍し、戦後には義勇軍を率いてフィウーメ占領の挙に出たが、晩年はガルダ湖畔に隠棲」（『新・世』）。

（6）〔原文二七ページ、第一節末には注を示す番号6があるものの脚注が落ちているので英訳より訳出した〕。修辞的文彩rhetorical figureは、シャルル・ボードゥアンがきわめて適切に示しているように、ひとつの心的態度であり、つまりある欲求の表現であり、行為に向かっての第一歩である。『精神分析』、Charles Baudouin, *La Psychanalyse*, ed. Hermann, p.144.

＊ボードゥアン（1893-1963）　フランスで生まれ、スイスでユング派の精神分析学者として活躍。

＊コンプレックスのひとつの定義を挙げておく。「強い情動

的価値をもち、部分的にあるいは全体的に無意識に属す表象と記憶との組織化された総体。コンプレックスは幼児期の生活史の対人関係から構成される。それは感情、態度、適応的行動など、すべての心理学的水準の機能を構成する」(ラプランシュ／ポンタリス『精神分析用語辞典』村上仁監訳、みすず書房)〔以下『精分』と略〕。

＊1 Aidons l'hydre à vider son brouillard.

MALLARMÉ, *Divagations*, p.352.

引用の句は「重大雑報」宮廷より、豊崎光一訳。

hydre ヒドラ。ギリシャ神話の水蛇の怪物。沼地のレルナに生息する七(九)頭のヒドラはヘラクレスに退治された。

＊2 形相因と質量因はバシュラールの基本的な考え方なので、その定義を分かりやすく説明している『平・哲』によって概略を述べておく。

まず形相とは形を意味するギリシャ語エイドス (eidos) の訳語で、ひとつの事物を他のものから区別する本質的な特徴のことをいう。そしてこの形相がひとつの原因と考えられる場合、形相因といい、質料因、作用因、目的因とならんでアリストテレスの四原因をなすといわれている。

アリストテレス以来この形相は質料あるいは素材と相関して使用され、たとえば「木材」が家という存在の質料あるいは素材であるとすれば「家」の概念にかなった構造上の形や機能はその形相である。しかもひとが家をたてるにあたって心に思い浮かべるのは形相であり、また建築行為が達成すべき目的でもあるので、形相は本質(ウシア)と同義に用いられる。プラトンにおいて形相はイデアと同義で、唯一の真実在を意味する。「ただ形相は感覚される個々の事物のうちに共通に存在するとともに、また個々のものを超越してそれ自体だけで独立に存在すると考えた。ただしアリストテレスにおいても、神はすべての質料が完全に実現して質料としての影をのこさぬ純粋な形相を意味する」。

「プラトンは、たとえばものが美しいのはただ美の形相を共有することによる、というように、すべて原因を一義的に形相と解して、アリストテレス以後の考え方の先駆をなした」と『平・哲』にあるように、伝統的には形相因が優勢だったのである。

一方、質料を意味するギリシャ語ヒュレ (hyle) には材木の意味があるように、質料は本来素材を意味する。質料は可能性(デュナミス)と同義で、形相によって限定され、特殊化されるものである。質料の純粋な場合つまり第一質料を考えると、それはなんら限定を受けないので、不可知のものであり、すべての述語をとりさっていった究極のものとして、ただ否定的にのみ語られうる。「たとえば水が水蒸気に変化したというような場合、それは万物の基礎にある質料が、〈水〉という一つの形相を失って〈水蒸気〉という他の形相を得たと解される。質料はこのように、生成変化の根底にあってさまざまの形相をうけいれる基体として、生成や消滅の説明原理なのである」。

　バシュラールはもちろんこのような思想史の背景を承知した上で形相と質料をもう一度新しい目で見直し、質料の貶められた価値を回復するという壮大な試みに挑戦するのである。

＊3　価値定立化、価値付加作用 valoriser　われわれがよしとするもの、好むもの、を肯定すること。それはたいてい無意識的におこなわれる価値判断をさしている。

＊4　ジャック・ブスケ Jacques Bousquet　生没年不詳。かれの博士論文には指導教授のひとりにバシュラールの名前があげられている。*Les Thèmes du rêve dans la littérature romantique* (France, Angleterre, Allemagne), *Essai sur la naissance et l'évolution des images* (Études de Littérature étrangère et comparée, 47), Didier, Paris, 1964.

＊5　四大元素をもとに物質的想像力を論じたバシュラールの著書をあげておく。

一九三八年　『火の精神分析』（前田耕作訳、せりか書房）
一九四二年　『水と夢』（本書）
一九四三年　『大気と夢想』（邦訳名『空と夢』宇佐美英治〔および神沢栄三〕訳、法政大学出版局）
一九四八年　『大地と意志の夢想』（及川馥訳、思潮社）
　　　　　　『大地と休息の夢想』（饗庭孝男訳、思潮社）

なお一九三九年に『ロートレアモン』〔邦訳名『ロートレアモンの世界』平井照敏訳、思潮社〕が刊行されている。

＊6　レッシウス Lessius, Leonardus（1554-1623）　ベルギーの神学者。ルーヴァンのジェズイット神学校の神学教授。『長命術』のもとの題名は『完全な健康で長生きし、節制をまもりその効果を教授する術』。

＊7　ティーク Ludwig Tieck（1773-1853）　ドイツの小説家、批評家。この一文は *Phantasus* にある（英訳註）。代表作のひとつ『長靴をはいた牡猫』（1797）。「これはフランスのペローの童話に取材した童話劇だが、その本質的特色は諷刺や機知をほしいままにしたロマン的アイロニーにある」（『新・世』）。後出アルベール・ベガン『ロマン的魂と夢』に一章あり。

＊8　実体 substance（ギリシャ語ウーシア usia に当たる）　バシュラールの基本的な概念のひとつ。実体とは知覚される「性質、状態、作用の根底によこたわり、これを制約していると考えられるもの」と『平・哲』にある。Substance は動詞 substare（se tenir〔stare〕dessous……の下に立つ、下にいる）から派生した名詞で、Sub は「……の下に」という意味

を表す接頭辞であり、定義にぴったり当てはまる構造をしている。実体という日本語の「実」は、「みのる」であり、「まこと」という意味にしても、必ずしも下にあるわけではない。シュブスタンスは変化する表面の下にあって変化しないもの、あるいは表面下にあって変化を引き起こすもの、要するに表面の下にある本質的な何か、なのである。これについては古代ギリシャ以来長い歴史があり、バシュラールは『科学的精神の形成』において、客観的認識を阻害するものとして「実体論的障害」という一章をもうけて、それから解放されるためのプロセスを克明にのべているほどである。本書では逆に物質的想像力を支えるものとしてその力を肯定的に捉えている。しかし『形成』において実体論的な認識とは「明白な外面的経験を楯に取りつつ、しかも批評をさけて内密性の深みへと逃れながら、実体の内面から外面へと行ったり来たりする認識論的運動」だと述べていることは、本書においてもそのまま適用されるのではあるまいか。

＊9　ヘラクレイトス　紀元前五〇〇年頃のギリシャの哲学者。万物のもとのもの physis をかれは火としたが、その流動が対立者間に移り行くところに調和と理法 logos をみた。「つまり火は変化して水、水は土に、土から水に、そして火にかえる、その働き方は対立と抗争であるが、全体としては調和統一をなしている。これを理法とも神ともよんだのである（断片67ａ）」。

また霊魂については、「魂も湿ったものからの蒸発物（断片12）」としたが、魂はもっとも乾燥した光となったときもっとも完全で、魂の死は水になることであるとした。「魂は火に還れば完全になるように、ロゴスに服するかぎり理性的で賢明最善であり幸福である」（『平・哲』）。

＊10　コンディヤック Étienne Bonnot de Condillac（1715-80）フランスの啓蒙哲学者。感覚論的認識論者。「自己の理論を証明するために無感動の大理石像に、嗅覚、聴覚、味覚、視覚、触覚の五感を順次附加しながら石像内部の感覚変化をたどり、人間の精神能力のいっさい、注意、反省、判断、推理、記憶を感覚の変形とみなした」（『平・哲』）。

＊11　ボードレール Charles Baudelaire（1821-67）　フランスの詩人。『赤裸の心』には次のような文がある。

「なぜ海の眺めは、かくも無限に、またかくも永遠に快いのか？

それは、海が、涯しもない広がりの観念と、運動の観念とを、同時に与えるからだ。六里か七里の距離が、人間にとっては、無限なるものの半径を表象する。これは縮尺的な無限である。それでけっこうではないか、十全に無限なるものの観念を暗示するに足りるなら？　十二ないし十四里（直径にして）、運動する液体の十二ないし十四里は、仮の棲処《すみか》で人間に呈される限りにおいて最も高度な、美の観念を与えるのに十分である」(阿部良雄訳『ボードレール全集』筑摩書房)。

*12　リビドーとは「フロイトによって仮定されたエネルギーであって、性の欲動は対象との関連(リビドー備給の移動)、目標との関連(たとえば昇華)、性的興奮の源泉との関連(性感帯の多様性)においてさまざまに変容してあらわれるが、その根底にあるものとしてのエネルギーをいう。/ユングの場合には、リビドー概念は拡大して、なにかに「対する傾向」、切望《アペティトス》というものすべてに含まれる「心的エネルギー」一般を示すまでにいたっている」(『精分』)。バシュラールはユングに近い意味で使用しているようである。

*13　ガルガンチュア、第一七章の有名なシーンをあげておく。

「皆がうるさいほどにガルガンチュアにつき纏ったので、彼はノートルダム大聖堂の塔の上へ腰をおろして一息つかねばならなくなった。そこへ落ちつくと、そのまわりを大勢の人が囲んでしまったので、彼は音吐朗々と、こう言った。

――この野郎どもは、ここで披露目の挨拶なり歓迎の礼返しなりをしろというのだな。なるほど、もっともだ。酒でも振舞ってつかわすとするか。だが、こいつは、ただ冗談事だけということにしよう。

そこでにこにこしながら、見事なその股袋をはずして、その一物《いちもつ》を宙に抜き出し、人々めがけて勢い劇しく金色《こんじき》の雨を降らしたので、そのために溺れ死んだ者の数は、女や子供を除いて二十六万四百十八人であった」(フランソワ・ラブレー『第一之書　ガルガンチュア物語』渡辺一夫訳、岩波文庫)。

第三六章には、以下のシーンもある。

「その間に、ガルガンチュアの牝馬は、腹の重荷をおろすために放尿をしたが、さて何しろ、それが大変な量だったので、七里にも及ぶ洪水となり、尿《いばり》はヴェードの浅瀬めがけて流れくだり、川の流れと合して大氾濫となってしまったので、そこに控えていた敵の全部隊は、左手の丘陵へ逃れた者どもは別として、大恐慌のうちに溺死を遂げてしまった」(同)。

*14　接木 greffe という比喩によってバシュラールは、自然的な想像力を切断し別の想像力と接合させる不連続の連続ということを示す。別のことばでいえば夢想とイデアとの結合でもあるのだが、人間的な文化の開花のために、かれは自然を一度切断する必要を力説する。これは昇華ということばで漠然といわれていたことを、方法的に意識化したのだとも考えられる。具体的にはボードゥアンのいう変圧器の作用であろう。科学的認識論の分野においては同じ頃、認識論的切断やノンの哲学に発展させられている。ちなみにこのノンは「ノン・ユークリッド幾何学」というときのノンの意味である。拙著『バシュラールの詩学』、『原初からの問い――バシュラー

ル論考』（法政大学出版局）参照。

*15　文芸の美学　バシュラールは『火の精神分析』の結論において、夢想の物理学、あるいは夢想の化学といった「ことばのもっとも厳密な意味での客観的文学研究」に寄与するものとして、イマージュの詩的花式図《ディアグラム》を構想したことがある。『火の精神分析』の結論ではこう述べている。

「隠喩《メタフォール》とは花火のように空中で炸裂し無意味さを見せびらかすために打ち上げられる単純な理想化《イデアリザシオン》などではなく、逆に隠喩は、もろもろの感覚《サンサシオン》以上に、相互に呼応しあい、また整序されているので、詩的精神《エスプリ》とは隠喩の純然たる統辞の機能にすぎないといえるほどである」。

そして花式図のたとえが出現する。

「各詩人は、まさにひとつの花の花式図《ディアグラム》がその花のはたらきの方向《サンス》と対称性を定めるように、詩人の隠喩の整序配列の方向と対称性を指示するようなひとつの花式図をうみだすはずである。この幾何学的な合目的性なしには現実の花は存在しない。同様に、詩的イマージュの一定の綜合なしに詩的開花も存在しない」。

このように、詩作品のイマージュのあり方にある種の秩序を見ようとしているのである。しかし花式図というモデルは動きがまったくない。「整序された複数性」ともいうべき多様な動き、ためらいや多義性までカバーする想像力の多彩な運動は花式図を弁証法的に力動化しなければとらえられないことにバシュラールはやがて気づくのである。

また『ロートレアモン』（1939）において、この特異な詩人の異様な動物の形体について、変形のメカニスムを考察し、射影幾何学を下敷きにして射影詩学のようなモデルを考えたが、イマージュの形体と質量の問題につきあたる。固定された形体のイマージュがしだいに魅力を失っていくのはなぜだろうか。

「イマージュの世界における〔想像力の集中の〕実現は起動因の支配をもとめない。そして意識は想像活動をおこなう場合、もの《ショーズ》の重圧からしだいに脱していく。意識が何よりもまず統御すべきは形相因〔エイドス〕である。想像力はこの形相因が衰退的運命に従うのを避けねばならない。つまり形相はそれ特有の無力さによって、硬化するし、それから苔に浸食され、さらに内側からも多孔質の柔らかな素材《マチエール》によって裏切られていく白亜のように、徐々に色あせ消耗することになっている。それゆえ意識は形相の若々しさ、形相因の強さ、というよりは歓喜《アレグレス》をまたみいだしていかねばならない」。これがかれの到達した『水と夢』直前の段階である。

*16　二重の加担 double participation　このparticipationはおそらくレヴィ＝ブリュルのいう原始心性のloi de participation「融即の法則」を念頭においていわれているのであろう。「未開人

は、ある事物や人間がそれ自身であると同時に他のものでもある」という「前論理的」心性を持つ（『フランス哲学・思想事典』弘文堂）。ただし本書では participation という語はもっと広い意味にも使われているので、融即という訳語はとらなかった。

*17　シャスラー Max Schasler（1819-1903）　ドイツの美学者。ヘーゲルの影響を受け『批判的美学史』（1871-72）を書いた。そのほか『美と文化の哲学としての美学』*Ästhetik als Philosophie des Schönen und die Kunst*（Berlin, 1872）がある。

*18　バシュラールが四元素をめぐる物質的想像力を考察するにあたって念頭に置いたのは、まずフランスを中心にしたヨーロッパ文学であることは当然だが、彼はギリシャ、ラテンの古典文学、インドのヴェーダ、民話伝説のたぐいから文化人類学の資料まで渉猟して、人間の想像力の在り方をできるだけ客観的に跡付けようとした。しかし本書においては日本の名前は残念ながら出てこない。ただ頻繁に引用されるポール・クローデルの文章には日本滞在の印象記『朝日の中の黒い鳥』（これはクローデルをもじった命名なので黒鳥《クロドリ》と読むべきなのであろう）もふくまれているのであり、バシュラールの日本文化に対する関心の深さを察知することができる。ちなみに当時は日独伊三国同盟の時代であり、仏領インドシナに日本軍の進駐が強行されたことが思い出される。

水という共通の物質をもとに人間の想像力はどんな動きを示してきたか。それを主として文学者、詩人の作品のうちから探り出すのは、言うは易く、実行となると大いに時間と労力を要する仕事だったであろう。バシュラールの作業は綿密であり、英、独の詩集を読むとき、仏訳だけでなく、できるだけ原文にあたり、場合によっては原文を引用していることも、詩作品の音韻の問題を決しておろそかにしていないことを示している。こうした読解への細心の配慮にもかかわらず、ポーの場合をのぞき、詩作品の引用はすべてバシュラールの描くタブローのひとこまにすぎないことにも読者は留意すべきであろう。

*19　超人間 surhomme。超人という訳語にしなかったのはニーチェの超人との連想をおそれたからである。当時の超人思想については Michel Carouges, *La mystique du surhomme* (Gallimard, 1948) があるが、バシュラールの考えはそのなかに数えられていない。

*20　ノディエ Charles Nodier（1780-1844）　ブザンソン出身のフランスの文学者。ロマン派の先駆者であり、一八二三年アルスナル図書館長となってからは、若い文学者の庇護者であった。『トリルビー』（1822）、『パン屑の妖精』（1832）などの幻想的なコントを残す。後出のように言語についても深い関心を持っていた。『夢想』*Rêveries* は「もっとも重要な評論

集」（ボルダス『フランス文学辞典』）と評されているが、刊行年は不明、一九八〇年 Hubert Juin の序文つきで Plasma 社から複刊されている。バシュラールの使用した本の版元 Renduel 社からはノディエの全集も出版されているので、これは全集の一部かもしれない（英訳によれば全集第六巻）。

*21 『火の精神分析』においてはさまざまの文化コンプレックスが登場する。『水と夢』にも同じような種類のコンプレックスが登場するので、ここでなりたちをすこし説明しておく。

火をめぐって第一に登場するのはプロメテウス・コンプレックスである。火という現象が、自然的な存在であるよりも社会的存在であることがまず指摘される。火という興味ある対象に対し幼児が接近すれば、触れてはいけないと、近くにいる両親なり、大人が抑止するであろう。したがって火は一般的な禁止の対象であることはだれしもみとめることである。これは親や大人が代表する社会的な禁止が最初に行なわれたケースであり、バシュラールにいわせれば「社会的禁止が火に対するわれわれの一般的認識なのである」。そして「子供の成長にともなってこの禁止が精神化され、戒めの鞭は叱り声に置き換えられ、叱り声は火事の危険の話に、天上の火にかんする伝説に置き換えられる。こうしてこの自然現象は、素朴な認識の余地をほとんど残さない、社会的、複合的な、雑然たる認識の中に急速に取り込まれていく」。火への尊敬の念は教え込まれた尊敬である。それは幼年期の認識の根底においてなされる自然的なものと社会的なものの干渉で、社会的なものの優位が支えるのであろう。もちろんこうした禁止や抑圧が、火を燃やし、管理する大人への羨望を強め、火を盗みたいというプロメテウス・コンプレックスを芽生えさせるのである。火をめぐる夢想の性的要素は強烈であり、それがエディプス・コンプレックスの根底にあることは否定されはしない。だが「われわれが提示している客観的認識の精神分析のひとつの利点は、原始的諸本能の展開する領域より深くない領域の検討である点だと思われる。しかもこの領域は明快な思考、科学的な思考に対し決定的な作用をもつ中間的領域だからである」（こういう箇所は、のちにバシュラールのいう無意識は前意識だと指摘される所以になる）。人間には力への意志と無理やり関係づけなくても、知りたい、作りたいという欲求がある。「人間には知への本当の意志が存在する。この理解したいという欲求を、プラグマティスムやベルグソニスムがしたように功利性の原理のもとに置いては、過小評価することになる。したがってわれわれは、われわれを父親と同じくらい、あるいはそれ以上に、われわれの師と同じくらいあるいはそれ以上に、知りたいと駆り立てるあらゆる傾向をプロメテウス・コンプレックスの名のもとにまとめるよう提案する」。「プロメテウス・コンプレックスとはまさに知的生活におけるエディプス・コンプレックスである」。そしてエンペドクレス、ノヴァーリス、ホフマンなどといった名前を冠したコンプレックス群を文化コンプレックスと称するのである。

第1章　明るい水、春の水と流れる水
ナルシシスムの客観的条件、恋する水

(1) ルイ・ラヴェル『ナルシスの誤謬』。Louis Lavelle, *L'erreur de Narcisse*,〔1939〕p.11.〔La Table Ronde, 2003〕

＊ラヴェル（1883-1951）　フランスの哲学者。哲学教授資格取得後パリのリセで教鞭をとり、友人ル・センヌとともに《精神の哲学》叢書を創設。『ナルシスの誤謬』も、孤立する主観性の不安を克服し、「絶対者を自我と世界との根源たる純粋現実態 acte pure に求め、形而上学の具体化をくわだてた」（『平・哲』）といえるであろう。より具体的には「他者との関係を損なう〈自尊心（l'amour-propre)〉の克服と、われわれに欠如しているものを他者のうちで尊重する〈謙譲さ（l'humilité)〉の意義が力説される」（『フランス哲学・思想事典』）。スピリチュアリスムの気運をつくり、ベルクソンの後のコレージュ・ド・フランス教授。二十年程前から再評価の気運がたかまり *Bulletins de l'association Louis Lavelle* が一九八九年から刊行されている。

(2) ステファーヌ・マラルメ「エロディヤード」。Stéphane Mallarmé, *Hérodiade*.

＊マラルメ（1842-98）　フランスの代表的象徴派詩人。終世リセの英語教師であったが、そもそもかれが英語を学んだのはエドガー・ポーを原語で読むためであった。バシュラールのもっとも愛好する詩人の一人。「マラルメの夢想の力学的弁証法」が『夢みる権利』（渋沢孝輔訳、ちくま学芸文庫）に収められている。菅野昭正『ステファヌ・マラルメ』「第六章　エロディヤードとの戦い」、中央公論社、参照。

エロディヤードは新約聖書の人物。ヘロデス。アンティパスの姪でのち妻となるも、その結婚をヨハネに非難され、彼女と先夫の子サロメをそそのかして、ヨハネの首を落とさせる。マラルメはこの主題を新しい詩的な劇の形に仕上げようと苦心したが、『詩集』には舞台上のエロディヤードと乳母との対話という断片しか掲載されていない（『マラルメ詩集』鈴木信太郎訳、岩波文庫）。

(3) アルマン・ドラット『ギリシャの鏡占いとその派生物』、Armand Delatte, *La Catoptromancie grecque et ses dérivés*, Paris,

1932, p.111.

＊ドラット（1886-1964）ベルギーの歴史学者。*Anecdota atheniensia*, t.I.（1928）, t.II.（1938）など古代ギリシャの宗教、哲学、民俗学などについての著書が多くある。

（4）シェリー『全集』、ラップ仏訳。Shelley, *Œuvres Complètes*, trad. Rabbe, t.I, p.93.〔Percy Bysshe Shelley, “Alastor”, in *The Complete Poetical Works of Percy Bysshe Shelley*, ed. George E. Woodberry（Boston, 1901）, p.39〕

＊シェリー（1792-1822）イギリスのロマン派の代表的詩人のひとり。ヨットで航行中に嵐にあってスペツィア湾で溺死した。なおアンドレ・モロワ『アリエル』（1923）はシェリーの小説的伝記である（山室静訳、耕進社）。

（5）クラーゲス『魂の抗争者としての精神』三巻、第一冊。Ludwig Klages, *Der Geist als Widersacher der Seele*, 3 Band. I.t., p.1132. “Ohne Weltpol fande der seelische Pol nicht statt.”

＊クラーゲス（1872-1956）ドイツの哲学者、心理学者。ニーチェとバッハオーフェンの影響を受け生の哲学を説く。「チューリッヒに表現学研究所を設立。人格に関する詳細な体系的分類をおこなうとともに、筆跡学を体系づけた」（『平・哲』）。本書の主張は、人間の精神（理性、知能、技能）がコスモスとは根底的に無縁の原理であり、精神の寄生的活動は、歴史時代の起源において存在した原初的循環的時代の平穏を破壊した。つまり精神は人間を自然から引き離し、さらに人間を、本来宇宙的な生命と結びついていた自己の魂とも無縁のものにしてしまったというものである。クラーゲスの目から見て完璧な外部世界は、植物の世界で、それは元素的な力とつねに全面的に共鳴している。かれのペシミストな立場からいわせると、精神の完全な勝利は近い。奇跡がなければそれはすべての生命の終末をもたらすであろうとされる（『作品辞典』）。かれの新ロマン主義的な哲学はヨーロッパ文明の運命にペシミスティックなヴィジョンをあたえた。

（6）エウヘニオ・ドルス Eugenio d'Ors『ゴヤの生涯』仏訳。*La vie de Goya*, trad.〔in *Vies des Hommes Illustres*, trans. Marcel Carayon（Paris,1928）〕, p.179.

＊ドルス（1882-1954）スペインの美術評論家、哲学者。『プラド美術館の三時間』（1923）、とくにその『バロック論』（1935）は美術史上にバロック様式を樹立しようとしたことで知られている。

なおバシュラールはモネの愛好者であり、そのオマージュというべきモネ論「睡蓮あるいは夏の夜明けの驚異」が『夢見る権利』にある。

（7）ポール・クローデル『朝日の中の黒い鳥』。Paul Claudel, *L'Oiseau noir dans le soleil levant*〔15th ed.（Paris, 1929）〕, p.230.

＊一九二一年から二七年のあいだに日本について書かれた随想、評論集。引用は、その中の一文 *Jules ou l'homme-aux-deux-cravates*「ジュールあるいはネクタイを二本した男」からとられた。なおこの文はプレイアド版のクローデル『散文作品集』の「対話篇」に収められている。

ちなみにこの引用部分は、原註13、14、15のあとにくる文章であり、ジュールと詩人が日本の庭園について語っていて、ジュールの次の文を受けた詩人のことばである。

「ジュール――池や小川がなければ熊手で細心の注意を払って掻《か》き均《なら》された砂の広がりと玉砂利の単純な急流がものみごとにその代理をはたすことになるんだ」。

これを受けた本文の引用部分は、次のような文で締めくくられる。

「〔詩人――〕……しあわせな蛙であるわれわれが鏡の上のあちらこちらに位置することができるようにするのが、平らな石たちの役目なんだ」。

なおプレイアド版をもとにした内藤高訳（講談社学術文庫）および『天皇国見聞記』（樋口裕一訳、新人物往来社）があるが、この「ジュール……」は残念ながら収められていない。

（8）シェリー『全集』ラップ仏訳。Shelley, *Œuvres complètes*, trad. Rabbe, t.I, p.23.〔*Prometheus Unbound*, in *Works*, p.204〕

＊『鎖を解かれたプロメテウス』（1820）l.485-71.（石川重俊訳、岩波文庫）「ジュピターによってカフカースの岩に縛りつけられたプロメーテウスは加害者に対する呪いを超脱して、愛人エイシアと共に愛と平和の新しい世界に移る。それは作者シェリーの心境を暗示する」（『新・世』）。バシュラールは『空と夢』の「飛行の夢」の章でさらに詳しく論じている。

（9）ストリンドベルイ『白鳥姫』仏訳。Strindberg, *Swanevit*, trad., p.329.〔August Strindberg, *Swanwhite*, in *Plays*, ed. and trans. Edwin Björkman, 3rd series (New York, 1913), p.20〕

＊ストリンドベルイ（1849-1912）スウェーデンの劇作家。代表作『令嬢ジュリー〔ユリエ〕』。『白鳥姫』（1902）は童話劇。「徹底した無神論と自然主義で世界を驚かしたが……ついにまったくの錯乱と不毛に陥る。……やがて神と贖罪《しょくざい》の観念に救いを見いだし、〈自我のあくなき追求は破滅に終わる〉ことを悟る」（『新・世』）。後出のアルゴス Argos はギリシャ神話。百の目を持つ巨人。半数はつねに見開いている。

（10）クロイツァー『古代の宗教』ギニョー仏訳。Creuzer, *Religion de l'Antiquité*, trad. Guigniaut (Paris, 1825), t.I, p.168.

*フリードリヒ・クロイツァー（1771-1858）　ドイツの古代学者。ハイデルベルク大学教授。

（11）ヴィクトル・ユゴー『ライン川』。Victor Hugo, *Le Rhin*, II, p.20.〔*Lettres à un ami par Victor Hugo* (Paris, n.d.), p.283〕

*ユゴー（1802-85）　十九世紀フランスの国民的な大詩人。ロマン派詩人として早くから名声があったが、七月王政後政界に進出、のち五一年ルイ・ナポレオンのクーデタに反対し、十九年にわたる亡命生活をおくった。『ライン川　ある友への手紙』（1842）は、アカデミー会員になり安定をみたユゴーが取材をかねてドイツ旅行に出、土地の印象や伝説などを手紙の形で述べたもの。ドイツやフランスについての率直な考えを披瀝した。

（12）ラマルチーヌ『打明け話』。Lamartine, *Confidences*, p.245.〔Alphonse de Lamartine, *Graziella* (Paris, 1925), p.140〕

*ラマルチーヌ（1790-1869）　フランスのロマン主義の代表的詩人。外交官生活をおくり、七月革命後政界に進出、四八年二月革命の臨時政府では外務大臣をつとめた。晩年は借財返済のために執筆。『グラジエラ』は一八五二年に『打明け話』（1849）から七―一〇章を分離して刊行されたもの。イタリア滞在中のロマンティックな恋愛の物語。なお後出『ラファエル』（邦訳名『湖畔の愛』）も同じ『打明け話』から分離されたものである。

（13）クローデル『朝日の中の黒い鳥』、p.229.

*クローデルをめぐる原註13、14、15は原註7と同じ「ジュールあるいはネクタイを二本した男」からとられている。いずれも日本の庭園の池を論じた箇所である。

引用部分はジュールのことばである。その前に彼はこういっている。

「ジュール――ひとつの空虚がもろもろの方角と容積と色彩とを、この庭の囲い池の、この要約された《モチーフ》の、あらゆる要素をひきよせる。

詩人――《モチーフ》は画家たちが使う意味だね、意識の地理学だ。

ジュール――その通り。庭は何よりも地形《シット》の意識だ。なにもかも、神がわれわれ自身の根底に置いた液状の光の未踏査のあの水溜にそっくりだ、そのものによって神は自らを知り、そして自分自身を、その全体と部分とにおいて同時に知る、あのものにね。

詩人――それは四季を通じて持続しているものだし、そしてそれは持続するものを眺める。持続するものとはすなわち空すなわち唯一の光によってのみ修正されるたましいしかもはや住まない高い単純な領域なのだ」。

（14）クローデル、同右。

*クローデルの引用はジュールのことばである。その前にいう。

「詩人――天上の歌から手にこぼれたこの酒《サケ》の一滴がぼくの庭の池を作った。

ジュール――そして池が庭を作った。すべては考えることの水のまわりで組み立てられている」。

(15) 同右。

＊原註13の引用のすぐあとでジュールのいうことば。

「ジュール――水はこのように大地の眼差しであり、時間を眺める装置である。そしてそれは結びつけるものと結びつくものとを同時に感じている、たましいを、点を。

詩人――ちょうど日本は大きな魚網を吊しておくあのコルクのブロックのような無数の島を使って、海の一部を自分のものとし、緯度と経度の交叉を観測しているようだ」。

(16) ジャン・パウル『巨人』シャール仏訳。Jean-Paul, *Le Titan*, trad. Chasles, t.I, p.36.〔Jean-Paul Richter, *Titan, a Romance*, trans. Charles T. Brooks (Boston, 1864), 1: 29〕

＊ジャン・パウル（1763-1825）ドイツの作家。『巨人』（1800-03）はかれの長所とともに短所も詰め込んだ複雑な筋の大作（古見日嘉訳、現代思想社、国書刊行会）。古見訳にはこの仏訳と厳密に対応する箇所は見当たらないが、次のような状景がある。

「至る所で暖い丘が水浴みからあがったように、広い湖から抜けだしているように思われた」（一・四）。

後出のアルベール・ベガン『ロマン的魂と夢』に一章が割かれている。なおマーラーの第一交響曲につけられた『巨人』の名はこの小説に由来する。

(17) ゲーテ『ファウスト』第二部第二幕。ポルシャ仏訳。Goethe, *Faust*, 2e partie, acte II, trad. Porchat, p.342.〔Johann Wolfgang von Goethe, *Faust*, Part II, ed. F. H. Hedge, trans. A. Swanwick. (Boston, 1884) act 2, lines 713-42〕.

＊『ファウスト』相良守峯訳、岩波文庫。

(18) ニーチェ『悲劇の誕生』。Nietzsche, *La Naissance de la tragédie*, trad. G. Bianquis, p.112.〔Friedrich Nietzsche, *The Birth of Tragedy*, in *The Philosophy of Nietzsche* (NewYork, n.d.), p.321. 西尾幹二訳、中公文庫〕

＊バシュラールは『空と夢』に「ニーチェと昇行の心象」という一章をもうけて論じている。

(19) おそらくマラルメの「白鳥」の中に愛のナルシシスムと、愛の死のナルシシスムの融合を見破ることができるであろう。クロード＝ルイ・エステーヴはマラルメ論の中で（『文学的表現にかんする哲学的研究』、p.146）まとめて次のように述べている。「マラルメの白鳥はその美とナルシス的な憔悴をうかべ、その首（脚ではなく）が純白の苦悩を揺らし、あるいはついに氷河の中に身動きしなくなるが、いつまでも〈純粋〉で〈華麗〉であり続けるのだ」。

＊エステーヴはすぐ前の文でボードレールの白鳥を引き合いに出し「古いパリの水のない小川で泳ごうとしているのは、滑稽で醜い」癲癇性《エピレプティック》の白鳥だと述べている。

(20) 引用の中では作者の選んだ文字の綴りを残しておいた。〔Pierre Louys, "*Léda*〔*ou la louange des bien heureuses ténèbres.*〕", in *Le Crépuscule des nymphes* (Paris, 1926), p.21〕

(21) パウルス・カッセル『伝説と生活の中の白鳥』。Paulus Cassel, *Der Schwan in Sage und Leben*, Berlin, 1872.

＊カッセル (1821-92) ドイツの歴史家、神学者、言語学者。

＊なお文学における白鳥のテーマについては、日本語では『白鳥のシンボリズム――神話・芸術・エロスからのメッセージ』(上村くにこ著、御茶の水書房) がある。

(22) マリー・デルクール『古典古代における神秘的不妊と呪われた誕生』。Marie Delcourt, *Stérilités mystérieuses et Naissances maléfiques dans l'antiquité classique,* 〔Liege〕1938, *passim.*

＊マリー・デルクール (1891-1971) ベルギーの学者、作家。古代、ルネッサンスの文学や思想についてフランス語で書いた。小説は *Audace* 誌に発表。

(23) ピエール・ルヴェルディ『馬毛の手袋 (マッサージ用手袋)』。Pierre Reverdy, *Le Gant de crin*, p.41.

＊ルヴェルディ (1889-1960) フランスの詩人。『風の泉』(1929)、『ほとんどの時』(1945) などの詩集。『馬毛の手袋』(1927)、『私の航海日誌』(1948) は詩論、エッセー集。「二十世紀フランス詩の試みた最も大胆な言語実験の一例が見られる」(『新・世』)。

(24) C・G・ユング『リビドーの変貌と象徴』。C. G. Jung, *Métamorphoses et Symboles de la Libido,* 〔trans. L. De Vos (Paris, 1927)〕p.331.

＊現在、同書は以下の名称で仏訳されている。*Métamorphoses de l'âme et ses symboles: Analyse des problèmes d'une schizophrénie,* trad., par Yves Le Lay, Librairie de l'Université, Genève, 1967. 邦訳名『変容の象徴――精神分裂病の前駆症状』(野村美紀子訳、筑摩書房、一九八五年。のち、ちくま学芸文庫)。「水からまいあがる鳥という太陽の象徴は (語源的には) 歌う白鳥に保たれている」(野村訳)「星は光によってしか知覚されないのに、ピタゴラスが昔したように、天体の音楽とか諧調とかいう」。それはインド・ヨーロッパ語においては語源的な意味の合流があるからで、火あるいは光を表す語根と、音、響き、音楽という語根の系統に合流 fusion (融合) がおこるからだというのがユングの考えである。そこにゲーテの『ファウスト』が引用してある。

「太陽は、昔ながらの調べをなして、／同胞の星の群れと歌の音を競い、／いかずちの歩みをもって、／その定めの旅路を全うする」(相良守峯訳)。

なおバシュラールが本文で引用した四行の詩句は、現行の仏訳とは多少の違いがあるが、原作者はハイネである。

(25) ジャン・パウル『巨人』シャール仏訳、第二巻、p.129.

＊なおジャン・パウルには太陽を白鳥に見たてた例もある。

「彼らは、すばらしい大地の上を、すばらしい空の下を行った。太陽は、純粋に、白く、白鳥のように、青い満潮のなかを泳ぎ——牧場や村々は、遠くの、低い山脈に、さらにぴったりとして、ひしめきあっていた」(ジャン・パウル『巨人』II、第66周、古見日嘉訳)。

(26) ジュール・ラフォルグ「書簡」。Jules Laforgue, "Lettres", *NRF.* [29], mars 1941, p.432.

＊ラフォルグ(1860-87) フランスの詩人。ウルグアイの首都モンテビデオ生まれ。フランスのタルブで寄宿学校生活。のち美術誌の主筆秘書となり、プロイセン皇妃アウグスタのフランス語の教師を勤め、ヨーロッパ各地を旅行。『伝説的な教訓劇』(1887)の想をえた。本文での引用は同書「パルシファルの子・ロオンヘングリン」吉田健一訳(字体を改めた)。かれが「切り開いた世界は、アポリネールからプレヴェールへと通じる現代詩の出発点として再評価されている」(『新・世』)。

＊1 Triste fleur qui croît seule et n'a pas d'autre émoi
Que son ombre dans l'eau vue avec atonie.

MALLARMÉ, *Hérodiade.*

訳文は鈴木信太郎訳、岩波文庫。

...Il y a même eu beaucoup de gens qui se sont noyés dans un miroir...

RAMON GÒMEZ DE LA SERNA, *Gustave l'Incongru*, trad., p.23.

ゴメス・デ・ラ・セルナ Ramon Gòmez De La Serna (1888-1963) スペインの作家。マドリードで活躍。一九三六年の内戦を機にアルゼンチンに亡命。機知にとんだ、エクセントリックな作風で、多くの分野で作品を残した。

＊2 ローデンバック Geroges Rodenback (1855-98) ベルギーのフランス語詩人、小説家。ショーペンハウアーとボードレールの影響の下に詩作。「八六年の『白い青春』でフランドルの古都の暗い霧の冬景と孤独で憂鬱な魂の照応の詩法に到達」(『新・世』)。風土性の濃厚なペシミスティックな詩の世界をうたう。『死都ブリュージュ』(1892)(窪田般彌訳、岩波文庫)では異国情緒と世紀末的雰囲気を描いた。

＊3 ヴァレリー Paul Valéry (1871-1945) フランスの詩人。マラルメの影響のもとピエール・ルイス、ジッドらとの交友の中で詩を書き始める。『ヴァレリー全集』第一巻詩集、「ナルシス校声曲　台本」伊吹武彦訳、筑摩書房)。なお、ナル

シス、エロディヤード、白鳥のイマージュのかかわりについては清水徹『ヴァレリーの肖像』（筑摩書房）にも述べられている。

＊4　ガスケ Joachim Gasquet（1873-1921）　フランスの詩人。エックス＝アン＝プロヴァンス生まれ。若いころはヴァレリーと交流があった。一八九二年にエックスで雑誌 *La Syrinx* を発行、ジッドはアンドレ・ワルテルの名で寄稿。詩集『世紀をへた歌』（1903）、『讃歌』（1918）、『秘かな火刑台』（1921）のほか小説、劇作もある。

＊5　キーツ John Keats（1795-1821）　シェリーと同じくイギリスロマン派の代表的詩人。結核でイタリアに転地療養、ローマで死去。引用の詩の原題は I stood tip-toe upon the hill, l.171-176.

＊6　汎美主義 pancalisme　アメリカの心理学者・哲学者ボールドウィン J. M. Baldwinn（1861-1934）の造語。「唯美主義的活動が宇宙のあらゆる観照を普遍的な美の確認に変える傾向がある」と『空と夢』（宇佐美英治訳）では述べられている。

＊7　エリュアール Paul Éluard（1895-1952）　フランスの詩人。第一次大戦後ブルトン、アラゴンらの『文学』誌に参加、シュルレアリスム運動の創始者のひとりとなる。第二次大戦中はレジスタンスに参加。日常的なことばで愛と欲望と夢を歌ったかれの詩は広く愛され、フランスの国民的詩人となった。『開かれた本 1938-1944』（1947）は敗戦後、ドイツ占領下に書かれた詩篇が多い。本文で引用された詩句は *Médieuses*（1939）として、女流画家ヴァランティーヌ・ユゴー（1887-1968）の挿絵入りで発表された七篇の詩の一部で、のちに『開かれた本』に収められた。「私の風景はとても大きなしあわせだ／私の顔は澄みとおって明るい宇宙／他所《よそ》では人が黒い涙を流して泣き／洞穴《ほらあな》から洞穴へと行くのだ」（佐藤巌訳、旺文社文庫）という四行が前にある。なおプレイアド版の中にはこのヴァランティーヌの挿絵も掲載してあるが、彼女宛の手紙に「メディユーズという題の長い詩、一種の女性の神話がぼくの頭にあります」とエリュアールは書いている。Médieuse という名前にはメデューサのエコーが響いているのであろうか。挿絵は現代的な女性の姿である。なお『夢みる権利』には「ポール・エリュアールの詩における胚芽と道理」が収めてある。

＊8　シュレーゲル Friedrich von Schlegel（1772-1829）　ドイツの思想家、初期ロマン主義運動の理論的指導者。「古代神話に比肩する新しい神話の創造を文学の急務として要請、その可能性をスピノザの実在論とフィヒテの観念論との総合に求め、その理想を〈永遠の未完結性〉を本質とする〈進展的な普遍文学〉としての〈ロマン主義文学〉の概念に集約する」

(『新・世』)。ゲーテの『ヴィルヘルム・マイスター』にならった小説『ルツィンデ』(1799)は自己形成の理想を愛の問題とかさねて追求した野心作。《疾風怒濤》の中からかれはその自由恋愛と婦人解放の理想を導き出したのだが、モデルの問題でスキャンダルとなった。

*9 ショーペンハウアー Arthur Schopenhauer (1788-1860) ドイツの哲学者。『意志と表象としての世界』(1819-44)。世界の苦を免れる道は二つある。芸術的解脱と倫理的解脱である。「きわめてまれな芸術的および哲学的天才 Genie にあっては知性は意志から自由になった観照にひたりうる。知性は芸術においてすべての個性的なものをすて、時空、因果律をこえたイデアを関心なしにみる無意志の認識主観となる」(『平・哲』)。なおニーチェの論考「教育者としてのショーペンハウアー」の一行が第2章のエピグラフに引用されている。

*10 このパラグラフはボードレールのソネット「照応《コレスポンダンス》」を念頭において書かれている。第三節をあげておく。

ある香りは、子供の肌のようにさわやかで、
オーボエのようにやさしく、牧場のように緑、
——またある香りは、腐敗して、豊かにも誇らかに、
(阿部良雄訳)

*11 ラ・フォンテーヌの白鳥。『寓話』第三巻一二「白鳥と料理人」市原豊太訳、白水社。

「ある日お城の料理人、一杯餘分に引っかけ過ぎて、
鵝鳥《がちょう》と思ひ白鳥捕へ、首を抑へて、
今やその喉を切り、やがて羹《あつもの》に入れる段取《だんどり》。
白鳥はまさに死なうといふときに歌をうたって不運を歎いた。
料理人びっくり仰天、
誤ったのに気がついた」。
「なんといふこと、この歌ひ手をスープに入れるところとは、
とんでもないぜ、俺《おれ》の手がこれほどうまく歌う喉を切りでもした日にゃ浮ばれぬ。
このやうに背後《うしろ》に迫る危難の折にも
優しいもの言ひは悪くないもの」。

なおユングによればドイツ語の Schwan (白鳥) も svéno=鳴れ、響けという語幹をふくむ系列に属し、それゆえ死ぬときに歌う (singt) のだという (『変容の象徴』)。

*12 ピエール・ルイス Pierre Louys (1820-1925) フランスの詩人、小説家。本人はルイと呼ぶのが正しいというが、日本ではルイスの呼び名が定着している。十九歳のときルコント・ド・リールと出会い、その後エレディアやパルナッシアンの詩人たちと交友を深め、詩誌『ラ・コンク』(1891)を創刊し、リセの同級生ジッドや、モンペリエで知り合ったヴァレリーに寄稿を求める。やがてスウィンバーン、マラルメ、ヴェルレーヌも詩をのせた。マラルメ火曜会の常連となり、

パルナッシアンとサンボリストをつなぐ存在であった。詩集『ビリティスの歌』(1894)、小説『アフロディット』(96) が代表作。

レダ Léda はギリシャ神話ではスパルタ王チュンダレオスの妻の名前である。白鳥の姿をとったゼウスと交わり、ディオスクロイ兄弟とヘレネを生んだ。『妖精たちの黄昏』(宮本文好訳、弥生書房) は「レダ」、「アリアドネ」、「ナイルの宿」、「ビブリス」、「ダナエ」と題する五つの恋物語を収める。

『プシケ』は未完の小説で一九二七年に刊行された。二一歳の若い娘プシケ・ヴァネッティと若い貴公子エムリ・ジューヴェルとの恋の経緯。彼女の官能の目覚めが情熱を生じさせるが、かれの心は彼女を離れている、というところで中断。アラクリは主人公エムリが旅行の途中知り合って囲っている混血娘。

なおピエール・ルイスについて評伝『エロスの祭司』(沓掛良彦著、水声社) がある。

*13 ダンヌンツィオは一九一一年破産し、債権者の追及をのがれて一時フランスに住んだ。その間に『白鳥のいないレダ』(1916) が書かれた、また『聖セバスティアンの殉教』(1911) などいくつかの作品をフランス語で書き、劇作の上演もおこなった。

*14 チボーデ Albert Thibaudet (1874-1936) フランスの批評家。NRF誌に優れた評論を二十五年にわたって書き、「深い古典的教養をみにつけながらつねに新鋭の文学に理解を示して指導し続けた貴重な存在」(『新・世』)。『マラルメの詩』(1912)、『一七八九年より現代に至る文学史』(36)。処女作『赤い白鳥』*Le Cygne rouge* (1897) は韻文と散文の混じった象徴的神話劇で、マラルメに対する熱狂の反映が見られる。

第2章　深い水——眠る水——死んだ水
エドガー・ポーの夢想における〈重い水〉

(1) エドガー・ポー『グロテスクで真面目な物語集』ボードレール仏訳。Edgar Poe, *Histoires grotesques et sérieuses*, trad. Baudelaire, p.280. [Edgar Allan Poe, "The Domain of Arnheim," in *The Complete Works of Edgar Allan Poe*, ed. James A. Harrison (New York, 1902), 6: 191]

*エドガー・アラン・ポー (1809-49) はいうまでもなくアメリカの詩人・小説家であるが、フランスでは早くからボードレールの名訳によって読まれ高い評価を受けていた。アメリカでは第一次大戦後に高く評価されるようになったといわれている(パトリック・F・クウィン『ポーとフ

ランス』中村融訳、審美社）。邦訳の引用は『ポオ小説全集』（諸家訳、創元推理文庫）および『ポー詩集』（福永武彦・入沢康夫訳、小沢書店）による。

（2）エドガー・ポー『続・異常な物語集』。Edgar Poe, *Nouvelles Histoires extraordinaires*, trad. Baudelaire, p.278.〔Poe, “The Island of the Fay”, in *Works*, 4: 195〕

（3）同じイマージュ群がポーの『妖精の島』で繰り返されている。p.279.〔Poe, “The Island of the Fay”, in *Works*, 4: 197〕

＊なお「ランダーの別荘」は「アルンハイムの地所」の続篇である。

（4）バシュラール『ロートレアモン』を参照。Cf. Bachelard, *Lautréamont*, éd. José Corti,〔Paris, 1939〕p.64.〔平井照敏訳、思潮社〕

＊ロートレアモン（1846-70）本名イジドール・デュカス。南米ウルグアイ生まれのフランス詩人。タルブついでポーでリセの教育を受け、のちパリで『マルドロールの歌』（1868）を発表。バシュラールによれば、ロートレアモンの世界では動物はすべて残酷な攻撃的存在であり、花でさえも動物化される。海中生活と空中生活それぞれのコンプレックスがあり、魚の支配的なデュカス的存在つまり攻撃的存在は鱶であり、また鳥のなかでは「空飛ぶ鉤爪」の鷲である。ただし両者の直接的変身の関係はない。この詩人の想像力は「飛行と遊泳の具体的な合力」をおこない、ごく単純な推進手段だけを合成し「空とぶ尻尾」をつくるのである。しかしバシュラールは「魚と鳥とは類似した力学的空間を持つので、衝動の領域、駆動的想像力の領域で、二つの動物ジャンルを混同しても非合理ではない」と考えている。

（5）ポール・クローデル『五大讃歌』。Paul Claudel, *Les cinq grandes Odes*（Deuxième Ode, L'esprit et l'eau）〔Paris, 1913〕, p.65.

＊この引用のすぐ前の一行を参考のためにあげておく。

「神よ。あなたは私がたんなる精神《エスプリ》ではなく水であることを御存知です」。

（6）マスペロ『神話学および考古学研究』を見よ。Maspéro, *Études de Mythologie et d'Archéologie*〔égiptiennes（Paris, 1893）〕I, pp.336 *sqq*.

＊マスペロ Gaston Maspéro（1846-1916）フランスの考古学者。エジプト考古学の権威。コレージュ・ド・フランス教授。

（7）ポー「アーサー・ゴードン・ピムの冒険」ボードレール仏訳。Poe, *Aventures d'Arthur Gordon Pym*, trad. Baudelaire, pp.210-211.〔*The Narrative of Arthur Gordon Pym*, in *Works*, 3: 180.〕

（8）マリー・ボナパルト『エドガー・ポー』。Marie Bonaparte, *Edgar Poe*,〔Paris, 1933〕p.418.

(9) ポール・クローデル『東方の認識』。Paul Claudel, *Connaissance de l'Est,* 〔Paris, 1945〕p.105.

＊『東方の認識』クローデルの散文詩集。「大河」は、一八九七年三月上海から漢口まで揚子江をさかのぼったときの印象がもられている。「第一部五二編、第二部九編、一九二八年再版の時に序詞「香港」Hong-Kong を付加。この執筆期間中滞在していた中国のほか、日本、インドシナが作品に展開される世界である。……東洋の自然風景とともに人びとの生活が素材として扱われるが、けっして彼はそれらを単に描写しているのではない。それらを通して東洋の地（Terre）を把握すると同時に、宇宙の、人間の認識、神の創造の認識に到達する」（『フ・文』）。クローデルは本書を「自作のなかで最もマラルメ的な書物」と呼んでいたという（渡辺守章前掲書、第九章「東方の認識」）。

(10) ボナパルト女史は（p.28）「この数行はポーによって削除され、したがってマラルメによって翻訳されなかった」と指摘している。この削除は表現形式の並外れた重要性の証拠ではないだろうか。その才能の秘密を隠すべきだと信じたポーの洞察力を示しているのであるまいか。

＊この註においてマリー・ボナパルトは、この二行についてまず次のように記している。「(Préface「序」、1829、Introduction「序文」、1831、「ロマンス」の初稿群〔1843-1845〕)〔にこの二行はふくまれていたが〕この詩〔「ロマンス」最終稿〕からポーはこの二行をはぶいた。そのあとマラルメによっては仏訳されなかった（Virginia Editions, vol.7, p.164）」。

(11) ポー「沈黙」『続・異常な物語集』ボードレール仏訳。Poe, *Silence,* dans *Nouvelles Histoires extraordinaires,* trad. Baudelaire, p.270.

(12) ポー「エレオノーラ」『グロテスクで真面目な物語集』ボードレール仏訳。Poe, *Eléonora,* dans *Histoires grotesques et sérieuses,* trad. Baudelaire, p.171.

(13) 牧場、小川によって作られた牧場は、それ自体がある人々にとっては悲哀の主題である。たましいの本当の牧場にはシャグマユリ asphodèles しか生えない。風はそこに歌う木々を見ることはなく、一面の緑の中に音もなく流れる波を見るだけだ。牧場のテーマを研究するならば、かつてエンペドクレスが訪れた〈不幸の牧場〉へとエドガー・ポーを導いたのはどんなデモンなのか問えるかもしれない。

＊「エンペドクレスの断片のカタルモイ（浄め）

一二一

……よろこびなき土地、
そこには『殺戮』と『怒り』と他の兇運の神々の種族が、
また焦熱の『疫病』と『腐敗』とものみなをとかして流す働きとが、

「禍い」の牧場に　暗闇のなかをうろついている」。(「エンペドクレス」藤沢令夫訳、『ギリシア思想家集』世界文学大系63、筑摩書房)。

＊シャグマユリ　ツルボラン属、ユリ科の植物。asphodèle(ラテン語 asphodelus、ギリシャ語 asphodelos)。葉がすべての根本茎から生え、白い花は房状に集まっているユリ科 liliacées の植物。その塊茎はでんぷんを含む。古代文学においてこの asphodèle ということばは、黄色の芳香性の花をつける地中海東部産のユリ科の別の種 asphodéline を指している。

＊1　Il faut deviner le peintre pour comprendre l'image.

NIETZSCHE, *Schopenhauer*, p.33.

ニーチェ「教育者としてのショーペンハウアー」(『反時代的考察』)からとられた一行。

＊2　マリー・ボナパルト (1882-1962) princesse de Grèce　フランス皇帝ナポレオンの弟ルシアンの曾孫、不幸な結婚で失意のとき、ウィーンでフロイトを知り (1925)、精神分析学をまなび、のちフロイトの著作の仏訳をおこなう。また『エドガー・ポー』(1933) はフロイトの原則をポーの生涯に適用した記念碑的労作。

＊3　カマルデュヌ Camaldunes はカマルデュル Camaldules の誤植。カマルデュルとは聖ロムアルド Romuald によって一〇一〇年にトスカナのカマルドリ Camaldoli に設立された宗団(隠士と修道士)。一〇五〇年に公認され、一一一三年ベネディクト派から分離した。その修道士をカマルデュルとよぶ。サンドの小説『レリア』のなかの次のような個所をバシュラールはさしているのであろう。「カマルデュル派の墓地は堂々として立派であった。人の手が一度も寸を詰めたりしなかった巨大なイトスギとイチイの木が暗い帳《とばり》で墓を覆っていたので、たとえ真昼であっても、棺の上に安置されたさまざまの像の大理石の白さや墓石の間にひざまずいた聖処女の青白さをほとんど見分けることができなかった。恐ろしい静寂がこの死者の安息所の上に広がっていた。風もこのような木々の神秘的な濃密な空間には吹いてこなかった、月も一条の光すら差し込むことはなかった。光も生命もこの聖域の戸口で足を止めてしまったように思われた」。

＊4　ティーク『フランツ・シュテルンバルトの遍歴』。Tieck, *Les Voyages de Sternbald* (1797) はゲーテの『ヴィルヘルム・マイスター』にならった芸術家の形成物語。

＊5　ワーズワース (1770-1850)　イギリスの詩人。『抒情歌謡集』(1798) をコールリッジと共著で出版。『序曲』は大思想詩構想の序にあたる自伝的な長詩。少年期の自然との交流が詳細に歌われている。研究書は枚挙に暇がないが、ここで

参照したのは『ワーズワス・序曲』（岡三郎訳、国文社）。および金田真澄『ワーズワスの詩の変遷』（北星堂書店）である。

＊6　メーテルランク Maurice Maeterlinck（1862-1949）　ベルギーのフランス語詩人、劇作家。象徴派演劇の推進者。『ペレアスとメリザンド』（1893）、『青い鳥』（1908）。

「アラディーヌとパロミード」は「内部」や「タンタジールの死」とともに『内部』という題で刊行された。『ペレアスとメリザンド』のテーマの一部を改めてとりあげたもの。老王アブラモールは若いアラディーヌを愛しているが、彼女は若いパロミードに恋している。だが彼はアブラモールの娘アストレーヌの婚約者である。アストレーヌはパロミードの本心を知り、彼がアラディーヌと逃げるのを助ける、というようなあらすじである。

＊7　ヘラクレイトス『断片』（六八）〔三六（68）〕　引用文のあとには次のような文が続く。

「また水にとって、土となることは死である。しかし土からは水が生じ、水からはたましいが生ずる」（田中美知太郎訳、『ギリシア思想家集』世界文学大系63、筑摩書房）。なお田中訳の註には、「ホメロス『イリアス』七巻（九九）に〈お前たちは一人残らず水と土になるがよい〉という言い方で〈死〉のことが言われている」とある。

＊8　オーバア湖　「ウラリューム——譚詩」に出てくる空想の地名、「フランスにオーブという地名があり、作曲家オーベールも同じ綴りだが、それらに想を得てポーの案出した架空の地名であろう」（福永武彦）。

＊9　「愛の国の地図」Carte du tendre　スキュデリー嬢 Scudéry, Madeleine de（1608-1701）の小説 *Clélie*（1654-60）第一巻に挿入された、恋の芽生えからその成就あるいは破局までのプロセスを鳥瞰図式に示したもの。当時の上流社会の女性たちのあいだで大評判になった。

＊10　もともと「眠る女」は一八三一年に *Irene* という題で発表された。一八四一年に内容に手を加えて *The Sleeper* と題も改められた。しかし詩のなかには Irene という女性の名前は残されている。

＊11　ロベール・ラフォン社版『エドガー・アラン・ポー全集』Claude Richard, Robert Kopp の共訳。クロード・リシャールの註と書誌によれば「マラルメの最初の訳はドマン版（一八八八）にあらわれついでヴァニエ版（一八八九）にあらわれた。〔…〕両本文を校合すると、マラルメが一八四五年のテクストを仏訳したことを示している。マラルメは一八三一年のバージョンの存在を知らなかったと思われる。それは〔…〕45行の補足を含んでいるのである」。

第3章　カロン・コンプレックス　オフィーリア・コンプレックス

（1）サンティーヌは上流社会の哲学者だった。第一章の末尾に、次のようなことばがあって、わたし自身たびたび考えさせられた。「その上、神話学者であるわたしが、それがなんであれ、証明すべきだったのだろうか」。

＊サンティーヌ Saintine, Josephe Xavier Boniface, dit（1798-1865）は通称であり、本名はボニファスである。フランスの小説家、劇作家。小説『ピッチオーラ』*Picciola* が当時のベストセラーとなった。二百をこえる軽喜劇、喜劇、ドラマを書いた。

（2）X - B・サンティーヌ『ライン地方の神話と祖母の昔話』。X.-B.〔Joseph Xavier Boniface〕Saintine, *La Mythologie du Rhin et les Contes de la mère-grand*, 1863,〔Paris, 1862〕pp.14-15.〔18-19〕

（3）C・G・ユング『リビドーの変貌と象徴』、p.225.

（4）マリー・デルクール『古典古代における神秘的不妊と呪われた誕生』、p.65.

（5）すべての彼方には航海のイマージュが結合している。それはたんに西洋的な伝統ではない。フォン・エルヴィン・ロッセルレの次の報告に指摘されているように、中国の伝統にもひとつの例をみることができる。「中国人の生活における神秘的事象としての水」『心理的コンプレックスの文化的意義』（1935）所載。Von Erwin Rousselle, *Das Wasser als mythisches Ereignis chinesischen Lebens*, dans *Die Kulturelle Bedeutung der Komplexen Psychologie*, 1935.

＊ロッセルレ（1890-1949）ドイツの中国学者。*Zur seelischen Führung im Taoismus*（1962）など。

（6）トリスタン・コルビエール『黄色い恋』の「最後」参照。Tristan Corbière, *Les Amours jaunes*,〔Paris, 1926〕*La Fin*.

＊コルビエール（1845-75）ブルターニュ生まれのフランスの詩人。パリに出て詩集『黄色い恋』（1873）を自費出版するも反響なく、故郷で病死。しかしヴェルレーヌやユイスマンスの称揚によって知られるようになった。「この詩には海全体が存在している」（ヴェルレーヌ『呪われた詩人たち』）。「自分を〈無用者〉と観ずる自虐と憂愁とをヴィヨン風の民間譚詩の語法に託し、否定すべき現実と手の届かない夢想との間にイロニーの橋をかけようとする彼の詩風は、ラフォルグのそれと共に二十世紀の詩を生む基盤を提供した」（『新・世』）。

（7）ボードレール『悪の華』「死」。Baudelaire, *Les Fleurs du Mal*, *La Mort*.

＊この「死」の章六篇の最終の長詩の題は「旅」である。ちなみに「死」は女性名詞だから船長という男性名詞での擬人化は破格であると阿部氏は註記している。

（8）シェリー『全集』ラッブ仏訳。Shelley, *Œuvres complètes*, trad. Rabbe, I, p.92.〔"Alastor" in *The Complet Poetical Works of Percy Bysshe Shelley*, ed. George E. Woodberry (Boston, 1901), pp.38-39〕

（9）P・セビヨ『フランスの民間伝承』。P.〔aul〕Sébillot, *Le Folklore de France*,〔Paris, 1904-1907〕II, p.148.

（10）エドガー・ポー『異常な物語集』ボードレール仏訳、p.216.〔"MS Found in a Bottle", in *The Complete Works*, ... 2: 11〕

（11）ヴェラーレン『幻滅の村』「渡し守」。〔Émile〕Verhaeren, *Les Villages illusoires, Le Passeur*〔*d'eau*〕,〔in *Œuvres* (Paris, 1924), 2: 218〕.

＊ヴェラーレン（1855-1916）ベルギーのフランス語詩人。学友ローデンバックと文学に没頭。『若きベルギー』誌創設に参加。「黒の三部作」の世紀末的主題から『狂える田園』(1893)、『幻滅の村』、『触手ある都市』（以上95）で呪われた田舎を捨てて都市文明の讃歌に転じていく（『新・世』）。

（12）エミール・スーヴェストル『網の下に』「ヴィレーヌ川〔ブルターニュの川、レンヌからブレスへ流れる〕の渡し守」。Émile Souvestre, *Sous les filets, Le passeur de la Vilaine*〔Paris, 1857〕, p.2.

＊スーヴェストル（1806-1854）フランスの作家、ジャーナリスト。小説『屋根裏の哲人』(1850) で有名になる。「ブルターニュ地方の風俗を描写したものが特に成功したといわれている」（『フ・文』）。

（13）ポール・クローデル『東方の認識』、pp.35 *sqq*.

（14）狼の足 patte-de-loup とはシロネ lycope〔シソ科。湿地に生える多年草〕の俗称である。他の翻訳者は英語の呼び名 (dead men's fingers) を文字通り訳して「死者の指」としているが、そのファロス的な意味は十分に明白である。

（15）L・J・B・ベランジェ＝フェロ『迷信と死後生存』。Laurent Jean Baptiste Bérenger-Féraud, *Superstitions et Survivances*, 1896, t.II. p.29.

＊ベランジェ＝フェロ（1832-1900）フランスの医師。

（16）ロベール夫人「オンディーヌ」教訓的小話。『空想的旅行』所載。Madame Robert, *Les Ondines*, Conte moral, dans *Voyages imaginaires*, Amsterdam. 1788, t.XXXIV, p.214.

＊ロベール夫人とは Marie-Anne Robert (1705-1771) のことであろうか。一七六二～六八にかけて感傷的で哲学的な小説が書かれた（ヴァンチーゲン『文学辞典』）。

（17）バルザック『セラフィータ』。〔Honoré de〕Balzac, *Séraphita*,

p.350.

＊『セラフィータ』（1835）『ルイ・ランベール』とともに「人間喜劇」の「哲学研究」に属する一篇。両性具有の神秘をテーマとする（沢崎浩平訳、世界幻想文学大系6、国書刊行会）。『夢みる権利』ではスウェーデンボリー思想とのかかわりが論じられている。

（18）G・サンド『レリア』George Sand, *Lélia*, p.122.

＊ジョルジュ・サンド（1804-76）フランスの女流作家。『レリア』（1833）はサンドのいわゆる情熱小説に属するが、肉体の愛に裏切られた女性レリアの愛を巡る人物たちの描き出す絶望的な物語。「各登場人物は……抽象の庭をさまよう哲学的な象徴で、事実、サンドの『日記』*Journal intime* には『レリア――懐疑、トランモール〔更生した徒刑囚〕――贖罪と克己、ステニヨ〔レリアを愛する若い詩人〕――詩情と盲信、マグニュス〔レリアを愛する隠者〕――小心と抑圧された欲望、ピュルシェリ〔レリアの妹、娼婦〕――プシュケと対立的な肉欲』と記されている。……宗教に絶望し懐疑主義の虜になっていたサンドの自己分析がこの作品で行われている」（『フ・文』）。アンドレ・モロワは「サンドが余りに赤裸々に自己を表出したのを後悔して削ってしまった流布本ではなく一八三三年の初版で読むべきである」といっている（『ジョルジュ・サンド』河盛好蔵訳、新潮社）。

（19）ジュール・ラフォルグ『伝説的な教訓劇』。Jules Laforgue, *Moralités légendaires*, 16e ed., pp.19, 24, 29, 55.

（20）サン＝ポル・ルー『内面の妖精劇』、「聖体行列の祭壇」第三巻。Saint-Pol Roux, 〔"Les Reposoirs de la procession III," in〕*Les Féeries intérieures*, 〔Paris, 1907〕pp.67, 73, 74, 77.

＊サン＝ポル・ルー（1861-1940）フランスの詩人。象徴派の活発な一員として、『メルキュール・ド・フランス』の前身である『プレイアド』誌を創刊。のち自然をもとめてブルターニュに隠棲。象徴主義から超現実主義へ移行する才気煥発の先駆的作品を残す。占領下酔ったドイツ兵が家に押し入り、女中が殺され、娘は重傷を負い、数ヵ月後には家が焼かれ、原稿も消失し、詩人はブレストの病院で死去した。「現代最初のバロック詩人」（アラン・ジュフロワ）。かれは「イデオレアリスム」という記憶すべきことばを残した。詩集『聖体行列の祭壇』の第一巻は「道べの薔薇と茨」（1901）であり、第二巻は「鳩から孔雀をへてカラスへ」（04）である。

（21）ポール・フォール、『エルミタージュ』誌。Paul Fort, *Ermitage*, juillet 1897.〔p.14〕

＊フォール（1872-1960）フランスの詩人、劇作家。若くして象徴劇運動を起こし、文芸誌『韻文と散文』を主宰し、

二十世紀初頭のフランス詩壇をリードした。『フランスのバラードとフランスの年代記』五十四巻（Flammarion, 1922-49）。

（22）ジョアサン・ガスケ前掲書〔*Narcisse*, 6th ed.（Paris, 1931）〕p.99.

（23）ジョルジュ・ローデンバック『死都ブリュージュ』、p.16. Georges Rodenbach, *Bruges-la-Morte*, éd. Flammarion〔Paris, 1904〕, p.16. なお『蜃気楼』*Le Mirage* 第三幕参照。ジュヌヴィエーヴの亡霊が夢見る男にいう。「古びた運河の流れにまかせてわたしはあなたのオフィーリアでした……」。

（24）ライナー・マリア・リルケ『ドゥイノの悲歌』アンジェロス仏訳。Rainer Maria Rilke, *Les Élégies de Duino*, trad. Angelloz. p.25.〔"Third Elegy," in *Duino Elegies*, trans. J. B. Leishman and Stephen Spender（New York, 1939）, p.39〕

（25）アルベール・ベガン『ロマン的魂と夢』Albert Beguin, *L'Ame romantique et le Rêve*, éd. José Corti, p.140.〔new ed.（Paris, 1939）, p.56〕

＊ベガン（1901-57）　スイスの批評家。バーゼル大学教授。『エスプリ』誌編集長。『ロマン的魂と夢』（小浜俊郎・後藤信幸訳、国文社）は、とくにドイツ語圏の作家や詩人たちの夢に対する態度を中心に論じた大著（学位論文）。『水と夢』に登場するドイツ・ロマン派の詩人たちはほとんど取り上げられている。かれの「多くのドイツ、フランス詩人論は、詩と夢と幻視をとおして魂の深層部に源泉を汲むことこそ文学の本質だとして、対象への共感的な深い潜入に基づく解明を熱っぽく展開する批評である」（『新・世』）。

（26）ハインリヒ・ブルーノ・シントラー『魔術的精神生活』Heinrich Bruno Schindler, *Das Magische Geistesleben*, 1857, p.57.

＊シントラー（1797-1859）『中世における迷信』（1958）。

（27）V－E・ミシュレ『霊媒者群像』。V.-E.〔Victor-Émile〕Michelet,〔"Charles Baudelaire," in〕*Figures d'évocateurs*,〔Paris〕1913, p.41.

＊V－E・ミシュレ（1862-1938）　フランスの作家。神秘主義的、象徴主義的傾向をもち「詩的生の現実性を信じた者たちの一人」だとバシュラールはみている（『夢見る権利』）。

（28）ラマルチーヌ『打明け話』、p.306.

（29）エドガール・キネ『アースヴェリュス』〔「第二日」〕。Edgar Quinet,〔"Seconde Journée"〕*Ahasvérus*, p.306.〔in *Œuvres complètes d'Edgar Quinet*（Paris, 1891-1933）, 11: 127〕

＊キネ（1803-75）　フランスの歴史家、思想家。ドイツ歴史哲学の影響をうけ、歴史の事実や物語的叙述よりも、根本理念の探求を重んじたといわれる。コレージュ・ド・フ

ランス教授。

『アースヴェリュス（アハシュエロス）』（1833）は対話体で書かれた叙事詩。「神と人間と世界のあいだにおこなわれた普遍的な悲劇のいくつかを再現」するために、神は天使たちに向かってより良い世界の創造を宣言する。世界創造からイエスの誕生までを第一日とし、第二日はキリストの受難とした。そこでアースヴェリュスが登場し、《さまよえるオランダ人》として放浪する。第三日は死の神との出会い。しかし死神はかれの命を奪えない。四日目は最後の審判。そこでキリストはかれを未来世界をさまよう第二のアダムとして、絶望せず苦の道をたどる人類の象徴として位置づける。『さまよえるユダヤ人　アースヴェリュス』（戸田吉信訳、法政大学出版局）。

（30）ポール・クローデル『東方の認識』、〔96〕pp.257-258.

＊「溶解」（1905）。プレイアド版の注によれば、イゼ Ysé〔『真昼に分かつ』の主人公〕へのほのめかしがあるという。

＊1 Silence et lune... Cimetière et nature...

JULES LAFORGUE, *Moralités légendaires*, p.71.

「ハムレット」阿部良雄訳。

章題のカロン・コンプレックスのカロン Caron とは、ギリシャ神話に登場する冥府のステュクス川の渡し守。亡者から小銭の渡し賃を受け取り小舟を漕いで死者の国に渡した。

＊2 キリストの十字架は生命の木であると同時に死の柱である。「人間が木から生じたと主張する神話がある一方、うつろな木のなかにひとを埋葬する風習もあった。そのためこんにちにいたるまで柩のことを『死者の木』ということがあるのである」（ユング『変容の象徴』野村美紀子訳）。

＊3 ワーズワース「私たちは七人」。"We are seven", in *Lyrical Ballads* (1798). 前掲金田真澄『ワーズワスの詩の変遷』二六八－二六九ページ。

My stockings there I often knit,
My 'kerchief there I hem;
And there upon the ground I sit —
"I sit and sing to them."

あたしよくお墓で靴下を編んだり、
ハンカチの縁取りをしたりするの。
そして、そこで地面に坐るのよ——
坐って二人に歌を唱ってあげるの。

＊4 「《白い額の》寡婦たち」は、コルビエールの詩「最後」にエピグラフとして引用されているヴィクトル・ユゴーの詩「洋上の夜 Oceano Nox」の三四行目に出てくることばだが、コルビエールの引用は前半の一八行目までなので、「最後」には出てこない。ユゴーの詩集『光と影』に収められて

いるこの詩は、ユゴーが初めて海をテーマにして歌ったもので、教科書などにもとられ、もっとも広く知られた作品のひとつであろうから、バシュラールは暗記していたのかもしれない。ちなみにOceano Noxというラテン語は『アエネーイス』からとられたものである。また寡婦たちの「白い額」は、白髪のことを指すともみられている。邦訳『ユゴー詩集』から、三三―五行目までを引用する。

「ただ、嵐がわがもの顔に吹きすさぶ夜になると、
夫に死なれた妻たちだけは、待ちくたびれて髪が白くなりはしたが
まだきみたち〔船員〕のことを話している……」

（「夜は大洋から」辻昶・稲垣直樹訳、潮出版社）

＊5 プロコピオスProcope（五世紀末―565） ビザンティンの歴史家。ベリサリウスの秘書としてペルシャ、アフリカ、イタリアの戦争に同伴。諸戦争について『歴史』八巻。

＊6 ダゴベール（一世）Dagobert 1er フランク王（629-639）。サン・ドニ聖堂建立者。コキュトス川Cocyteは黄泉の国ハーデスを流れるアケロン川に注ぐ川。その川の水は不正をはたらいたものたちの涙によって増えるといわれている。

＊7 ミケランジェロが一五三三―四一年に描いた「最後の審判」（システィナ礼拝堂）の最下部、中央よりやや右側に、櫂を振り上げたカロンの姿がみえる。

＊8 ドラクロワの出世作「ダンテの小舟」（一八二二年）はルーヴル美術館所蔵。地獄の死者の群がる川を行くダンテの小舟には案内役ヴェルギリウスと、背を向け舟をこぐカロンの三人が描かれている。

＊9 プルタレース Guy de Pourtales（1884-1941） スイスの作家。音楽家の伝記を多く手がけた。『リスト』（1925）、『ショパン』（27）や『ベルリオーズ』（38）。

＊10 マレーヌ王女 メーテルランクの処女戯曲 *La Princesse Maleine*（1889）の主人公。オランダの王子と婚約の場面で始まる波乱万丈のドラマ。父親たち、両国の王が口論をはじめ、戦争となり、マレーヌの両親は殺され、城は火事になる。愛し合っている二人はひきさかれ、しかもさまざまの障害が愛の成就をさまたげる。愛と死がテーマの象徴的ドラマである。

＊11 カールス Karl Gustav Carus（1789-1869）「ドイツの比較解剖学者、哲学者、宮廷侍医、昆虫を含む無脊椎動物、特にその神経系について研究した。ゲーテと交友があり、哲学者としてはシェリングの自然哲学派に属する」（『岩・人』）。ベガンは「無意識の神話」の章で扱っている。

＊12 マーロー Christopher Marlowe（1564-93） イギリスの詩人、劇作家。無限の知識欲をテーマとした悲劇が『フォースタス博士』（1592あるいは93）である。シェークスピアと同

年の生まれのマーローが試みた「無韻詩形はエリザベス朝戯曲に生命を与え、シェークスピアをはじめ後輩作家に至大の影響を与えた。また、無限の欲望を追求してやまぬ巨人的性格の創造はルネッサンス人の一典型ともいうべく、しかもそれが壮絶な没落の悲劇として描かれているところに、知識人マーローの苦悩を見ることができる」(『新・世』)。

＊13　この二行は『開かれた本I』、「ここに生きるために」Pour vivre ici の第一詩篇の第三節である。出だしは火ではじまる。「ぼくは火を焚いた／青空がぼくを見捨てたので／友達になるための火を／冬の夜の中へ入ってゆくための火を／よりよく生きるための火を／昼がぼくにくれたものをぼくはその火にくべた／森林　潅木の茂み……パチパチと爆《は》ぜる炎の音だけ聞いて／その熱気の香《かん》ばしさだけ嗅《か》いで　ぼくは生きた」(佐藤巌訳）とあるのだから「ぼく」のもつ唯一の元素は火ではないかと思われるのだが、ぼくの中にははじめから水だけしかなく、よりよく生きるために敢えて火を焚いたのだ、とバシュラールは考えているようである。

第4章　複合的な水

(1)〔ポール・ジャック〕マルーワン『薬用化学』。〔Paul Jacques〕Malouin, *Chimie médicale*, 1755, t.I, p.65.〔(Paris, 1750), 1 : 60〕.

＊マルーワン（1701-78）　フランスの医者、化学者、数学者。当時の自然科学のひとつの中心であった王立植物園の化学教授。フォントネルの親戚、ヴォルテールの友人。『科学的精神の成立』において実在論者のひとりとされている。

(2)〔ジョアン・アルベール〕ファブリキウス『水の神学もしくは水の創造により表明された神の善意〔英知および力〕論』。仏訳。これは十八世紀に頻繁に引用された書物である。最初の翻訳には著者名がない。第二の翻訳には著者名が記載されている。〔Johann Albert〕Fabricius, *Théologie de l'eau ou Essai de la bonté divine*〔*la sagesse et la puissance de Dieu*〕*manifestée(s) par la création de l'eau*, trad. Paris, 1743.〔Johann Albert Faburicius, *Théologie de l'eau*（La Haye, 1741), pp.63-64〕

＊ファブリキウス（1668-1736）　ドイツの神学者、文献学者。『ビブリオテカ・ラティナ』(1707)、『ビブリオテカ・グラエカ』(1705-25) がある。

「四元素入りガラス小ビン」は「(昔の化学で) 混合しない数種の液体（たとえば、水銀、水、油）を入れて、それらの重なり具合によって液体の相対的密度〔比重〕を示す小ビン」(『グラン・ラルース百科事典』）とあるが、液体は三種類しか示されていない。

（3）『科学的精神の形成――客観的認識の精神分析のために』。*La Formation de l'Esprit scientifique : contribution à une psychanalyse de la connaissance objective*, Vrin, 1938.

＊認識論的障害という考えのもとに、バシュラールは対象の自然科学的客観的認識を阻害するものを組織的に摘出し、その原因を認識論的に解明した。とくに本章はその上に立って書かれていると思われる。及川馥・小井戸光彦訳、国文社。

（4）『トレヴーの文学的追想』。〔Fabricius,〕*Mémoire littéraire de Trévoux*, 1730, p.417.

＊トレヴーの町では、イエズス会員たちが一七〇一年から七五年まで新聞を発行（*Mémoire de Trévoux*）さらにそのアカデミーは『トレヴーの百科辞典』（一七〇七―七一）を発行した。

（5）ジョフロワ『薬物論』。Geoffroy, *Traité de la matière médicale*, Paris, 1743, t.I, p.91.

＊ジョフロワ（兄）、Étienne François Geoffroy（1672-1731）フランスの医者。王立植物園化学教授、コレージュ・ド・フランス教授、パリ大学医学部長。蒼鉛の研究や銅と亜鉛の合金の研究で有名。バシュラールは「実在論者の精神分析」（『科学的精神の形成』）のなかでこの『薬剤論』をとりあげている。

（6）レオン＝ポール・ファルグ『ランプの下で』。Léon-Paul Fargue, *Sous la lampe*, 1929, p.46.

＊ファルグ（1876-1947）フランスの詩人。パリ生まれ。小説家シャルル＝ルイ・フィリップや詩人のアルフレッド・ジャリとはリセの友達である。ヴァレリーおよびラルボーと『コメルス』誌を刊行。象徴派に近いが、自由に独自の作風をつらぬいた。『音楽のために』（韻文詩集、1912）、『パリの歩行者』（1939）、『孤高』（1941）。「一種の世紀末的な絶望感をおだやかなイロニーに包んだ彼の作品は、両次大戦という一時代のパリの憂愁をそのままに伝えている」（『新・世』）。

（7）C・A・ハケット『ランボーの抒情性』。とくにハケットは「洪水の息子」である男の精神分析的解釈を一一一ページでおこなっている。〔Cecil Arthur〕Hackett, *Le Lyrisme de Rimbaud*, 1938, p.112.

＊『ランボーの抒情性』（1938）はソルボンヌの博士論文で、のちこれをもとに『少年ランボー』*Rimbaud l'enfant*（1947）が刊行され、それにバシュラールが序文を書いた。イギリス人の著者は当時はグラスゴー大学の教員であった。なおこの序文は『夢見る権利』に収められている。

（8）サンティーヴの引用による。P・サンティーヴ『フランスおよびフランス植民地における水の民間伝承集成』。〔Pierre〕Saintyves, *Corpus du Folklore des eaux en France et dans les colonies françaises*, éd. Nourry,〔Paris〕1934, pp.54-55.

＊サンティーヴ（1870-1935） フランスの民俗学者。フランス民俗学の開拓者、学会の会長。学会誌編集長をつとめた。

＊ちなみに日本の水の神話については吉田敦彦『水の神話』（青土社）がある。

（9）ゲーテ『ファウスト』第二部ポルシャ仏訳。p.374-375.〔act 2, sc.1, lines 1897, 1900, 1905-07, 1912-22〕。

（10）（ポール・）ドシャルム『古代ギリシャ神話』。〔Paul〕Decharme, *Mythologie de la Grèce antique*, p.302.〔1879〕

＊ドシャルム（1839-1905） フランスのギリシャ文学者。ナンシイ大学教授。『エウリピデスとその演劇の精神』（1903）、『起源からプルタルクまでのギリシャ人の宗教的伝統批判』（1904）がある。

（11）『古代人の墳墓象徴に関する試論』。Bachofen, *Gräbersymbolik der Alten*, Cf. par ex. p.54.〔Johann Jakob Bachofen, *Gräbersymbolik der Alten, in Johann Jakob Bachofens Gesammelte Werke*（Basel, 1943）, Cf. 4: 54〕.

＊バッハオーフェンBachof〔f〕en（1815-87） スイスの法制史家、神話学者。古代社会において女性が支配していたことを母権、宗教、法制の面から研究し、この分野の開拓者となった。『母権論序説』（吉原達也訳、ちくま学芸文庫）。

（12）ドシャルム前掲書、p.487.〔p.522〕

＊スチュムパロス。ペロポネソス半島のスチュムパロス湖のほとりには羽の先が青銅の怪鳥が棲み、それをヘラクレスが退治した（十二功業の第六）。

（13）エドガー・ポー『異常な物語集』「大渦巻」ボードレール仏訳、p.223.

（14）ジョルジュ・サンド『田園の〔夜の〕幻想』George Sand, *Visions*〔*de la nuit*〕*dans les campagnes*, pp.248-249.〔in *Œuvres illustrées de George Sand*,（Paris, 1854）7: 61-62〕

＊四歳で父を失ったサンドは幼い頃ベリー地方ノアンの祖母の屋敷で過ごした。パリで生活するようになっても、しばしばノアンにかえり田園生活を楽しんでいる。

（15）ミシュレ『海』。Jules Michelet, *La Mer*, p.111.〔ed. William Robertson（Oxford, 1907）, pp.52-53〕

＊ジュール・ミシュレ（1798-1874） 十九世紀フランスの代表的歴史家。『フランス革命史』のほか多数の史書があるが、晩年は独自の影像豊かな散文によるエッセイを書き、かれ自身は自然の大元素を高揚させる目標をもち「自然の詩」と称した。『鳥』（1856）、『虫』（57）、『山』（68）がある。

縦横に海の生態を描いた『海』は、無数の形をもつ怪物といわれるほど独自のアニミスムによって活気づけられている。バシュラールは本書が客観的でほとんど学問的だと賞賛をおしまないが、おそらくバシュラール自身の海の基本的なイマージュは、この本によって培われたのではないかと思われる。なおロラン・バルト『ミシュレ』（藤本治訳、みすず書房）にも「海の乳」の一部分が示されている。

（16）サルバドール・ダリ『非合理なるものの征服』。Salvador Dali, *La Conquête de l'irrationnel*, p.25.〔*Conquest of the Irrational*, trans. David Gascoyne,（New York, 1935）pp.24-25〕

＊ダリ（1904-89）スペインの画家。シュルレアリスムの運動に参加。かれの手法は幻想的写実主義といわれた。かれの妻ガラはエリュアールの最初の妻であった。なお本書のごく一部がアラン・ボスケ『ダリとの対話』（岩崎力訳、美術公論社）に掲載されており、偏執狂的批評活動の一端を垣間見ることができる。

（17）マリー・ボナパルト、前掲書、p.457.

（18）コフカ『心の成長』。〔Kurt〕Koffka, *The Growth of the Mind*, p.43.〔trans. Robert Morris Ogden, 2nd ed.（London and New York, 1928）, p.43〕

＊コフカ（1886-1949）ドイツの心理学者。ゲシュタルト心理学の第一人者。

（19）ジュール・ミシュレ『山』。Jules Michelet, *La Montagne*, p.109.〔in *Œuvres complètes de Jules Michelet*（Paris, 1893-1899）, 33: 72-73〕

＊『山』（68）自然はミシュレにとって生命に満ち溢れている。山のなかに、ルソー同様人間の避難所を見たが、また勇気や自制心の教訓を見ている。「山の上で、生命は軽やかである。魂の重苦しい雲はこの高みから飛び去っていく」。かれの山であるアルプスは世界のコンコルド広場だといわれるが、ピレネー山脈への敬意も忘れない。またジャワや南方の山の熱帯植物にも目を向けている。

（20）ポール・クローデル『朝日の中の黒い鳥』、p.242.

＊この引用は「太陽の深淵」という題で一九二六年東京で書かれた。

（21）O・V・de・L＝ミロシュ『ミゲル・マナラ』。O.V. de L.-Milosz〔Oscar Vladislas de Lubicz-Milosz〕, *Miguel Mañara*, p.75.〔in *Œuvres Complètes*（Paris, 1945）, 3: 63〕

＊ミロシュ（1877-1939）旧リトアニアのチェレイア生まれのフランス語で書く詩人、小説家。リトアニア名Milasius。『ミゲル・マナラ』はドン・ファンの改悛をテーマにした六景の聖史劇。

＊1　N'applique point à la vérité l'œil seul, mais tout cela sans réserve qui est toi-même.

Paul Claudel, « Le Porc », *Connaissance de l'Est*, p.96.

＊2　バシュラール『火の精神分析』(1938)　なお晩年にも火について『蠟燭の焔』(1961)（渋沢孝輔訳、現代思潮社）やフェニックスにまつわる『火の詩学断片』(1988)（『火の詩学』本間邦雄訳、せりか書房）がある。

＊3　バルザック『ガンバラ』（一八三七）「哲学研究」に属し、特異な音楽理論を持ち、オペラを作曲し、またオーケストラの全楽器を兼ねる《panharmonicon》を発明する天才音楽家の生涯を描いた中編小説（『バルザック全集』第十四巻、小松清訳）末尾の一行 L'eau est un corps brûlé「水は燃えがらなり」、にはいろいろな解釈がだされている。プレイアド版註のモーリス・ルガールによれば、『絶対の探求』の主人公バルタザール・クラエスのことば「すべて人生には燃焼がふくまれている」と、『あら皮』のフレンホーヘルのことば「欲することはわれわれを焼く」にもとづいて理解することができる。つまりこの水とは涙であり、涙はわれわれを破壊しそして焼き尽くす情熱を物質化したものだというのである。

＊4　デルテイユ Joseph Delteil (1894-1978)　フランスの小説家。第一次大戦後に活躍。「作風は叙情性と写実性の微妙な混合を特徴とする」（『フ・文』）。代表作『ジャンヌ・ダルク』(1925)。『コレラ』(1923) は三人の女性が一人の男性の情熱を得ようと争う話。

＊5　ドイツ初期ロマン派の詩人ノヴァーリス（1772-1801）のことば「水は濡れた炎である」(Wasser ist eine nasse Flamme)。ノヴァーリス『断章（中）』「八六三　水は液状の焔である」、つづいて「八六四　すべての焔は水から生じたものである」（小牧健夫・渡辺格司訳、岩波文庫）とある。

＊6　ホムンクルス　『ファウスト』第Ⅱ部でワーグナー博士がレトルトの中で作り出した小さな人造人間。

＊7　ブラント Henning Brand(t)（1692頃）　ドイツの錬金術師。ハンブルク生まれ。一六六九年尿からリンを取り出し「冷たい火」と呼んだ。

＊8　ライプニッツ Gottfried Wilhelm Leibniz（1646-1716）　ドイツの哲学者、数学者。デカルトを批判し単子論を説く。

メディア Médée（Medea）　ギリシア神話。太陽神の孫の魔法を使う女神。コリント王クレオーンが娘をイアソーン（メディアの事実上の夫）に嫁がせようとしたのでメディアはその祝いとして毒を塗った衣装を贈り、花嫁がそれを着たとき、衣装から火が出て父王と宮殿を焼いたといわれている。

エレミア Jérémie（前七世紀）　イスラエルの預言者。「主の言葉はわたしの心の中、骨の中にとじこめられて火のように燃え上がります」（『旧約聖書』「エレミア書」20-4-10）をさすのであろうか。

＊9　ルネ・シャール René Char（1907-1988）　フランスの詩人。シュルレアリスムの運動に参加、第二次大戦中はレジスタンスの指揮者として活躍。凝縮された独特の表現を確立した。「瞬間的表現のなかに反対物の衝突するエネルギーをこめる作風は難解かつ断片的なものだが、……不安をともないながらも人間への信頼を失わない明晰なオプチミスムによって戦後詩に深い影響をあたえた」（『新・世』）。

引用の一行 Le miel de la nuit se consume lentement. は“Secrets d'hirondelles”, (1946), in *Recherche de la base et du sommet.*

＊10　捏粉《パート》についてバシュラールは『大地と意志の夢想』第四章で詳しく論じている。またその次の章には「柔軟な物質　泥土の価値付加作用」がある。

＊11　ユゴー『海に働く人びと』*Les Travailleurs de la Mer*（1866）. ユゴーがガンジー島に亡命中の作品。『ノートルダム・ド・パリ』で宗教を、『レ・ミゼラブル』で社会を、この物語で自然を書いたといわれる。後半には主人公ジリヤットと大蛸との死闘のシーンがある。ただし Homo Edax という章は見あたらない（『海に働く人びと』金柿宏典訳、ヴィクトル・ユゴー文学館、第八巻、潮出版社）。

＊12　ブールハーフェ Hermann Boerhaave（1668-1738）　オランダの医学者、生化学者。ライデン大学教授。「臨床の大家でまた近代臨床医学教授法の創始者」（『岩・人』）であるが、その考えの中にある前近代的な見方は『科学的精神の形成』の障害の実例としてたびたび取り上げられている。

＊13　ロダン Auguste Rodin（1840-1917）　フランスの彫刻家。バシュラール『火の精神分析』にはマックス・ミューラーの著書からの引用がある。「どんなものも、その存在を火に負うのであるから炎のおよぶ範囲にあるに過ぎないのだ」。« Toute chose n'est que la limite de la flame à laquelle elle doit son existence ». 火を人間精神が最初に反応する現象だと見るバシュラールは、客観的な炎は全面的に破壊的なものだから、「内密な形成をおこなう火がなければ、われわれの考えや夢を形成するものとして捉えられた火、つまり萌芽としての火がなければ、ロダンの深い直観を説明できない」と考え、ロダンは深さを求める彫刻家だと述べている。

＊14　スタンレイ・ホール Granville Stanley Hall（1844-1924）　アメリカの心理学者。進化論に共鳴し発生的心理学を提唱。

＊15　セイエール Ernest Seillière（1866-1955）　フランスの社会学者、評論家。「ニーチェの影響を受け、〈権力への意志〉と人間の非合理的世界体験を歴史の原動力」（『岩・人』）とみなし、多くの作家を論じた。

＊16　名詞の性　フランス語の名詞は男性か女性かに分かれる。中性名詞はない。動物は自然界の性別にしたがうが、ほとん

どの名詞の性は文法的な取りきめである。バシュラールは『夢想の詩学』第一章「夢想についての夢想　語をめぐる夢想家」において、名詞の性の区別について独自の見解を述べている。

＊17　鍛冶屋については前記『大地と意志の夢想』第六章「鍛冶屋の力動的抒情」に詳しく述べられている。

第5章　母性的水と女性的水

(1) サンティーヴ『水の民間伝承』五四ページ。〔*Corpus de Saintyves, Folklore des eaux*〔*en France*〕. またルイ・ルヌー〔仏訳〕『ヴェーダ賛歌と祈り』参照。「ヴァルナ〔宇宙の秩序と人倫の道を支配する神〕、かれが乳を望むとき――かれは地面を、大地を、空までも水浸しにする」。Louis Renou,〔trans〕*Hymnes et Prières du Veda*〔Paris, 1938〕, p.33.

(2) ミシュレ『海』。Michelet, *La Mer*, p.104.〔ed.William Robertson (Oxford, 1907), p.51〕

(3) ミシュレ同右、p.124.〔*Ibid.*, pp.59, 54, 52, 59〕

(4) マルチン・ブーバー『我と汝』ジュヌヴィエヴ・ビアンキ仏訳。Martin Buber, *Je et Tu*, trad. Geneviève Bianquis, p.40.〔*I and Thou*, trans. Ronald Gregor Smith (New York, 1937), p.251〕

＊ブーバー (1878-1965)　オーストリア生まれのユダヤ人哲学者。「ヘブライ語の格調を模したドイツ語で旧約聖書を訳」す（『岩・哲』）。フランクフルト大学教授。のちパレスチナのヘブル大学教授。引用は『我と汝』植田重雄訳、岩波文庫。

(5) ポール・クローデル『東方の認識』、p.251.

＊「すべての河の祭りの日」Le jour de la fête-de-Tous-les-fleuves (1903)　福州 Fou-Tchéou を思わせる「エレーヌ・オップノ Hélène Hoppenot の写真集への序」には次のようにある。「私の河は暗い白河 Peiho〔Pai-ho 中国河北省の川〕ではなく、聖なる閩《ミン》江 le Min sacré である。それは野生の未開の国から、透き通るような青い水平線から、山脈と森林の国から、私のもとに降りてくる、私の夢想の永遠の隠れ家であり、〔…〕私の橋は夏の離宮の橋ではなかった〔…〕それは雲の橋であり、二万年の橋であった」。

(6) ポール・クローデル『剣と鏡』。Paul Claudel, *L'Épée et le Miroir*, p.37.〔Paris, 1937, p.39. Cf. *Isaiah* 60 : 4-5〕

(7) モーリス・キュフェラート『トリスタンとイゾルデ』。Maurice Kufferath, *Tristan et Iseult*, p.149.〔in *Le Théâtre de R. Wagner de Tannhaeuser à Parsifal*, 3rd ed. (Leipzig and Paris, 1894), pp.148-49〕

＊キュフェラート Hubert-Ferdinand（1818- 没年不詳）であろうか。ドイツの音楽家、ピアニスト、作曲家。ブラッセルで音楽活動をした。

（8）ノヴァーリス『青い花』アルベール仏訳。Novalis, *Henri d'Ofterdingen*, trad. Albert, p.9.〔Friedrich von Hardenberg, *Henry of Ofterdingen*, trans. John Owen（Cambridge, 1842）, pp.25-26〕

＊ノヴァーリスの『ハインリヒ・フォン・オフターディンゲン』通称『青い花』は、ゲーテの『ヴィルヘルム・マイスター』に対抗してロマン主義の理念の下に書かれた。夢に見た少女を探して旅に出て、さまざまの経験を重ね詩人として成長する話。ほかに『夜の讃歌』（1800）、『ザイスの学徒』（02）、『聖歌』（02）などがある。ベガン『ロマン的魂と夢』に一章あり。

（9）ラマルチーヌ『打ち明け話』、p.51.

（10）ミシュレ『司祭』。Michelet, *Le Prêtre*,〔*La famille, la femme*, 1845〕p.222.〔in *Œuvres complètes de Jules Michelet*（Paris, 1893-1899）, 32: 205〕

＊『司祭、女性、家族について』はコレージュ・ド・フランスでの講義から思いついた著作で、良心を指導するシステムを告発するもの。

（11）バルザック『谷間の百合』。Balzac, *Le Lys dans la vallée*, éd. Calmann-Lévy, p.221.〔『谷間の百合』宮崎嶺雄訳、バルザック全集第九巻、東京創元社〕

＊この河はアゼー・ル・リドーを流れているアンドル河で、下流でロワール川に合流する。主人公のフェリックスがモルソフ夫人と子供と舟遊びをしている至福の情景である。

（12）ラマルチーヌ『ラファエル』。Lamartine, *Raphaël*, XV.〔(Paris, 1920), ch.15, p.41〕

＊『ラファエル』（1849）　この名前の下に、ラマルチーヌはエックスで会ったジュリー（シャルル夫人、『詩的瞑想』詩集の中ではエルヴィール）との熱烈な純愛を物語る。フランスロマン主義の詩作品のうちもっとも有名なひとつ「湖」の舞台裏が明かされるのである。邦訳名『湖畔の愛――ラファエル』（桜井成夫訳、角川文庫）。

（13）ノヴァーリス『夜の讃歌』。Novalis, *Les Hymnes à la nuit*. trad. éd. Stock, p.81.〔ed. Charles Dudley Warner, in *Library of the World's Best Literature*（New York, 1902）, 27: 10730〕

＊『夜の讃歌』　婚約者ゾフィーの死に逢ったかれの悲痛な愛を歌う抒情詩集（池田香代子訳あり、『ドイツ・ロマン派詩集』、国書刊行会）。

＊1　...et, comme aux temps anciens,
tu pourrais dormer dans la mer.

Paul Éluard, *Les Nécessités de la vie.*

＊2　サン＝ジョン・ペルス Saint-John Perse（1887-1975）フランスの詩人、外交官。本名 Alexis Saint-Léger Léger. 西インド諸島のグアドループ島に接する小島サン＝レジェ＝レ＝フーユで生まれ、九九年南仏ポーに移住。詩集『讃』（1911）は「西インド諸島の南国情趣豊かな風物と、そこでの充実した幼・少年期を讃えた」（『新・世』）。『遠征』（1924）、『流離』（42）、『風』（46）（有田忠郎訳、書肆山田）。一九六〇年ノーベル文学賞受賞。

＊3　ミストラル Frédéric Mistral（1830-1914）フランスの詩人。プロヴァンス語による文学の高揚をめざして活躍した。その代表作『ミレイユ』（59）は牧歌的な悲恋の叙事詩。『プロヴァンスの少女』杉富士雄訳、岩波文庫。一九〇六年ノーベル文学賞。

＊4　『科学的精神の形成』の第九章で「消化の神話」を詳細に説明している。

＊5　エルネスト・ルナン Ernest Renan（1823-92）フランスの思想家、宗教史家。テーヌとならぶ実証主義者。初め聖職を志したが、「聖書原典の文献学的研究に熱中するうち、教会の教義に懐疑的となり、正統的信仰を失い、聖職を断念して、キリスト教の学問的・歴史的研究に向かった」（『新・世』）。『イエス伝』などを含む主著『キリスト教起源史』（1863-83）は「科学的宗教史研究として画期的なものであった」（同）。

第6章　純粋と浄化、水の倫理

（1）ヘシオドス『仕事と日々』ヴァルツ仏訳。Hésiode, *Les Travaux et les Jours*, trad. Waltz, p.127.

＊ヘシオドス（前八世紀末頃）古代ギリシャの代表的叙事詩人。『仕事と日々』は労働を嫌う弟への訓戒を目的に書かれた道徳的教訓と後半の正しい農耕の方法を具体的にのべた一種の農事暦からなる（松平千秋訳、岩波文庫）。なおこの引用のあとにくる行の和訳はより直接的である。同訳書の訳注によれば『マヌの法典』にも放尿にかんする禁止事項がみられる。

（2）セビヨ、前掲書、第二巻、p.201.

（3）J・K・ユイスマンス『パリのクロッキイ。流れのままに。ジレンマ』。J. K. Huysmans, *Croquis parisiens. À Vau l'Eau. Un Dilemme*, 1905, p.85.〔in *Œuvres complètes*（Paris, 1928-1934), 8: 88-90〕

＊ユイスマンス（1846-1907）フランスの作家。自然主義的な小説から、『さかしま』（1884）によって決別。耽美

的世界へついで神秘主義的世界へ、さらにはカトリックへの回心という道筋をたどった。「ビエーヴル川」は「パリのクロッキイ」第四章にある。この川は、サン＝カンタンを源としパリ十三区を流れセーヌ川のオーステルリッツ橋の上流に注ぐ全長十キロほどの川。十七世紀には岸辺の柳を映す清流であったが、その後ゴブラン織りの染色工場、皮革工場などの排水により汚染され、一九一〇年セーヌ川に至るまで全流域に覆いをつけることになった。なおロバート・バルディック『ユイスマンス伝』（岡谷公二訳、学研）の口絵写真に当時のビエーヴル川の情景が二枚掲載されている。

（4）コラン・ド・プランシイ『地獄の辞典』卵占いの項目参照。〔Jacques Albin〕Simone Colin de Plancy, *Dictionnaire Infernal*, art.Oomancie.〔(Paris, 1825-1826), 4: 205〕

＊コラン・ド・プランシイ（1793-没年不詳）フランスの文学者。ダントンの甥。パリで本屋をして一八三〇年に倒産、のちベルギー、ついでフランスで印刷・出版業を営み、キリスト教関係の書籍を出版する傍ら執筆。『地獄の辞典』初版は一八一八年、その副題は「悪魔、精霊、幽霊《ファントム》、亡霊《スペクトル》、幽鬼《ルヴナン》などの探索と逸話」である。そのほか中世の税と法律についての事典、聖遺物と神秘的な図像についての事典も出している。

（5）セビヨ、前掲書、第二巻、p.186.

（6）エドワード・B・タイラー『原始文明』仏訳。Edward B. Tylor, *La Civilisation primitive*, trad., II, pp.556-557.〔*Primitive Culture* (London, 1903), 2: 434, 438〕

＊タイラー（1832-1917）イギリスの人類学者。オックスフォード大学人類学初代教授。「宗教の起源と進化に関するアニミスム論」（『岩・人』）をもとに人類文化史の再構成をこころみた。

ズールー族 Zoulou（Zulu）は南アフリカ共和国 Natal 州に住む部族。カフィール人 Cafre（Kaffir）はアフリカ南部の Bantu 族に属する。

（7）ローデ『プシケー』仏訳。〔Erwin〕Rode, *Psyché*, trad., Appendice 4, p.605.〔*Psyche*, London and New York, 1925〕

＊ローデ（1845-98）ドイツの古典学者。ハイデルベルク大学教授。*Psyché*（1890-94）, 2 vol.

（8）サンティーヴの引用。前掲書、p.53.〔Charles Fossey, *La Magie assyrienne* (Paris, 1902), p.72〕

＊シャルル・フォッセイ Fossey, Charles（1869-1964）フランスのアッシリア学者。

（9）『ガバリス伯爵』、『空想旅行』第三四巻。*Le Comte de Gabalis*, 36e vol. des *Voyages imaginaires*, Amsterdam, 1788, p.29.〔L'Abbé de Villars, *Le Comte Gabalis, ou Entretiens sur les*

sciences secrètes, 4th ed.（Brussels, 1785）, 2: 296-98〕
＊『ガバリス伯爵、あるいは神秘学についての対話』(1670) 邦訳『ガバリス伯爵　或いは隠秘学をめぐる対話』(田中雅志訳、北宋社)。作者アベ・ド・ヴィヤール abbé de Villars, Nicolas Pierre Henri II de Montfaucon（vers 1635-73）はフランスの作家。ガスコーニュの小貴族の家に生まれ、神学校でまなび、トゥールーズの大学に進む。しかしパリに出奔。一六六一年一月から九月まで、国王と国家に対する誹謗の罪で投獄された。トゥールーズに舞い戻るも、殺人を犯したことがのちリヨン街道で暗殺される原因になったと思われる。スキャンダルを恐れず良識に挑戦する『ガバリス伯爵』を著し、秘教的理論をユーモアと多くの興味深々たる逸話をもって描いたので大成功を収めた。カバラに通じた玄人と接触はあったと思われるが、エゾテリックなテーマの使用には「真の批判的アイロニー」が貫かれ、そういった学問に対し経験の限界をはっきり示しているので、パラケルススの著作に対する反駁として受け取られるといわれている。なおアナトール・フランスの『鳥料理レーヌ・ペドーク亭』(1893)（朝倉季雄訳、白水社）はかれをモデルとした小説である。

(10) サンティーヴの引用。前掲書、p.131.
＊コロフォノス Kolophon, Colophonia　小アジアのイオニアの古代都市、その域内にアポロンの神託で有名なクラロス Claros があった。

(11) テオフィル・ゴーティエ『中編小説集』「金羊毛」。Théophile Gautier, *Nouvelles. La Toison d'Or*, p.183.
＊ゴーティエ（1811-72）　フランスの作家。ロマン派の闘士として活躍。小説『モーパン嬢』(1835)、『キャプテン・フラカッス』(63) のほか、詩集『七宝と螺鈿』(52) は芸術至上主義の造形美を追求し高踏派の先駆的作品。また劇評、美術批評、旅行記にも筆をふるった。「金羊毛」は、ネーデルランドの画家たちの描く金髪の美女を求めてオランダ、ベルギーを遍歴する画家メッツの話で、この金羊毛とは金髪のことである。メッツは実在の画家 Gabriel Metzu（1629-67）だが、そのうるさ型のかれにしても、金髪の女性グレーテヘンの部屋であれば心置きなく絵がかけたであろうとゴーティエはいっている。

(12) エルネスト・セイエール『自然の女神から生の女神へ』。Ernest Seillière, *De la déesse Nature à la déesse Vie*,〔Paris, 1931〕p.367.
＊グアルディーニ Romano Guardini（1885-1968）　ドイツの宗教学者、ベルリン、チュービンゲン、ミュンヘン各大学教授。「ドイツ・カトリシズムの内面的深化に務めた」(『岩・人』)。『典礼の精神』*Esprit de*〔*la*〕*liturgie*（1918）

は現代人が典礼を忘却したのはなぜか、典礼の正統的な意義は何か、に答えるために書かれた（『作品辞典』）。「典礼の唯一の目的は最高の壮麗さをもって神を讃えるため、子供の心をもってする永遠を前にした遊戯」とする。

(13) ポール・クローデル『立場と提言』。Paul Claudel, *Positions et propositions*, t.I. p.235.〔(Paris, 1928-1934), 2: 235, 239〕

＊「シカゴの地下教会計画」は次のような主旨で考えられた。

「主よ、降りたまえ。われらの眼は、詩篇作者〔ダビデ王〕がいうようにいつも高みを眺めるのに疲れました……今日こそあなたのすまいをわれわれと共になさって下さい。もはやわれわれの上方ではなく、われわれ自身の中へ、あなたをもちそしてあなたを所有することを欲するわれわれのまん中へです。

ひとが麦の穂からとった籾《もみ》を埋めるように、一九二六年の〔カトリックの聖体〕大会を記念するために、シカゴに地下教会を建設することを提唱します」。

「しかも大地を掘って湧出する水は空のシンボルであり、その中央に祭壇を置き、生きた水の上でキリストを見ることほど自然なことはないと思われるからです」。

＊1 Tout ce que le cœur désire peut toujours se réduire à la figure de l'eau.

Paul Claudel, *Positions et Propositions*, II, p.235.

＊2 カイヨワ Roger Caillois（1913-78） フランスの思想家、詩人。バタイユ、レリスとともに社会学研究会を結成。『神話と人間』（1938）、『人間と聖なるもの』（39）。文学、歴史学、言語学、社会学、民族学、生物学、動植物学、鉱物学といった諸科学を横断して想像世界の解明をこころみた。バシュラールは『ロートレアモン』の結論部分で、カイヨワのいう動物の攻撃的行為と人間の残酷な神話の等式がベルクソンの考える本能と理知の平行関係とは別の内的な運命をもつとみており、アルマン・プチジャン『想像力と実現』とともに「詩の生命的必然性にかんして、新しい光」をもたらしたと激賞している。

＊3 『スィダス』*Suidas* 十世紀か十一世紀につくられた歴史的・伝記的用語辞典。失われた作品の引用や詩人、弁論家、歴史家などの逸話が多く重宝された。

＊4 『アエネーイス』「一言にしていえば、ローマ帝国の起源と発展をうたい、その優れた国是を讃美する愛国的国民叙事詩である」（『新・世』）。泉井久之助訳、『世界古典文学全集』21（筑摩書房）。

＊5 ベッシュレル Bescherelle、兄 Louis-Nicola（1802-83）、弟 Henri（1804-52） フランスの文法家。大作家の用法にもとづいた『国民の文法』（1834-36）を、ついでフランス語の

辞典 *Dictionnaire universel de la langue française*（1843-6）を編纂した。

＊6　「フラマン語のGeist〔生気、精霊、エキス〕から派生したgaz〔ガス〕という語の使用が物質的思考を決定している」まずフランス語のgaz（ガス）は、フランドルの化学者、医師ファン・ヘルモント（1577-1644）の造語で、ラテン語chaosから「物体に混じっている微細な実体une substance subtile mêlée aux corps」を指すために作られたと、『ロベール仏語辞典』、『トレゾール辞典』にも出ている。バシュラールがなぜchaosではなくGeistを選んだのかといえば、chaos（混沌、不可測の虚空界、外界、無形の原初形態〔宇宙の本体〕、創造物、宇宙）と、Geist（精神、心、才気、2、気風、気質、3、生気、活気、4、精霊5、エキス、精、アルコール）という意味のどこかに「微細な実体」をになう共通点を認めたからであり、しかもGeistの発音や共通する頭文字gがgazとの「隠喩的プロセス」を追うのに有利だったからではあるまいか。エッセンスが物質の側から精神の側に移行するこの微妙なプロセスを、二語の比喩的類縁関係をもとに確定すれば、いずれもが他方の意味を多少でも含むことになり、そこに冗語関係が成り立ち、両方の語は互いに姉妹語といえるようになるということである。形容詞から実詞へ、すなわち属性から実体へ、というプロセスは自然科学以前の俗流科学において広くおこなわれていた思考様式である。

＊7　ゲオルゲ Stefan George（1868-1933）　ドイツの詩人。パリでマラルメを知り、象徴主義的な厳格な詩法をとる。「ホフマンスタール、リルケと共にドイツ近代抒情詩の冒頭を飾る三つの大きな星の一つ」（『新・世』）。『空懸かる園』*Jardins suspendus*において詩人は大理石のような肉体との交渉を喚起するために色彩豊かな官能性でアクセントをつけ、光と影の激しい交錯の中で真っ赤に熟した漿果の豊かな味わいをもたらした」（『作品辞典』）。

＊8　ヤンブリコス Jamblique, Iamblichos（250頃-325頃）　新プラトン派の哲学者。「ポリュピリオスに学び、プロティノスの哲学を継いでこれをいっそう体系化し、アテナイ派をひらくことになったが、新プラトン哲学に救済を求めるグノーシス的、魔術的傾向を示した」（『平・哲』）。

＊9　ルナンは『哲学的ドラマ』のもとに現代史が直面した精神の自由の問題を対話の形で述べた。『回春の水』*L'Eau de Jouvence*（1880）においては、カリバンといざこざをおこした主人公プロスペロが、偽名を使ってアヴィニオンの宮廷に逃れている時、生と死を与えることのできる媚薬を発見する。しかし敵に追われ、法王の庇護の下でその薬を自分で試して、自殺するという筋である。これはディレッタンティスムが魅力的ではあるが危険であることを明らかにしたもの（『作品

辞典』)。

第7章　淡水の優位

(1) シャルル・プロワ『自然と神々』。Charles Ploix, *La Nature et les dieux*, p.444.〔(Paris, 1888), pp.444, 446, 449, 450, 452〕

*プロワ Ploix, Charles-Martin (生没年不詳)　フランスの古代学者。『文明の起源』(1877)、『ギリシャ神話研究——ヘルメス』(73)、『神話と民間伝承——クロノスとプシケ』(86)、『神々の自然、ギリシャ、ラテンの神話研究』(88)。バシュラールの引用した書名とよく似た書名である。念のために原題もあげておく。*La Nature des dieux, études de mythologie Gréco-latine*. なお英訳はこちらを採用している。

(2) ローデ前掲書、p.104.

(3) ブールハーフェ『化学の基本原理』仏訳。Boerhaave, *Éléments de chimie*, trad. 1752, t.II, p.586.〔(Paris, 1754), 4: 50-52〕

(4) 水の穏やかさはたましいそのものにしみいる。『ヘルメス・トリスメジスト』(ルイ・メナール仏訳) *Hermès Trismégiste* (trad. Louis Ménard,〔Paris, 1866〕, p.202〔p.219〕) には次のような文がある。「溢れる水はたましいを優しく、愛想よく、人あたりよく、つきあいやすく、柔軟にする」。

*1 Toute eau était douce pour l'Égyptien, mais surtout celle qui avait été puisée au fleuve, émanation d'Osiris.

GÉRARD DE NERVAL, *Les Filles du feu*, p.220.

ネルヴァール Gérard de Nerval (1808-55)　フランスの詩人、小説家。パリのリセでゴーティエと親友となり、ユゴーのもとでロマン派の運動に参加した。ゲーテ『ファウスト』第一部の名仏訳 (1828) によって名を知られた。『幻想詩集』(54)。小説には短編小説七編よりなる『火の娘たち』(54)、『オーレリヤ』(55) などがある。

*2 エウエメロス説とは前三世紀ごろのギリシャの作家 Évhémére の名前からとられたが、はっきりした学派をいうのではなく、十八、十九世紀の宗教史家が神話や神の伝説形成を、歴史的事実が時代の経過に伴って祖先や実際に存在したかもしれない英雄に対する崇拝によって受けた伝説的変形によって説明する傾向を指す。

*3 レルネの泉 fontaine de Lerne　アルゴスの近くのレルネの野、アミュモネーの泉のかたわらに棲むヒドラ (水蛇) をヘラクレスが退治したことで知られている。そこでは地下水が三つの泉から噴出していたので、ヘラクレスが干拓した事業

を水蛇退治にたとえたといわれている。
＊4　水脈占者 sourcier　地下の水源や水脈を棒か木の枝を用いるだけで発見できると称する人がフランスにはかなり存在していた。

第8章　荒れる水

（1）『この人を見よ』の「詩」アンリ・アルベール仏訳。Poésie, in *Ecce Homo*, trad. Henri Albert, p.183.〔Friedrich Nietzsche, “À la Mélancolie”, Chants 1871-1888, in *Ecce Homo suivi de poésies*, trans. Henri Albert（Paris, 1909）, p.183〕

（2）ダンヌンツィオ『可なり哉、不可なり哉』。D’Annunzio, *Forse che si, forse che no*, p.37〔trans. Donatella Cross, 17th ed.（Paris, 1910）, p.37〕

＊『可なり哉、不可なり哉』（1910）。『作品辞典』によれば、ひとりの飛行士をめぐる姉妹のあらそい。この小説の新しさは状況と人物の多義性にあり、すべては題の示すように暗示されるに止まり、込み入った感情の変わりやすいもつれも人物の陰影を深くしているといわれる。

（3）ニーチェ『ツァラトゥストラはこう語った』アルベール仏訳。Nietzsche, *Ainsi parlait Zarathoustra*, trad. Albert, p.72.〔*Thus Spoke Zarathustra*, in *The Philosophy of Nietzsche*（New York, n.d.）, p.54〕

（4）ボナパルト女史前掲書、第一巻、p.341.

（5）ラッフルカード『スウィンバーンの青春』。〔Georges〕Lafourcade, *La Jeunesse de Swinburne*,〔Paris, 1928〕t.I, p.43.

＊スウィンバーン Algernon Charles Swinburne（1837-1909）イギリスの詩人。貴族の家に生まれ、ギリシャ文学を好み、早くからロマン主義的な詩、とくにシェリーの詩に親しむ。ギリシャ悲劇風の詩劇『キャリドンのアタランタ』（1865）、すぐれた抒情詩集『詩と歌謡』第一集（66）、第二集（78）、イタリア独立運動に刺激をうけた『日の出前の歌』（71）、中世を題材とする長詩『ライオネスのトリストラム』（82）のほか批評作品もある。『レスビア・ブランドン』*Lesbia Brandon*（1952）は未完であるが死後刊行されるや『嵐が丘』に匹敵するといわれた。ただバシュラールが本書を執筆後に刊行された遺作なので、バシュラールのこの引用はラッフルカードあるいは次のポール・ド・ルールからの孫引きではあるまいか。

『スウィンバーンの青春』第一巻「生涯」、第二巻「作品」（1928-29）はラッフルカードがストラスブール大学に出した博士論文である。

（6）ポール・ド・ルール『スウィンバーンの作品』。Paul de

Reul, *L'Œuvre de Swinburne,*〔Brussels, 1922〕p.93.

＊ド・ルール（1871-没年不詳）はベルギー人でブリュッセル大学教授。

（7）ラッフルカード前掲書の引用。第一巻、p.49.〔*The Complete Works of Algernon Charles Swinburne,* ed. Edmund Grosse and Thomas James Wise（London, 1925-1927), 18: 181〕

（8）エウヘニオ・ドルス、前掲書、p.153.

（9）ラッフルカード、前掲書、第一巻、p.50.

（10）ポール・ド・ルール『ワーズワースからキーツへ』における引用。Paul de Reul, *De Wordsworth à Keats,* p.188.〔"The Two Foscari," in *The Poems And Plays of Lord Byron*（London and New York, 1927-33), 3: 382〕

（11）ジョン・シャルパンティエ『コールリッジ』。John Charpentier, *Coleridge,*〔Le Somnanbule sublime（Paris, 1928)〕p.135.

＊コールリッジ Samuel Tayler Coleridge（1772-1834）イギリスの詩人、批評家。ワーズワースとの共著『抒情歌謡集』(1798) がイギリス・ロマン主義の口火をきった。巻頭の「老水夫の歌」と「クーブラ・カーン」、長編詩「クリスタベル姫」がかれの三大幻想詩とよばれている。『コウルリジ詩選』（斉藤勇・大和資雄訳、岩波文庫）。

（12）ヴィクトル・ユゴー『海に働く人びと』、第三部、「闘争」。Victor Hugo, *Les Travailleurs de la Mer,* liv.III, La lutte.〔in *Œuvres complètes de Victor Hugo*（Paris, 1905), 11: 178〕

（13）バルザック『呪われた子』。Balzac, *L'Enfant maudit,* Ed. Librairie nouvelle, Paris, 1858, p.3.〔*Enfant Maudit,* in *Œuvres complètes de Honoré de Balzac,* éd. Marcel Bouteron and Henri Longnon（Paris, 1912-1940), 28: 335, 386, 391, 392〕

＊『呪われた子』(1936)「哲学研究」の一冊。宗教戦争のころ、早産のため父エルーヴィル伯爵から実子であることを疑われたエチエンヌは、城をはなれて海辺の家で孤独に暮らしている。横暴な父にたいし優しい母の侍医がやがてその娘ガブリエルを引き合わせる。しかし父は二人の愛を認めず、自分の選んだグランリュ伯夫人の娘と結婚させようとする（邦訳『呪われた子供』私市保彦訳）。

後出のスウェーデンボリー Emanuel Swedenborg（1688-1772）はスウェーデンの神秘思想家。神秘的な霊界の存在を信じ、天界および地界との交流、照応を詳細に記述した。バルザックやボードレールは深刻な影響を受けた。ボードレールの万物照応は水平に広がるのに、バルザックの照応は上下におこなわれるという違いがある。

（14）ミシュレ『海』、p.12.

（15）ジュール・サンドー『マリアンナ』。Jules Sandeau, *Marianna,* 11^{e} ed., Paris, 1876, p.202.〔209〕

＊サンドー（1811-83）フランスの小説家。G・サンド

の最初の愛人として小説を合作した。『バラ色と白』五巻（1831）ほか、独自の創作を続け多くの小説を残した。『マリアンナ』はサンドとの恋愛を下敷きにしている。アカデミー・フランセーズ会員。

（16）ジュール・サンドー、同右、p.197.

（17）アルチュール・プージャン『デボルド＝ヴァルモール夫人の青春』。Arthur Pougin, *La Jeunesse de Mme Desbordes-Valmore,*〔Paris, 1898〕p.56.

＊プージャン François-Auguste-Arthur-Parosse-Poujin（1834-1921）Arthur Pougin の名で知られる。フランスの音楽ジャーナリスト。『十八世紀のフランスの音楽家』（1863-66）、『ロッシーニ』（1869）がある。

デボルド＝ヴァルモール Marceline Desbordes-Valmore（1786-1859）　フランスの女流詩人。薄幸の幼少期を過ごし、大革命で母と西インドに行き、そこで母を失い、フランスに帰国後、歌手、女優として各地を巡業。俳優プロスペル・ヴァルモールと結婚して、子供をもうけるが、いずれも早世し、彼女も孤独のうちに死ぬが、その不如意な生活のなかから、彼女の詩が生まれた。『悲歌。マリー、ロマンス』（19）、『涙』（33）、『悲しき花』（39）、『花束と祈り』（43）。

（18）エドガール・キネ『魔術師メルラン』。Edgar Quinet, *Merlin, L'Enchanteur,* t.I, p.412.〔*Œuvres complètes d'Edgar Quinet*（Paris, 1891-1933), 16 : 412〕

＊『魔術師メルラン』（1860）　メルランはアーサー王伝説で王を助ける魔法使い。このサタンと処女との息子は、ケルトの民間伝承と中世の年代記と物語の両方の伝統を受け継ぎ、ロマン主義的神話の二重の要素を体現しているとキネはみなした。ナポレオン、プロメテウス、メルランは彷徨えるオランダ人の精神的な兄弟であり、永遠の旅人である。

（19）J・ルーシュ『文学における雷雨と嵐』。J.Rouch, *Orages et Tempêtes dans la Littérature,*〔Paris〕1929, p.22.

＊ジュール・ルーシュ Jules Rouch（1884-1973）　フランスの海洋学者。右の著書には、次の文学者の名前があげてある。ロンサール、ラ・フォンテーヌ、セヴィニエ夫人、ベルナルダン・ド・サン＝ピエール、シャトーブリアン、アルフレッド・ド・ヴィニー、ジョルジュ・サンド、ウジェーヌ・フロマンタン、ギュスタヴ・フロベール、ピエール・ロティ。

『フランシヤッド』　フランス・ルネッサンスの詩人ロンサール Pierre de Ronsard（1524-85）の六千行を越える未完の叙事詩。フランス王国の国威宣揚を意図し、ギリシャ神話の中に王国建設の発端をもとめた。第二歌でゴールの国に向かうが、ネプチューンとユーノが阻止しようと嵐を巻き起こし、六艘の船がかろうじてプロヴァンスの海岸にたどりついた。

『殉教者たち』(1809) シャトーブリアン François René de Chateaubriand (1768-1848) の作品。『キリスト教精髄』の主張を立証するために書かれた小説。女主人公シモドセがギリシャに向かった船旅は神の引き起こした嵐によって九日間さいなまれ十日目にイタリアに漂着する。

(20) ゲーテ前掲書、ポルシャ仏訳、p.421.〔act 4, lines 160-70, 174-95〕。

(21) ヘロドトス『歴史』第七巻。Hérodote, *Histoire*, VII, 34, 35.〔trans. Rev. Henry Cary (London, 1898), bk.7, sec.34-35, p.424〕

＊ヘロドトス（前484-428頃）。古代ギリシャの歴史家。『歴史』全九巻（松平千秋訳、岩波文庫がある）。ヘロドトス『歴史』（七―三四）では、一本の橋はフェニキア人が白麻の綱を用い、エジプト人がパピロスの綱をもちいて二本目の橋を架けたことになっている。また二度目の架橋（七―三六）では多数の橈船を並べて架けられている。黒海側三六〇隻、もう一方は三四〇隻を用い、結ぶ綱もそれぞれに白麻とパピロスを共に用いた。その太さまで記述してある。

(22) すでにキュロスはかれの聖なる馬たちの一頭を奪ったガンジス川に復讐していた。「川からの侮辱に立腹したキュロスは、川を弱くして、以後女たちでも膝を濡らさずに渡れるようにしてやると脅かした。そして川の流れをそらすために三百もの運河をその軍勢に掘らせたのであった」。

(23) セビヨ前掲書、第二巻、p.465.

(24) ポール・エリュアール『動物たちとかれらの人間たち。人間たちとかれらの動物たち』「濡れて」。Paul Éluard, *Les Animaux et leurs hommes. Les hommes et leurs animaux. Mouillé.*〔1920〕

＊「濡れて」の第一節をあげておく。「小石は水の上ではねかえり／煙は水へつき入らない／水は　だれも傷つけることのできない／皮膚のように／人間によって　また魚によって　愛撫される」（佐藤巌訳）。

(25) サンティーヴ前掲書、pp.205-211.

(26) サンティーヴの引用、同右、p.109.

(27) ヴィクトル・ユゴー『海に働く人びと』第一部、第四編。

＊1 C'est une très funeste tendance de notre âge de se figurer que nature c'est rêverie, c'est paresses, c'est langueur.

Michelet, *La Montagne*, p.362.

L'Océan bout de peur.

Du Bartas.
デュ・バルタス（1544-1590）　フランスの詩人。新教徒貴族としてアンリ・ド・ナヴァールに仕えた。『聖週間、天地創造』（1574）と未完の続編は聖書による人類の歴史をうたう叙事詩である。

＊2　現象学的志向性 intentionalité phénoménologique　「現象学によれば、すべて意識はあるものについての意識であり、つねに一定の対象に向けられている。この特性が志向性といわれている」。フッサールによれば「志向性は外界の事物と心理現象との間のあるいは意識内における実的なものの間の実在的関係でなく、意識に内在的にしてイデエルなノエマが対象を指示し、これにノエシスが相関的であることによって構成される具体的関係である」（『平・哲』）。バシュラールはたんに熟視するということで認識が成り立つということに根本的な疑問を抱いているようである。『エチュード　初期認識論集』（及川馥訳、法政大学出版局）。

＊3　「サモトラケの勝利」はルーヴル美術館の入り口近くの階段の上におかれているニケー（勝利の女神）像。ガレー船の舳先におかれているかのように翼を広げる女神像はサモトラケ島で一八六三年の発掘で発見された。前二世紀頃の作といわれている。

＊4　W・M・ロセッティ William Michael Rossetti（1829-1919）　英国の美術批評家。ラファエロ前派の成立に寄与した詩人・画家ダンテ・ゲイブリエル・ロセッティの弟。『スペクテーター』誌の美術批評を担当し、またシェリーやキーツの伝記を著した。

＊5　バイロン George Gordon, 6th Baron Byron（1788-1824）
イギリスの詩人。貴族の家に生まれ、快楽に飽いた青年の気晴らしの外国旅行の所産『チャイルド・ハロルドの巡礼』（1812）が成功し新進詩人としてもてはやされた。代表作は劇詩『マンフレッド』（17）、長詩『海賊』（14）『ドン・ジュアン』（21-24）。なお『フォスカリ家の父と子』（21）は五幕韻文の戯曲、舞台はヴェニスである。

＊6　ジロドゥー Jean Giraudoux（1882-1944）　フランスの劇作家、小説家。ノルマリアンの外交官でもあった。田園の抒情、ドイツ・ロマン主義の幻想、外交官としての経験が機知にとんだ文体とあいまって、独自の詩的な舞台をつくりあげた。『オンディーヌ』（1939）（内村直也訳、白水社）はドイツの作家フーケーの『ウンディーネ』（柴田治三郎訳、岩波文庫）から想を得て、人間の愛の諸相、人間を愛することの困難をえがいた。

＊7　プウクヴィル François-Charles-Hugues-Laurent Pouqueville（1770-1838）　フランスの文学者、旅行家。エジプト調査隊の一員として活躍、病気で帰還の途中トルコ軍に捕まり、コンスタンチノープルで二年間幽閉。一八〇一年パリに戻り、

旅行記作者となる。

＊8　イナコス　岩波『ギリシア・ローマ神話辞典』によれば、アルゴリスのイナコス川の神、オケアノスとテテュスの子、またアテナイ王エリクトニオスと同時代のアルゴス王であったともいう。さらに彼はデウカリオンの洪水ののち、人をイナコス川の平野に集めて住まわせ、その記念にこの川に彼の名が付けられたといわれる。ヘラとポセイドンの二神がアルゴリスを争ったとき、彼はケピソスとアステリオン両川神とともに審判者に任ぜられ、ヘラを選んだために、ポセイドンは彼の河水を雨季以外は枯渇せしめた。アルゴスのヘラ神殿の創建者は彼（あるいはその子ポローネウス）である。

「一説によるとイナコスは娘イオがゼウスに犯されたことを怒りゼウスを呪ったため、ゼウスは復讐の女神エリニュスたちの一人テイシポネを送ってイナコスを発狂させた。狂ったイナコスはハリアクモン川に飛び込んだが、そのため以後その川はイナコス川と呼ばれるようになったという。

オウィヴィウスでは、牝牛の姿に変えられたイオが父の川へ来て、自分の名前とヘラに復讐された悲しい物語を蹄で砂に書くと、父は牛がわが娘であることを知った。一〇〇の目をもつ怪物アルゴスにイオが連れていかれると、イナコスは川の源にある洞窟に身を隠し、哀れな娘を思って泣いた。イナコスの流した涙のために川は水かさを増したという」（『ギリシア・ローマ神話辞典』大修館）。

＊9　アシル・ミリアン Jean-Achille Millien（1838- 没年不詳）フランスの詩人。*Voix des ruines, Légendes évangéliques, Paysages d'hivers* で一八七四年のアカデミー・フランセーズ賞を受ける。

＊10　ニコラ・レミ Nicolas Remi『悪魔崇拝』*La Démonolatrie* (1595)。ニコラ・レミ（ルミ）(1530-1612)。

＊11　フォア伯爵領 comté de Foix　ほぼ現在のアリエージュ県にあたる。南半分はピレネー山脈である。中世にはアルビ派として戦った。十六世紀にはガストン・ド・フォア伯がイタリアとの戦いで歴史に名声を残した。

＊12　ベアルヌ伯領 Comté de Béarn はフランス南西部を占める地方の旧称で、バスク地方と並び、今日のピレネー＝アトランチック県をなすが、スペインと国境を接している。フォア伯ガストン四世はエレオノール・ダラゴン（のちのナヴァール王女）と結婚し、その孫がジャン三世としてナヴァールの王となって以来、王の称号を保ち、ベアルネといわれたアンリ四世が一五七二年ナヴァール王となり、やがて一五八九年にフランス王となった。

＊13　ナヴァール伯領 Comté de Navarre　ピレネーとイベリア山脈をふくむスペインの歴史的な地方。中心はパンプローナ。そのバスクはローマ、西ゴートやフランクに対し独立を保っていた。ナヴァール王国はおよそ八三〇年頃に成立し、十一

世紀にはピレネーから、バスナヴァール（あるいは Navarre française）にまで拡大した。十六世紀にフェルディナン・ダラゴンがスペイン領としたが、バスナヴァールは決定的にフランス領となった。

＊14　バーデン Bade（ドイツ語 Baden）　バーゼルからマンハイムにいたるライン流域のドイツの州。州都はカールスルーエ。ヴュルテンベルクと合併、Bade-Wurtemberg となり、州都はシュトゥットガルトになった。

＊15　ポンポニウス・メラ Ponponius Mela　スペインの血を引き、セネカの一族でもある一世紀頃の古代ローマの地理学者。地中海沿岸の国々と民族の生活についての地誌（*De situ orbis ou De chorographia*）を残し、コロンブスの航海の動機の一つとなった。

＊16　『オシアン』〔の詩〕　古代ケルト人の英雄詩人オシアン Ossian が歌ったとされる物語詩。イギリスの詩人マクファーソンが一七六五年に刊行すると、たちまちヨーロッパ各国語に翻訳され大勢の読者に愛された。ナポレオンもその一人であった。なおバシュラールの引用した第三歌の数行は中村徳三郎訳（岩波文庫）では、「フィンガル」第三の歌の次のくだりが対応しているのであろうか。「コルマルは抜き身の剣を手にもっていた　黒い霧が舟の上まで降りてきたので　コルマルは刃で亡霊を捜した闇の中を刃で捜すと、亡霊の頭の辺までとどいた　亡霊は風と空から去り　星と静かな月が現れた」。英訳の註を参考までにあげておく。*The Poems of Ossian*, trans. James Macpherson（Glascow and London, 1824), 1: 18.

＊17　クローデル『真昼に分かつ』のバシュラールの暗唱した個所 « La mer, l'échine resplendissante, est comme une vache terrassée que l'on marque au fer rouge » は、インド洋上で船上から夕陽を見た状景。メザ〔イゼの恋人〕の台詞である。

「海は背骨をぎらぎら光らせ
殺された牛のごとく、まっ赤に灼けた鉄で、じゅうじゅう焼く」（鈴木力衛・渡辺守章訳『世界文学大系』51、筑摩書房）。

むすび　水のことば

(1) ポール・ド・ルール『スウィンバーンの作品』。Paul de Reul, *L'Œuvre de Swinburne,*〔Brussels, 1922〕p.32 en note.

(2) スピアマン『創造的精神』。〔Charles Edward〕Spearman, *Creative mind,* p.88.〔(New York, 1931), p.94〕

＊スピアマン（1863-1945）　イギリスの心理学者、数学者、ロンドン大学教授。「知能の研究に相関係数を導入し、各

種の知的能力は共通因子Gと、それぞれに特有な因子Sの二つからなることを数字的に証明した」（『岩・人』）。

（3）バルザック『ルイ・ランベール』。Balzac, *Louis Lambert*, Ed. Leroy. p.5.〔in *Œuvres complètes*, ed. Marcel Bouteron et Henri Longnon（Paris, 1940）, 31 : 49〕

＊『ルイ・ランベール』（1832）「哲学研究」に属する小説。話し手が親友ルイ・ランベールの精神的な形成と悲劇的な死を語る。天才とその悲劇的な破綻という運命は、画家フレンホーフェル、作曲家ガンバラ、化学者バルタザール・クラエスと同系列の精神に共通する。なおバルザックはルイ・ランベールに独自の言語観を述べさせている。ランベールがこの引用の寸前で述べていることを念頭において、バシュラールは起源にのみ神秘があるのではないと反論しているようなので、参考までにランベールのことばを引いておく。

「文字の集りやその形や、文字が単語に与える姿は、今もなおその思い出がわれわれに残っている無名の人たちを、それぞれの国民の性格にしたがって正確に描き出す。感覚から思考へ、思考から言葉《ヴェルブ》へ、言葉からその象形文字的な表現へ、象形文字《イエログリフ》からアルファベットへ、アルファベットから文字で書きしるされた雄弁への移り変わりを、だれが哲学的に説明してくれるだろう。文字による雄弁の美しさは、むかしの雄弁家によって選り分けられた一連のイメージのなかにあるのだが、それらのイメージは思考の象形文字のようなものだ。動物の形でかたどった人間のいろんな観念を描いた古代の絵画は、東方の国々がその言語を書くために用いた最初の記号を決定したのではなかろうか。それからまたわれわれの近代語はいずれもすべて、諸国民の原始的な言葉《ヴェルブ》、いかめしくおごそかな言葉の名残を分け合ったが、古代絵画は伝統的にかかる近代語のなかに若干の痕跡を残さなかったろうか。諸国民の原始的な言葉のいかめしさ、厳粛さは社会が年老いていくにつれて減じていくし、ヘブライ語聖書においてかくも響きがよく、ギリシアにおいてもまたじつに美しかったその反響も、相つぐ文明の進歩を通じて弱まっていく」（『ルイ・ランベール』水野亮訳、『バルザック全集』21巻）。

（4）シャルル・ノディエ『フランス擬音語辞典』。Charles Nodier, *Dictionnaire raisonné des Onomatopées françaises,*〔2_{nd}.ed.（Paris）〕1828, p.90.

＊この『擬音語辞典』は刊行当時はほとんど理解されなかったようであるが、アンリ・メショニックの序文つきで一九八四年に復刊された。内容にかんしてはジェラール・ジュネット『ミモロジック——言語模倣論またはクラチュロスのもとへの旅』（花輪光監訳、書肆風の薔薇）を参照

されたい。

ブロス院長 Président de Brosses, Charles de（1709-1777）フランスの司法官、著作家。ディジョンの議会議長を務めた。言語の形成の問題に関心を持ち『諸言語の機械的形成論』（1765）において、語源探索が普遍的な《原始的語根》を導き出した。ヴォルテールによりアカデミー・フランセーズ入りを阻まれたが、スタンダールの感情的、審美的な先達の一人にあげられている。

clignoter《クリニョッテ》は、しきりにまばたきするという意味であるが、この語は、ラテン語 claudere「閉じる」から生じた cligner《クリニェ》「目を細める、まばたきをする」から派生したといわれている。動詞語幹に付加された「-ot- は -on- と同様〈指小辞〉のはたらきをするが、これが -on- と異なる点は、-aille- や -asse- のように反復の力を有しているところにある」（岸本通夫・堀井令以知編『語と意味』フランス語学文庫、白水社）。とくに打ったり、叩いたりすることをふくむわけではないが、日本語の「目をしばたたく」と同様の効果があるのであろう。

（5）マラルメはグラジオラスと白鳥を結合する。

Le glaïeul fauve, avec les cygnes au col fin

(Les Fleurs)

グラジオラスは鹿皮の色、たおやかな頸を列ねる白鳥の群れ、

〔「花々」松室三郎訳〕

わたしの考えでは、これは水に起源を持つ「連想《アソシアシオン》」である。

＊ glaïeul 「語源はラテン語 gladiolus（gladius「剣」の指小辞）」（『小学館ロベール仏語大辞典』）。両刃の長剣の形とグラジオラスの葉の形が似ているためのアナロジーから作られたのであろう。しかし、後半部に喪を意味する deuil と共通する三重母音を含むことも無視できない。

（6）シューレ『歌曲の歴史』。〔Édouard〕Schuré, *Histoire du Lied,*〔Paris, 1876〕pp.〔102〕-103.

（7）「蛙たちへ」のヴェーダ讃歌の「意図的な混乱」を翻訳するためにルイ・ルヌー氏は《grenouille》〔という女性名詞〕に対応する男性名詞の等価物が欲しそうである。シャンパーニュ地方のある村の話で、とんま《グリブイユ》な父さんはとんまな母さんの相棒である。以下はルイ・ルヌーによって訳された二節である。

——雨季の初めに喉が渇いていてもろ手を挙げて賛成した（蛙たちの上に）雨が降ったとき、彼女らはアッカカラと叫ぶ。そして息子が父親のほうに行くように彼女たちはおしゃべりしながらいく。

——もし生徒が先生のことばを繰り返すように、彼女らの一匹が他の蛙のことばを繰り返すなら、全員が調子をあわせ、

おまえたちの美しい声は音楽の一節のように水の上に歌うことであろう。

＊ルイ・ルヌー Louis Renou（1985-1966） フランスの東洋学者。パリ大学教授。《ヴェーダ》研究によって知られる。

（8）ポール・フォール前掲書〔p.13〕。

（9）『リグ＝ヴェーダ』ラングロワ仏訳。*Le Rig-Veda*, trad. Langlois,〔Paris, 1848-1851〕t.I, p.14.

＊『リグ＝ヴェーダ』インド最古の宗教文献。バラモン教の聖典。紀元前二〇〇〇年から一五〇〇年の間に始まり千年かけて成立。四つの系統があり、リグは最古のヴェーダである。

（10）トリスタン・ツァラ『狼たちの水飲み場』。Tristan Tzara, *Où boivent les loups*,〔Paris, 1932〕p.151.〔"Une nuée de fleuves impétueux emplit la bouche aride." 雲霞の大群のような激流がからからの渇いた口を満たした〕

＊ツァラ（1886-1963） ルーマニア生まれ、スイスやフランスで活躍したダダ派の詩人。第一次大戦中チューリヒでハンス・アルプ、フーゴー・バルらとダダ運動を開始。その後パリに移り、ブルトンらと『文学』誌によって活動したが、一九二四年以降は不即不離の関係を保った。しかし『近似的人間』（1931）、『狼たちの水飲み場』はむしろシュルレアリスト的な作品とみられている。

（11）ツァラ、同右。p.161.

（12）At liquidas avium voces imitarier ore
Ante fuit multo quam laevia carmina cantu.
Concelebrare homines possent, auresque juvant.

Lucret., liv. V,v. 1378.

「ところで、人間が小鳥の滑らかな声を口で真似するということの方が楽しい歌を歌って耳を楽しませることのできるようになるより、はるか以前のことであった」〔ルクレチウス、樋口勝彦訳〕。

＊なお動物の鳴き声についてはマイケル・ブライト『動物たちの話し声』（熊田清子訳、どうぶつ社）参照。

（13）アルマン・サラクルー「一マイルの首」『エリザベス朝演劇』所載。Armand Salacrou, *Le mille têtes*, in *Le théâtre élizabéthian*, éd. José Corti, p.121.〔*Cahier du Sud*, 20（June-July 1933）: 93〕

＊サラクルー（1899-1968） フランスの劇作家。演出家で俳優のデュランと組んで三〇、四〇年代の前衛劇を推進した。

＊1 Je tiens le flot de la rivière comme un violon.

PAUL ÉLUARD, *Le livre ouvert*.

Miroir moins que frisson...à la fois pause et caresse, passage d' un archet liquide sur un consert de mousse.

Paul Claudel, *L'Oiseau noir dans le Soleil levant*, p.230.

エリュアールの詩は『開かれた本』「メデューズたち」。前出第1章訳註7のメデューズのすぐ前にあるのだが、挿絵はまったく別のものがつけられている（以下、佐藤巌訳）。

「あなたはどこ？　私が見えるの？　私の言うことがきこえるの？
あなたは　私だということが判る？
いちばん美しい私　ただひとりいる私
私は　ヴァイオリンのように　河波を　手にとる
私は　日々を　過ぎゆくままに打ち任せ
船を　雲を　去りゆくままに放っておく
けん怠は　私のかたわらに死に
私の宝　おさない頃のあらゆるこだまを
うなじの中の笑いとともに　私は失くさずに持っている」

クローデルの文は「ジュールあるいはネクタイを二本した男」の次の文に続くものである。

「ジュール——このように庭は一瞬その石たちのあいだにくぼみをつけて小さな川に広がりをもたせたり停止させたりするようだ」。

このあとにエピグラフの引用文がきて、それはさらに次のように続く。

「詩人——新鮮な薄い刃、そこでは葉が一枚一枚まわりの花束の中にくまなく幻影を結びつけ、またそこでは色彩は、見えない流れが魅了する現実のおかげでイデーとなり、透明な物質の上の絵画となっている」。

＊2　調音的統一性《ユニテ・ヴォカル》　普通 unité vocale といえば母音の単位ということであろう。しかしここでは母音にかぎらず調音器官を広く考察しているので、このような訳語にした。

＊3　流音 liquide　「古代ギリシア・ローマの文法家から継承された術語で、口腔通路の閉鎖と開放を、側音〔たとえばフランス語の l《エル》〕の場合のように同時的に、もしくはふるえ音〔フランス語の r《エール》〕の場合のように連続的に組み合わせる子音の類に対して、しばしば与えられる名称である」。「流音の音響スペクトルはかなり明確なフォルマント構造を伴って、母音的な特徴を示す。音響的には、流音は同時に子音性でもあり母音性でもある。流音の2つの型の間の弁別は頻繁に見られるものではなく安定したものでもない。西ヨーロッパ世界を除けば、[r] と [l] を弁別している言語は数少ない。中国語や日本語のような多くの話し手を持つ極東の言語には、その弁別的対立は存在しない」（『ラルース言語学用語辞典』大修館書店）。フランス語の r の発音については三つに大別される。①r roulé［巻き舌の r］あるいは r apical［舌尖きの r］。舌先が上の歯茎に接したり離れたりして震動するもの。演劇・演説・歌では今日なお用いられるが、日

常会話では田舎で用いるだけ」。「②r grasseyé［のど鳴りのr］あるいはr uvulaire［口蓋垂音のr］。舌先を下の歯茎につけ、前に曲げた口蓋垂に後舌面が触れてこれを震動させるもの」。「③r parisien［パリのr］あるいはr dorsal［舌背音のr］。舌面が、rの後の母音、またはこれがなければその前の母音の調音点に向かって高まり、摩擦を生じるもの。口蓋垂は前に曲がらず震動しない。都会の普通の発音」（朝倉季雄『新フランス文法辞典』白水社）。

＊4　リヴィエール rivière［rivjɛr］。この語について簡単なフランス語語源辞典には次のように記されている。「口語ラテン語 riparia で形容詞 riparius の名詞形女性、「rive の上にあるところのもの」。ripa つまり rive（岸）からつくられた。そこからフランス語での「川あるいは海に近い領域、という意味の用法が可能になる（イタリア語では現代語の riviera）。rivière de diamants ダイヤの首飾り」。

　なお同じ語源の英語 river［rivər］にくらべると、語尾の re の発音がとくに差異をきわだたせるのではあるまいか。また e caduc（脱落性のe）については、フランス語独自の特色がある。これは通常発音されないが、定型詩や韻文、とくに脚韻に用いられる場合には、女性韻として、無音のeは存在理由をもつことになる。「一般に e muet［無音のe］と呼ばれるが、発音されることもあるから［この表現は］穏当ではない。eは時に無音、時に弱く［ə］（［œ］［ø］に近い）発音される」（前掲『新フランス文法辞典』）。このように一語として意識して発音される場合にはこのeは声になることもある。とくに声に出されなくともrに続くならば、rに耳にやさしいエコを響かせる可能性を秘めているのである。

＊5　「以前にあったピアノのかわりに、音のミューズの、ガラス製の聖徒像堂ともいうべき、一台のハルモニカが、そこにあった」（前掲『巨人』一二・五九、古見日嘉訳）。

　ハルモニカ　いわゆるハーモニカの他に、次のようなものがある。①ガラスのコップに水を入れ、その量によって半音の音階をつくる楽器で、フランクリンが発明したか完成させたといわれる（サント＝ブーヴ『月曜談叢』）。②ガラスの小片、または金属片を音階ごとに並べて、つちで叩いて音を出す楽器。③化学ハルモニカ。ガラス管でできた装置で、管内の空気を炎で熱し、ガラス管を振動させて音を出す。④木のハルモニカは小さな木琴 xylophone である。

＊6　小川 ruisseau についてノディエは次のように述べている。「フランス語の小川 *ruisseau* は小石の間を流れる勢いのいい水のやさしくて抑揚のある小さなささやきを意識に完全にえがき出す」（前掲『フランス擬音語辞典』）。

＊7　ガルグーユ gargouille　英語ガーゴイル gargoyle、樋嘴《ひはし》。ゴシック建築などの軒先の動物や怪物の形をした吐水口。こ

の語はgarg（喉を通る水の音の擬音的語幹で喉を表わす）と、古フランス語のgoule（gueuleの古形、「動物の口」、ラテン語gula〔食道・咽頭〕から派生）の合成語である。俗ラテン語にgarga〔ri〕laの形ですでに現われている。ノディエはクレマン・マロが、大きなビンからブドウ酒がどくどくと注がれるようだといったと述べて、三行を引用している。

Semblablement le gentil dieu Bacchius
M'y amena, accompagné d'andouilles,
De gros jambons, de verres, de *gargouilles*.

（その音は）さながら親切な神バッカスがアンドゥイユ（ソーセージ）と太いハムと酒盃とガルグーユをひきつれて私をそこにつれていくさまに似ていた（同前）。

＊8　引用の原文は次のとおりである。

ペレアス —— Il y a toujours un silence extraordinaire... On entendait dormir l'eau...

＊9　ジョン・クーパー・ポウイスJohn Cowper Powys（1872-1963）　イギリスの小説家、批評家。「彼は異常なほど豊かな想像力をもつ作家で、神話や魔術的なものをリアリズムに結合させて、一種の直観的な明知を示している」（『新・世』）。『ウルフ・ソレント』（29）　主人公のウルフがまったく性格の異なった二人の女性ガーダとクリスティを愛し、野生的なガーダと結婚したことからドラマは始まる（鈴木聡訳、国書刊行会）。

フランスではかれの作品の多くが仏訳されており、哲学者ジャン・ヴァールが評論を書いている。またポウイスは「地水火風」の四大元素を自然界の根本元素と考えていたこともバシュラールの関心をひいたのではあるまいか。全貌については原一郎『ジョン・クーパー・ポウイス——その生涯と思想』（研究社）参照。

＊10　ワーズワースの引用句の前後はつぎのようなものである。

For I have learned
To look on nature, not as in the hour
Of thoughtless youth, but hearing oftentimes
The still, sad music of humanity,
Not harsh nor grating, though of ample power
To chasten and subdue.

無思慮な青春の時のようにではなく、
鎮め、和らげるのに充分な力を持ちながら、
粗雑でも不調和でもない、
静かにも悲しい人間性の調べを
しばしば聞きながら、自然を眺めることを私は学んだからだ。
（「ティンタン僧院より数マイル上で書かれた詩」金田真澄訳）

もうひとつの引用 *Three years she grew…* は「ルーシー詩群」の一篇である。

The stars of midnight shall be dear
To her, and she shall lean her ear
In many a secret place
Where rivulets dance their wayward round,
And beauty born of murmuring sound
Shall pass into her face.

　真夜中の星をこの子に愛でさせ、
細流が気まぐれな円舞曲を踊る
人目につかぬさまざまな場所で
この子に耳を傾けさせよう。
また、さざめく音から生まれ出る美しさを
この子の顔に忍びこませよう。（金田真澄訳）

訳者あとがき

本書は Gaston Bachelard, *L'Eau et les Rêves, Essai sur l'imagination de la matière*, José Corti, 1942の翻訳である。

本書の末尾には「ディジョン　一九四一年八月二十三日」と擱筆の場所と日付が記されている。だから夏の休暇中に仕上げられたのであろう。だが考えてみると本書が執筆されたころのパリは、ナチスドイツの占領下であり、バシュラールは一九二七年から勤めていたディジョン大学を一九四〇年に辞してパリ大学文学部に移り、科学史・科学哲学の教授となっていたので、戦時下、それも占領というまさに非常時に研究教育を進めなければならなかったのである。しかもソルボンヌはドイツ軍の指示で開講が遅れ、バシュラールの講義は翌四一年一月から始められる状態であった。しかしながらバシュラールの研究にそれほど戦争は影をおとしていないといわれている。本書にしてもすでにディジョン時代に書かれた『火の精神分析』（一九三八）やあるいは『科学的精神の形成』（一九三八）の延長上にたてられた大きな構想の一部をなすものであり、生活物資の乏しさに煩わされながらも、国立図書館や大学図書館などの資料を駆使して着々と書きすすめられていったのだと思われている。

第一次大戦でバシュラールは応召し、一兵士として長い塹壕暮らしを強いられたのだが、戦争について書き記したものはほとんどない。しかし人種の差別を超えた人類共通の文化的行動の精粋ともいうべき科学的思考やポエジーの考察という研究は、自由と平和な社会でこそ意味をもつのであり、そういう前提を踏みにじるものに対するアンチテーゼとして、かれの研究の意義が一層強く意識されたことは想像にかたくないであろう。

これまであまりフランス人が触れたがらなかった敗戦やドイツ占領などについては、かなり事情が明らかにされてきており、「占領下、ヴィシー期の社会をあらわすキーワードは沈黙」(渡辺和行『ナチ占領下のフランス——沈黙・抵抗・協力』講談社)だといわれるように、多くのフランス人がさまざまなかたちの沈黙を強いられていたのだった。いま振り返ってみると、『水と夢』の巻末の呼びかけは、不特定な読者よりも、当時もっともつらい沈黙を強制されていたフランスの読者こそ、その対象ではなかったかと思われてくる。本書の末尾は「不幸な存在は川に話しかけねばならない」ということばを受けてつぎのように書かれているのだが、まずその不幸の最大の原因こそ、敗戦、占領だったはずである。

さあ、友だちの皆さん、晴れた朝に、小川の母音を歌いにやってきませんか。われわれの第一の悩みはどこにあるでしょうか。それはわれわれが口に出して言うか言うまいかとためらったことですよ。……言えずに黙っていたものをわれわれがこころの中に溜め込むたびに悩みが生まれたのです。

これは論文を書き終えた著者が、あくまで一般的な悩みごとの発生を説明しているような口ぶりで、沈黙を日常のほんの些細な悩みとして扱っているふうにみえる。だがなぜ沈黙するのかという原因にはまったくふれず、田舎にいる著者は沈黙の結果である不満の解消について、つぎのように小川のせせらぎを聞いて癒すようにすすめている。

そんなことだとしても、つらいことやさまざまな忘れがたいことがあったところで、小川があなたがたに、どうしたらうまくことばに出せるか話し方を教えてくれますよ。小川ははなやかな語り口によってあなたがたを幸せ一杯な思いにさせ、美しい歌で力づけてくれますよ。

という読者への呼びかけは、ヴァカンスでのどかな田園生活を楽しんでいる著者から、読者への挨拶のことばとして軽く受け止められてきたように思われる。少なくとも学生時代には訳者はそう思い込んでいたのだが、占領下の鬱屈した思いがふいに著者の口から出たようにも思われ、あらためて当時を思いやり、言外の重い響きに耳を澄まさねばと感じたのである。この呼びかけはつぎのように結ばれている。

小川は小石の上をはずみながら流れる丸くなった美しいことばを、途切れることなくあなたがたに語ってくれますよ。

バシュラールは、小川のせせらぎを思い浮かべながら、しばらくはつらいときを耐えていこうと、読者を激励しているだけなのだろうか。予想もしなかったこの唐突な呼びかけにはもっと深い意味があるのではあるまいか。ひょっとするとこの小川とは、たびたび小川が登場する『水と夢』そのもののことではないかとさえ思われてくる。著者はこの本の中にそのような希望をあたえることばが流れていることを、巻末において読者にほのめかしているのではないだろうか。

訳者としては、むりやりバシュラールをレジスタンスの闘士に仕立てるつもりは毛頭ないのだが、そういえばすぐ前の第8章「荒れる水」で、対象の認識には挑発的な態度が必要だと述べている箇所が思い当たる。これは別の角度からバシュラールの特徴としてこのあとでまた取り上げることなのだが、挑発をバシュラールが「われわれの世界認識の積極的役割を理解するために不可欠な概念だ」としたのは、「敗北の上には心理学が構築されないからである」と真っ正面から敗北的な態度を批判していたからである。ことはあくまでも認識論の問題であるが、さらにこういっている。「穏やかで、受動的で、安らかな認識をしている状態では、ただちに世界を知ることはできないのである。構成的夢想はすべて……逆境を克服する希望のなかで、敵の敗北の光景において活気づくのだ」。こういうことをバシュラールは認識論の一般的レヴェルの基本的な態度として説いているので、レジスタンスをすすめているわけではないのであるが、心に残る文章である。「ひとがさまざまの客観的概念に、生き生きした筋肉質の現実的な意味を見いだすのは、敵対的元素に打ち勝った誇らしい勝利の心理学的な物語をつくる場合のみである。人間存在にダイナミックな統一性をあたえるのは誇り〔自尊心〕orgueil である」。こういうことばは、占領下の読者の耳にどう響いたのであろうか。

また最終章「水のパロール」のなかで、各国のことばにはそれぞれ独自の宝石のようなことばがある、フランス語ではそれがリヴィエール rivière だと語られていることが思い出される。英語にもドイツ語にも同じような独自の珠玉の単語があるにちがいないのだが、川にかんするかぎりこの rivière に匹敵するものはないと、見栄をきっているようにさえ思えてくる。こんなことも、当時沈黙を強いられていた占領下のフランス人に元気を出したまえと贈った、ささやかな激励のことばなのではあるまいか。

ところでバシュラールのような科学哲学の専門家がなぜ文学それもポエジーのような領域に関心をもち、論考を発表したのか、ごく簡単にふれておこう。

「ポエジーの軸と科学の軸はまず逆になっている。哲学が望みうることはせいぜいポエジーと科学を相補的《コンプレマンテール》にすることであり、それらを二つの十分基礎づけられた反対命題《コントレール》として統一することである」(『火の精神分析』)。これは人間の創造性を考える場合、科学の軸が客観化の方向をとり、そうだとすればポエジーは主観化という軸をとるという対比を示しているにすぎない。しかも『科学的精神の形成』において感覚的認識と科学的認識のあいだには本当の意味での断絶があるとバシュラールはみなしており、科学は大脳の慣習的な作用をすべて疑問視すべきだと考えている。そうはいっても感覚的認識をひきうけ、行動と意欲の調整体としての大脳のはたらきを無視することはできないので、それをとりあえずポエジーの領域に割り当て、ポエジーに科学とは反対の極で補完する役割をもたせたのである。両者を反対命題として基礎づけることが哲学の役割であるということも、いわば作業仮説と受けとるべきなのであろう。ただこの哲学が両者をなんらかのかたちで統一的に把握することをめざすということは、バシュラールに引きつけて考えれば、人間の創造行為の理解を、科学の領域だけではなく、ポエジーの領域にまで拡大したということを意味するのであり、したがってここではバシュラールは広い意味での哲学者の立場をとるということなのである。本書でもかれはときには心理学者と自らを規定することもあるが、フランスでは心理学は哲学の分野にあったからそれほど違和感をもたずにいわれたのであろう。このときまでにバシュラールは『原子論の直観』、『新しい科学精神』、『科学的精神の形成』、『否定《ノン》の哲学』をすでに刊行しており、また『火の精神分析』では文化コンプレックスを考察し、『ロートレアモン』においては、怪物のイマージュの変型のメカニスムを分析し、文学的想像力の分野でも活躍を始めており、本書の物質的想像力の提唱はけっして安易な思いつきなどではなく、長い思索の結果なのだということも、訳註の補足的説明などからも推測していただけるであろう。

さて第二次大戦後のフランスの文学研究（文芸批評）の分野で、バシュラールの想像力理論は大きな影響をあたえた。それまでは文学研究といえば、実証的な文献学や歴史的研究が主流であり、しかも想像力自体が誤謬の原因として敬遠されていたから、バシュラールの積極的な想像力理論は、既成のアカデミスムと対抗する若い文学研究者たちに強力な理論的支柱を提供したのだといえよう。当時の旗手たちも今ではそれぞれ精緻な業績を積み上げ、しかるべき大学の講座に席を占めている。しかしはたしてバシュラールの念願した文芸の美学はかれらの手によって達成されたのであろうか。

その答えはしばらく置くとして、『精神分析と文学』（一九七八）と題する概観的な小著の中で、パリ第八大学のジャン・ベルマン＝ノエル教授は「バシュラールは批評の巨匠であり、彼による詩の読解は、それ自身、詩であった」（石木隆治訳、白水社）と述べている。直訳すれば「かれのポエジーの読みは正真正銘の詩作品である ses lectures de la poésie sont de véritables poèmes」となる。そのあとに「詩であるからには、一定の解釈を必要とする」というようなお定まりの限定がくっついているのだが、そんなことよりもこの〈詩作品〉というその言葉に、この著者の率直な評価が感じ取られると私は思ったのである。そのことについて私なりの考えをのべてみたい。

詩作品であるといわれるからには、客観的な研究にはなっていないという裏の意味が隠されているかもしれないことは重々承知の上だが、ともかく素直に受けとればバシュラールのポエジー解明の評論が文学作品であり、もっと具体的にいえば感動をあたえる文章であるということであろう。

『水と夢』を読めば、どんな感動を受けるであろうか。まず題材である水と触れた印象がもとになった、触覚とか筋肉の運動があたえる快感。泉で喉の渇きを癒すような真水のさわやかな感触から、水浴の官能的な快感、嵐の海の自然との勇壮な対決まであるし、しかも都会の一見目を背けたくなるような醜悪などぶ川の描写にしても、ちらと指の間から覗いてみたい倒錯した美を隠している。山の泥浴の情景など、温泉好きの人なら、随喜の涙を流しそうな経験まである。水とはこれほどの喜びをあたえてくれるものだったのか、と読者はあらためてその恩恵に思いをいたすことであろう。これは水という実体のもつ魅力なのである。人間が生きてきた歴史のなかで培ってきた尊い記憶でもある。生命の根源にある水の魅力はだれしも異議なく認めるであろうし、実体の価値についてもそれほど異を唱えるひともいないであろう。そしてそれとともにこのような美的快感をとりだして示してくれたバシュラールの鋭い目、柔軟な瑞々しい文章の力にもおどろくのではあるまいか。

その反面、生きる喜びを曇らせる死という最大の問題も、水のイマージュのなかにはふくまれている。エドガー・ポーの深い水には母の死の暗い影が溶け込んでいた。そしてカロンの登場である。第3章は人類は死者をどう受け止めたかという問題を、カロンという「死の中に導く」案内人の役割を分析し、死とは視界の外側への限りない旅ではないかという生者の根深い願望を明らかにする。もうひとつのテーマは、死のあやしい魅力、文学的な自殺の問題である。「涙に溺れる」オフィーリアの死は、水が「若くて美しい死」の元素であることを示している。移ろいやすい若さの美を永遠化しようという願望、それがオフィーリア・コンプレックスなのだが、シェークスピアの描いた小川を流れる美女の情景がいかなるレアリスムももたないのになぜ詩的な感興をあたえ続けるのか、まさに死を美化する水の錬金術の解明がおこなわれる。そこでもこの物理学者の目は、長い髪のウェーブと小川の波の運動の共振を見逃さなかった。この限りない振幅運動こそ若い美のイマージュを永遠に保つオフィーリア化の秘密の鍵なのである。しかもこのコンプレックスはさらに拡大され、町全体が『死都ブリュージュ』のようにオフィーリア化する。ある種の夢想家にとって「水はその実体の中に本当に死を保持している」。そういう人々にとって「水は死の宇宙である。オフィーリア化はそのとき実体化し、水は夜と化する。……水は夜と死の持つすべての力と交流する」。やがて他の元素よりも水が完全に分解する力を発揮する。「水はわれわれが完全に死ぬことを助ける」。それがクリストファー・マーローのファウストやポール・クローデルの例で示される。そのときこういう人たちにとって「水は実体的な虚無」である。そして「水は絶望の物質」となるのである。

それではユングのいっていた「生命は死を知らない」あるいは決して生命は死に信頼をおくことはできなかったということは否定されるのであろうか。すべてはこの絶望の強さにかかっているのである。自然な状態で人間がいだく生への希望を一切断ち切る絶望というものも遺憾ながら存在するのである。バシュラールはそれを否定するほどオプチミストではない。ただこの絶望が水の中で生の運動を分解し、完全に透明な死を水の中に溶解させたのだとすれば、この透明な存在、すなわち無としての死が充満している空間が存在することになる。このような空間は他者の死を悼む悲哀の極みというよりは、自己の死を冷静に凝視している目の存在を感じさせるであろう。カロンの媒介も、オフィーリアの美化も、死後の一切の再生すら拒否した絶望のきわみとしての無の世界が示される。だがそれは、一見して死が見えないだけに、ある種の軽快さすらともなって立ち上ってくる空間ではないか。あるいはまさに液体の中に死者は透明になって日常的にすでに存在している。あるいはまた死者はすでにわれわれのなかに戻ってきているということもありうる。「わたしたちは七人余。五人は生きている。あとの二人はいつも墓地にいるの。わたしたちはあの人たちのそばで、あの人たちと一緒に縫物をしたり……」というワーズワースの詩をバシュラールは引用している。われわれの思い出の中から失われないかぎり死者たちは身近にいるのである。ユゴーの「白い額」の未亡人もまたしかり。海のかなたから戻ってこない水夫たちは彼女たちの夜に立ち現れるのではないか。

まさに死は水のなかに、人間の運命そのもののように存在するといえよう。しかしバシュラールは水と人間のかかわりを絶望で終わらせることはしない。生きることは水と土との混合した粘土や捏粉をこねる労働から始まるとでもいわんばかりに、第4章は複合的水をすえて、いわゆる「手による認識」を中心に、ものと水とにかかわる肉体的な運動によってもう一度水の生命力に新しい息吹をあたえるのである。第5章では人間の飲む水はすべて母乳に還元されるということが再確認されるし、水の微妙なエロティスムも分析されている。つづいて罪の浄化に不可欠な水の役割を分析した浄化作用の章では、自然を汚す存在としての人間も忘れられてはいない。それから淡水の優位、というふうに、水の根本的機能、生の根底における水の恩恵が述べられる。そして最後に荒れる水、暴風雨との対決、自然に対する挑発とその勝利という勇壮な情景が締めくくる。だからこの本の終わりまでには絶望の声がかき消されてしまうように組み立てられているといえるのである。

では文学作品としてのもうひとつの特色に移ろう。バシュラールの文章を読んで楽しいのは、読者が元気づけられるからではないだろうか。水のさまざまな要因をあげて論じながら、人間の多様な生き方を見ながら、たとえ死や絶望を論じているときでも、生きることの肯定、生きていることの素晴らしさが、じわじわと読者に伝わってくるような気がするのだ。べつにバシュラールはそんなことを声高にあげつらうことはないし、さまざまな著者からの引用もとくにそうしたことを主張しているわけではないのに、確実に読者は元気づけられたという気がするのである。

その理由は想像力についてのバシュラール自身の説明の中に述べられている。

「想像力とは、語源が暗示するような、現実のイマージュを形成する能力ではなく、現実を超え、現実を歌うイマージュを形成する能力である。それは超人間性の能力である。ひとりの人間はかれが超人間である度合に応じて一人前の人間であるのだ。人間に課された条件を超えるように人間を押しやるいくつもの傾向をたばねた総体として、ひとりの人間を定義しなければならない」。これはニーチェの超人思想の再現かと警戒する人がいるかもしれないが、そんなに大げさなものではなく日々の人間の生き方にかかわる心構えをさしているのである。しかもこれはかれ自身の日常の行動規範ではなかったろうか。目標を高く掲げそれに向かって日々着実な努力を積み重ねるかれの生活は、パリのジュヌヴィエーヴの丘のすまいから大学と国立図書館の三点を結ぶ線内にあったといわれている。

ただこの超人間にはもっと激しい対立も考察されている。すでにふれたように、対象を認識し「全体としてまとめて把握するためには」、対象にはたらきかけ、それを挑発し、それに襲いかかって、征服しなければならない。「エネルギーの源泉であるかぎり、存在はアプリオリにひとつの怒り」である。人間は対象を見るだけでも、単に手で触れるだけでもなく、全身の筋肉を動員して対象に取りくみ、対象との対決に勝たなければ、その対象を全面的に理解できないのだといっているのである。「私が世界を把握する〔理解する〕のは、私が自らの切り込む力、自分の攻撃に正確に釣合うよう制御された力をもって、世界を急襲するからであり、それはちょうど私の陽気な怒り、つねに勝利し、いつでも征服者である私の怒りの現実化のようなものなのである」。この対決の具体的な対象は、科学的な問題だったのか、それとも他の何かなのかは明示されていない。バシュラールは嵐を視線だけで止めるファウストの願いや、波に石を投げるミシュレの子供の例をあげ、こういった力への意志にはある程度無邪気さが残っていることを指摘し、「海に命令することは超人間の夢である。それは天才の意志であると同時に子供の意志である」と締めくくっている。しかも第8章の結びで、子供が運動場で幅跳びをして仲間と競って一番になるのと、野原を流れる小川を一人で跳び越えるときの一人しかいない一番との、心理的な違いを考察し、後者に「超人的な素晴らしい誇り」の発生をみており、夢想の中で力〔権力〕の味わい、勝利の味わいを生み出すのだと考えている。文化コンプレックスが幼少期に形成されることを想起すると、子供の遊びにも成人の性格形成の種子がすでに植えつけられていると考えるべきであろう。国内に占領軍がいる時代に子供たちに勝利の誇りをもたせることは、平和なときには予想もしない重要な意味をもったのではあるまいか。

しかもダイナミックな文学的イマージュは「読者を力動的にする」。読者のたましいのなかで「生理的衛生法、想像的体操、神経中枢の体操」を引き起こす。こういった元素的なイマージュに忠実に従うことができれば、「想像的自然の現実的な幻影を、その最高の場で追うことができれば」、「想像的自然は、もしそれがわれわれの人生を支配しているのだとすれば、われわれの存在の真実を、われわれの固有の原動力のエネルギーを、われわれに返してくれるのではあるまいか」。こういう開花を妨げているのは「不幸なことにフランスの混乱した詩法」であり修辞学であると、バシュラールは「美の色あせた百科事典」や旧態依然たる教育制度のせいにしているが、その制度の背後に当時なにがあったのかは、アンドレ・モーロワが亡命先で英語で発表した『その時フランスで何が起ったのか』（一九四〇。邦訳名『フランス敗れたり』高野彌一郎訳、大観堂、ウェッジ）でその概略を示したとおりだと思われる。

さてバシュラールの平和な自然のイマージュの裏には戦時下の不自由さについての強い意識があることは今や疑いのないことであろう。しかもそれは現在のエコロジストの目指す自然の姿でもあるような気がする。産業革命以後の痛めつけられた自然を回復させる大きな動き（これは何度も戦争が停滞させたにちがいないが）についてはとくに述べられてはいないが、たとえばバシュラールが愛したのは生まれ故郷の昔ながらの自然、ヴァカンスで田舎に帰った時に散策する小川のほとりの情景である。もちろんバシュラールが個人的な感慨をもらしたのは、精神分析の施術者の視点を鮮明にする以外の目的はない。できるだけかれの記述の主観的なゆがみを明示しておくためであり、そうすることによって本書全体の客観性を保ちたいという意図から述べられたのである。その主旨はその通り受けとるとしても、そのささやかな自然の安らぎがまるでオアシスのように伝わってくる。このような自然への信頼と愛情が現実の障害を克服し、人間の条件をよりよく改めることがまさに人間なのだという力への意志、未来志向のモラルを支えているのである。そして沈黙を強制された環境によって一層強化された思いが広く詩人たちの声を集め、自由を希求する生命の賛歌のポエジーを純化し力強くしたとすれば、この本が今もなお滾々とつきることのない喜びの源泉である秘密の一端はそこにあるといえるのではあるまいか。さまざまな学問の流派がそこから出てきたし、時間はそこにも栄枯盛衰の篩を掛けたのかもしれないが、源泉であるバシュラールのこの『水と夢』は今もなお、手に取る人に生きるための力と喜びを依然としてあたえてくれるのである。

昨年、日本の月探査衛星は月の地平からのぼる地球の映像を送ってくれた。あの青い色はこの天体が水でおおわれていることをありありと示していた。いまや青い水の天体に住む人類と水とのかかわりを、時間や歴史、人種の差別を超えて、もっぱら普遍的な詩的経験として示した二十世紀からの報告書というふうに、本書は読まれうるのではあるまいか。

引用の訳文については既訳のものが手近かにある場合、多彩な色どりをとどめるためほとんど原文どおり使用させていただいた。また『水と夢』の既訳(一九六九)や英訳にもおおいに裨益された。訳者諸氏に対しここに深甚なる感謝の念を記しておきたい。本書は本文だけで十分理解可能であり、したがって訳註はいわば本書で用いられたマチエール(素材)についての情報ということになるであろう。しかもそれはフランス文学関連以外にも多岐にわたり、ほとんど文学辞典の記事によるほかなかったが、それにしてもまた多くの方の手をわずらわせた。お名前はあげないが深く感謝申し上げる。法政大学出版局の、企画下さった松永辰郎氏、その後を引き継がれた秋田公士氏、そしてすこぶる手数をおかけした担当の郷間雅俊氏にあらためて感謝いたしたい。

二〇〇八年八月

水戸にて

及川　馥

人名索引

1．原書の索引にある項目に加え，本索引では原註・訳註内の人名も採録した．
2．原註・訳註内のページ数は斜体で示した．
3．本文中の引用文に著者名が明示されていない場合も，その人物の登場箇所とみなし採録した場合がある．

ア 行

アポリネール，G.　*308*
アルキメデス　202
アリストテレス　*295*

ヴァレリー，P.　39, *308, 310, 323*
ヴィニー，A. de　*338*
ヴィヤール，abbé de　220-1, *332*
ヴェラーレン，E.　124, *317*
ヴェルレーヌ，P.　*310*
ヴォルテール　*344*

エステーヴ，Cl.-L.　19, *294, 306*
エリュアール，P.　44, 145-6, 177, 271, 279, 283, *309, 322, 325, 329-30, 339, 345-6*
エレディア，J.-M. de　*310*
エンペドクレス　*302, 313-4*

オシアン　273, *342*
オップノ，H.　*328*

カ 行

カールス，K. G.　143, *321*
カイヨワ，R.　205, *333*
ガスケ，J.　41, 140, 142, *309, 319*
カッセル，P.　65, *307*

キーツ，J.　42, *309*
キネ，E.　144, 199, 200, 266, 273, 289, *319-20, 338*
キュフェラート，M.　192, *328-9*

グアルディーニ，R.　226-7, *332*
クゥイン，P. F.　*311*
クセルクセス　269, 273-4
クラーゲス，L.　44, 227, *303*
クロイツァー，F.　49, *304-5*
クローデル，P.　14-5, 47, 88, 96, 124-5, 145, 147, 161-2, 172, 189-90, 193-4, 205, 227-8, 274, 279, 287, *293-4, 303, 305-6, 312, 313, 317, 320, 325, 326, 328, 333, 342, 345-6*

ゲーテ，J. W. von　54, 57-9, 62, 155, 267-8, *306, 307, 310, 314, 321, 324, 329, 335, 339*
ゲオルゲ，S.　222, *334*

ゴーティエ，Th.　223, *332, 335*
コールリッジ，S. M.　256-7, *337*
コフカ，K.　169, *325*
ゴメス・ド・ラ・セルナ，R.　31, *308*
コラン・ド・プランシイ，J. A.　*331*
コルビエール，T.　119, *316, 320*
コンディヤック，E. B. de　11, *297*

サ 行

サラクルー，A.　290, *345*
サン＝ジョン・ペルス　186, *330*
サント＝ブーヴ，Ch.-A.　*347*
サン＝ポル・ルー　138, *318*
サンティーヴ，P.　181-2, 199, 270, 272, *323-4, 328, 332, 339*
サンティーヌ，X.-B.　114, 125-6, *316*
サンド，G.　137, *314, 318, 324, 337-8*
サンドー，J.　263, *337-8*

シェークスピア，W.　128-31, 141-2, *322*
シェリー，P. B.　41, 43, 48, 121, *303, 304, 317*
シェリング，F.　*321*
ジッド，A.　*308-9, 310*
シャール，R.　162, *327*
シャスラー，M.　23, *300*
シャトーブリアン，F. R.　267, *338-9*
ジャリ，A.　*323*
シャルパンティエ，J.　256-7, *337*
ジャン・パウル　56, 65, 70, 282, *306, 308*
シューレ，E.　286, *344*
ジュネット，G.　*343*
シュレーゲル，F. von　45, 227, *309*
ショーペンハウアー，S.　47-8, 50, 80, 240, *308, 310, 314*
ジョフロワ，E. F.　152, *323*
ジロドゥー，J.　257, *340*
シントラー，H. B.　*319*

スウィンバーン，A. Ch.　243, 246-9, 251-2, 254-5, 258, 262-4, 266-7, 269, 280, *310, 336-7, 342*
スウェーデンボリー，E.　259, *337*
スーヴェストル，E.　122, 124, *317*
スキュデリー，M. de　*315*
ストリンドベルイ，A.　48-50, *304*
スピアマン，Ch. E.　280-1, *342*
スピノザ，B. de　*309*

セイエール，E.　171, 226-7, *327, 332*
セヴィニエ夫人　*338*
セビヨ，P.　121, 132, 210, 215, *317, 330, 331, 339*

タ 行

ターナー，J. M. W.　45
タイラー，E. B.　216, *331*
ダゴベール一世　*321*
ダンヌンツィオ，G.　26, 67, 134, 244, *294, 311, 336*
ダリ，S.　165-6, *325*
ダンテ，A.　126, *321*
ダントン，G.　*331*

チボーデ，A.　69, *311*

ツァラ，T.　287, *345*

ティーク，L.　7, 80, 257, 282, *296, 314*
テーヌ，H.　*330*
デカルト，R.　*326*
デボルド＝ヴァルモール，M.　265-6, *338*
デルクール，M.　66, 117-8, *307, 316*
デルテイユ，J.　153, *326*

ドシャルム，P.　156, *324*
ドラクロワ，E.　126, *321*
ドラット，A.　40, *302-3*

ドルス，E.　45-6, 81, 251, *303, 337*

ナ 行

ナポレオン　*338*
ニーチェ，F.　60-1, 73, 243, 245, *300, 306, 310*
ニンク，M.　*294*

ネルヴァール，G. de　229, *335*

ノヴァーリス，F.　153, 192, 195-201, 264, *302, 326, 329*
ノディエ，Ch.　26, 277, 283, *300-1, 343, 348*

ハ 行

ハイネ，H.　*308*
バイロン，G. G. Lord　256, *340*
ハケット，C. A.　153, *323*
パスカル，B.　149
バタイユ，G.　*333*
バッハオーフェン，J. J.　156-7, 282, *324*
パラケルスス　143, *332*
バルザック，H. de　136, 152, 203, 259-62, 281, *317, 326, 329, 337, 343*
バルタス，G. du　239, *340*
パルディック，R.　*331*
バルト，R.　*325*

ピタゴラス　*307*

ファブリキウス，J. A.　149, 152, 166, 191, *322*
ファルグ，L.-P.　153, *323*
ファン・ヘルモント，J. B.　*334*
フィヒテ，J. G.　*309*
フィリップ，Ch.-L.　*323*
プウクヴィル，F. Ch. H. L.　270, *340*
プージャン，A.　265, *338*
ブーバー，M.　187, *328*
ブールハーフェ，H.　166, 237, *327, 335*
フォール，P.　139, 287, *318, 345*
フォッセイ，Ch.　218, *331*
ブスケ，J.　4, *296*
プチジャン，A.　*333*
フッサール，E.　*340*
プラトン　*295*
フランクリン，B.　*347*
ブランシュヴィック公爵　155
フランス，A.　*332*
ブラント，H.　155, *326*
プルタレース，G. de　138, *321*
プレヴェール，J.　*308*
フロイト，S.　*298*
プロコピオス　121, *321*
ブロス，Ch. de　283, *344*
フロベール，G.　*338*
フロマンタン，E.　*338*
プロメテウス　*301*
プロワ，Ch.　233-6, *335*

ベガン，A.　143, *296, 306, 319, 321, 329*
ヘシオドス　209, *330*
ベッシュレル　218, *333*
ヘラクレイトス　9, 19, 90, 194, *297, 315*
ベランジェ＝フェロ，L. J. B.　133, 162, *317*
ペリサリウス　*321*
ベルクソン，H.　152, 168, *302, 333*
ベルナルダン・ド・サン＝ピエール，J. H.　*338*
ヘルメス・トリスメジスト　*335*
ヘロドトス　269, 274, *339*

ポウイス，J. C.　288-9, *348*
ポー，E. A.　15, 18-9, 73-112, 122, 133-4, 144, 159-60, 177-8, 188, 245-6, 265, *311-5, 324*
ボードゥアン，Ch.　28, *294, 298*
ボードレール，Ch.　12, 119, *297, 307, 308, 310, 316-7, 319, 337*
ホール，S.　169, *327*
ボールドウィン，J. M.　*309*
ボスケ，A.　*325*
ボッティチェッリ　141
ボナパルト，M.　15, 74-5, 90-1, 94-5, 99-100, 127, 169, 177-8, 245-6, *312-4, 325, 336*
ホフマン，E. T. A.　152, *302*
ホフマンスタール，H. v.　*334*

マ 行

マーラー，G.　*306*
マーロー，Ch.　145, *321-2*
マスペロ，G.　90, *312*
マラルメ，S.　1, 31, 36, 132, *295, 302, 306, 308, 311, 315, 334, 344*
マルーワン，P. J.　148, *322*
マロ，C.　*348*

ミケランジェロ　126, *321*
ミシュレ，J.　164, 170-1, 182-4, 202-3, 239, 262-3, 268, *324-5, 328-9, 337*
ミシュレ，V.-E.　143, *319*
ミストラル，F.　190, *330*
ミューラー，M.　*327*
ミリアン，A.　270, *341*
ミロシュ，O. V. de L.　173, *325*

メーテルランク，M.　85, 139, 288, *315*
メショニック，H.　*343*
メツゥ，G.　223, *332*
メラ，P.　272, *342*

モネ，Cl.　46, *303*

ヤ 行

ヤンブリコス　223, *334*

ユイスマンス，J.-K.　144, 211-2, *330-1*
ユゴー，Valentine　*309*
ユゴー，Victor　50, 119, 165, 258, 274, *305, 320-1, 327, 337, 339*
ユング，C. G.　69-70, 115-6, 225, *307, 316, 320*

ラ 行

ライプニッツ，G. W.　155, *326*
ラヴェル，L.　35, *302*
ラッフルカード，G.　248, 251-3, 255, *336-7*
ラフォルグ，J.　70-1, 113, 137-8, 142, *308, 316, 318*
ラ・フォンテーヌ，J. de　60, *310, 338*
ラブレー，F.　*298*
ラマルチーヌ，A. de　50, 144, 202-3, *305, 319, 329*
ラルボー，V.　*323*
ランボー，A.　131, 153, *323*

リシャール，Cl.　*315*
リスト，F.　138
リルケ，R. M.　143, *319, 334*

ルイス，P.　62-6, *307, 308, 310-1*
ルヴェルディ，P.　68, *307*
ルーシュ，J.　267, *338*
ルール，P. de　248, 280, *337, 342*
ルガール，M.　*326*
ルクレチウス　289, *345*

ルコンド・ド・リール　*310*
ルソー，J.-J.　*325*
ル・センヌ，R.　*302*
ルナン，E.　199, 225, *330, 334*
ルヌー，L.　*328, 344*

レヴィ＝ブリュル，L.　*299*
レッシウス，L.　6, 198, *296*
レミ，N.　272, *341*
レリス，M.　*333*

ローデ，E.　217, 236, *331, 335*
ローデンバック，G.　37, 142, 144, *308, 319*
ロートレアモン　24, *312, 333*
ロセッティ，W. M.　248, *340*
ロダン，A.　169, *327*
ロッセルルレ，von E.　*316*
ロティ，P.　*338*
ロベール，Mme　133, *317*
ロンサール，P. de　267, *338*

ワ 行

ワーズワース，W.　84-5, 119, 290-1, *314-5, 320, 337, 348*
ワグナー，R.　192

《叢書・ウニベルシタス　898》
水と夢
物質的想像力試論

2008年 9 月22日　　初版第 1 刷発行
2016年 1 月15日　新装版第 1 刷発行
2023年 5 月18日　　　　第 2 刷発行

ガストン・バシュラール
及川 馥 訳
発行所　一般財団法人　法政大学出版局
〒102-0071 東京都千代田区富士見 2-17-1
電話 03(5214)5540 振替 00160-6-95814
組版: アベル社　印刷: 平文社　製本: 誠製本
© 2008
Printed in Japan

ISBN978-4-588-14030-3

著　者

ガストン・バシュラール（Gaston Bachelard）

1884－1962。フランスのバール＝シュル＝オーブに生まれる。故郷の高等中学を卒業後，電報局職員などをしながら独学。ソルボンヌ大学で数学の学士号をとり，1919年から母校の物理・化学の教師となる。22年，哲学教授資格試験に合格。27年，学位論文『近似的認識試論』により文学博士となり，ディジョン大学文学部教授をつとめる。40年，ソルボンヌ大学で科学史・科学哲学の教授となる。物理学，化学，心理学，精神分析，哲学の諸成果を幅ひろく吸収して，科学とポエジーを統一的に捉える独自のエピステモロジーを構築。主著に『科学的精神の形成』(38)，『火の精神分析』(38)，『ロートレアモン』(40)，『否定の哲学』(40)，『空と夢』(43)，『大地と意志の夢想』(48)，『大地と休息の夢想』(48)，『空間の詩学』(57)，『夢想の詩学』(61) などがある。61年に文学国家大賞受賞。

訳　者

及川　馥（おいかわ かおる）

1932年宮城県生まれ。東北大学大学院文学研究科博士課程修了。フランス文学専攻。茨城大学名誉教授，前愛国学園大学教授。主著に『バシュラールの詩学』『原初からの問い――バシュラール論考』(法政大学出版局)，詩集に『テラスにて』『鳥？その他』『夕映え』『月と重力』(書肆山田)，訳書にバシュラール『近似的認識試論』『科学的精神の形成』(ともに共訳，国文社)，『大地と意志の夢想』(思潮社)，『夢想の詩学』(ちくま学芸文庫)，『エチュード』(法政大学出版局)，セール『生成』『離脱の寓話』『両性具有』『第三の知恵』『天使の伝説』，『パラジット』(共訳)，『自然契約』(共訳)，『アトラス』(共訳)，トドロフ『はかない幸福―ルソー』，『象徴の理論』(共訳)，『象徴表現と解釈』(共訳)，『批評の批評』(共訳，以上法政大学出版局)，ブラン『ボードレールのサディスム』，『ボードレール』(共訳，ともに沖積舎)，ヴェベール『テーマ批評とは何か』，ディエゲス『批評家とその言語』(ともに審美社) ほか。